KB013386

서양기문

西洋紀聞

Seiyō Kibun — Records of things heard about the West

서양기문

西洋紀聞

Seiyō Kibun — Records of things heard about the West

1판 1쇄 인쇄 2021년 3월 18일
1판 1쇄 발행 2021년 3월 25일

—

저　자 ㅣ 아라이 하쿠세키(新井白石)
역주자 ㅣ 이윤지
발행인 ㅣ 이방원
발행처 ㅣ 세창출판사

　　　　　신고번호 · 제300-1990-63호
　　　　　주소 · 서울 서대문구 경기대로 88 냉천빌딩 4층
　　　　　전화 · 02-723-8660 팩스 · 02-720-4579
　　　　　http://www.sechangpub.co.kr ㅣ e-mail: edit@sechangpub.co.kr

—

ISBN 979-11-6684-009-8 93910

—

이 역주서는 2017년 대한민국 교육부와 한국연구재단의 지원을 받아 수행된 연구임.
(NRF-2017S1A5A7019430)

—

서양기문

西洋紀聞

Seiyō Kibun — Records of things heard about the West

아라이 하쿠세키(新井白石) 저

이 윤 지 역주

세창출판사

  2014년 7월, 도쿄도(東京都) 분쿄구(文京区) 묘가다니(茗荷谷)의 기리시탄 저택 유적(切支丹屋敷跡)에서 3체의 인골이 발굴되었다. 기리시탄 저택이란 기독교 신앙이 금지되었던 에도 시대(江戸時代), 슈몬아라타메야쿠(宗門改役; 기독교도 색출 및 단속을 위하여 설치된 관직)를 지낸 이노우에 마사시게(井上政重, 1585-1661)의 별저(別邸) 내에 마련되어 기리시탄, 즉 기독교인을 수용하기 위하여 사용되었던 건물이다. 해당 대지에 예정되어 있었던 집합주택 건설에 수반된 발굴 조사 중의 발견이었다.

  일본 국립과학박물관의 DNA 감정 및 분석에 의하여 그중 1체는 판별 불가능, 1체는 일본인 남성, 그리고 나머지 1체는 "신장 170㎝ 이상의 이탈리아인 중년 남성"으로 판명되었다. 문헌 사료에 따르면 기리시탄 저택과 관련된 이탈리아인은 엔도 슈사쿠(遠藤周作)의 소설 『침묵(沈黙)』의 주인공 로드리고 신부의 모델로도 알려진 주세페 키아라(Giuseppe Chiara, 1602-1685)와, 감시 생활 중 자신의 시중을 들던 노부부에게 신앙을 전한 죄과로 수감되어 옥사한 조반니 바티스타 시도티(Giovanni Battista Sidotti, 1668-1714)의 2인이다. 키아라의 경우 고이시카와(小石川)의 무료인(無量院)에서 화장되었다는 기록이 전해지며, 사망 시의 나이를 고려하면 향년 46세의 시도티일

가능성이 높다고 결론지었다. 이에 따라 다른 2체의 인골은 기리시탄 저택에 수용된 시도티와 교류한 예의 노부부로 추측되며, 국립과학박물관에서는 발굴된 유골을 기반으로 시도티의 얼굴을 복원한 입체 모형을 제작하여 2016년 11월 8일에 이를 공개했다.

* * *

쇄국하의 일본에 상륙한 최후의 선교사이자 기리시탄 저택의 마지막 수감자였던 시도티는 열정적으로 해외 선교를 시도한 교황 클레멘스 11세의 명에 따라 1708년 8월 야쿠시마(屋久島)에 도착했다. 그러나 상륙 후 바로 현지에서 체포되어 나가사키(長崎)로 이송되었고, 이듬해 11월 염원하던 에도로 호송되어 도항 목적에 대한 심문을 받게 되었다. 이때 그의 심문을 담당한 인물이 바로 에도 막부 6대 쇼군(将軍) 도쿠가와 이에노부(德川家宣, 1662-1712)의 절대적인 신임 아래 막부의 정치를 좌지우지하던 유학자 아라이 하쿠세키(新井白石, 1657-1725)였으며, 그 심문 내용을 바탕으로 남긴 저술이 일본 최초의 해외 지리서 『채람이언(采覧異言)』및 보다 포괄적인 서양 연구서라 할 수 있는 본서 『서양기문(西洋紀聞)』이다.

『서양기문』의 저술 계기가 된 것은 물론 시도티의 심문이었으나, 사실 그에 관련된 기록은 본서의 일부분에 지나지 않는다. 하쿠세키의 관심은 직무로서의 도항 및 선교의 금령을 어긴 이국인의 정체, 죄상의 추궁에 그친 것이 아니라, 서구 세계의 자연 지리적 특징, 나아가 서양 제국(諸国)의 구체적인 사회상 및 그 사상적 기반이라 할 수 있는 기독교 교리에까지 미치고 있음을 알 수 있다. 하쿠세키는 본서를 통하여 시도티의 박문강기(博聞強記)함에 꾸밈없는 찬탄을 보내고 있으나, 그 자신 역시 주자학과 한학은 물론 언어와 역사, 지리 등등 다방면에 걸쳐 폭넓은 견식을 지닌 학자이자 빼어난 문장가였으며, 동시에 정치가로서도 막부의 내, 외정 양측에 걸쳐 다대한 영향력을 발휘한 당대 최고의 지식인이었던 것이다.

하쿠세키는 『서양기문』을 통하여 서구의 발전상이나 진보된 과학 기술에 대하여 매우 개방적인, 마치 동경과도 같은 자세를 보이는 한편, 시도티가 무엇보다도 진지하고 열정적으로 전달한 기독교 교리에 관해서는 시종일관 냉정한 비판적 거리를 견지한다. "그들의 학문은 단지 그 형태와 그릇에 정통할 뿐이며, 소위 형이하적인 부분만을 중시하고 있으며 형이상적 측면에 관해서는 제대로 듣지 못했다(彼方の学のごときは、ただ其形と器とに精しき事を、所謂形而下なるもののみを知りて、形而上なるものは、いまだあづかり聞かず)"로 압축될 수 있는 하쿠세키의 결론은, 시도티의 신앙만큼이나 굳건하게 유학에 기반한 그의 사상적 체계를 드러냄과 동시에, 기술의 서양과 사상의 동양이라는 카테고리를 제시하며 이후 메이지 시대(明治時代)의 문명개화 과정에서 주창된 화혼양재(和魂洋才)의 선구적 표본이었다고도 할 수 있다.

본서는 상당 분량의 기독교 관련 언설을 수록하고 있는 까닭에 1793년 막부에 헌상된 것을 제외하면 19세기 초반에 이르기까지 간행은커녕 일반 유포 자체가 거의 불가능한 상황이었으며, 정식 출판은 메이지 유신(明治維新) 이후인 1882년에야 이루어졌다. 특기할 만한 점은 일본 국내 출판보다도 외국인에 의한 번역 소개가 앞서 이루어졌다는 것으로, 메이지 유신 이전인 1865년 미국 개혁 교회의 선교사 새뮤얼 롤린스 브라운(Samuel Rollins Brown)에 의하여 최초로 영문 번역되었으며, 1881년에는 영국의 복음전파회 목사인 W. R. 라이트(W. R. Wright)에 의하여 본서의 상권 및 부록이 번역 소개된 바 있다. 본국인 일본에서조차 해당 저술의 의의에 대한 인식이 미처 싹트기도 전에 해외의 시선을 사로잡았다는 점은 그들의 종교적 의도를 고려할지라도 시대와 상황을 불문한 저자의 탁월한 식견 및 본서의 가치를 증거할 수 있는 사례라 할 것이다.

＊＊＊

2019년 3월 7일, 이탈리아의 팔레르모 교구에서 시도티에 대한 시복(諡福) 조사가 개시되었다. 일반적인 경우 순교지의 교구가 시복 신청에 있어 우위를 차지하게 되나, 팔레르모 교구가 이에 관련된 권한의 양도를 요청함으로써 관련 조사를 책임지게 된 것이다.

그리고 동년 11월 30일, 시도티의 출신지이자 그가 수학한 팔레르모에는 "유럽과 일본의 문화 사이에 풍성한 결실이 될 대화에 공헌했다(CHE TANTO CONTRIBUI' AL FECONDO DIALOGO TRA LE CULTURE EUROPEA E GIAPPONESE)"라고 이탈리아어 및 일본어로 쓰인 기념패가 설치되었다. 에도 시대 최후의 선교사는 자신의 사명을 다하지 못하고 머나먼 이국에서 외로이 숨을 거두었으나, 그 신앙적 열정은 쇄국이라는 특수한 상황하에 놓인 지식인의 예리한 시선을 자극하여 풍성한 문화적 결실, 즉 『서양기문』이라는 명저의 씨앗을 남길 수 있었다.

 발굴 조사로 인하여 현대에 되살아난 면영, "하느님의 말씀을 일러 준 여러분의 지도자들을 기억하십시오. 그들이 어떻게 살다가 죽었는지 살펴보고 그들의 믿음을 본받으십시오"라는 성서의 구절을 생각할 때, 목표했던 선교 활동은 완전한 실패로 끝났을지언정 아라이 하쿠세키라는 위대한 인물과 교류할 기회를 획득한 시도티의 최후는 결코 무의미하지 않았고, 이들의 접촉이야말로 당대를 초월하여 영원히 살아 숨쉬게 될 정신적 유산을 생산한 역사적 무대가 되었다고 할 것이다. 이번 기회를 빌려 부족하게나마 그 일단(一端)을 소개할 기회를 마련해 주신 한국연구재단 및 세창출판사 관계자 여러분께 깊은 감사의 마음을 표한다.

2021. 3.
이 윤 지

『서양기문(西洋紀聞)』

I. 『서양기문』 상권

II. 『서양기문』 중권

Ⅲ. 『서양기문』 하권

IV. 부 록

1. 본서는 일본 국립공문서관(国立公文書館)이 소장하고 있는 아라이 하쿠세키(新井白石) 자필본을 저본으로, 무라오카 쓰네쓰구(村岡典嗣)의 교정본 『西洋紀聞』(岩波書店, 1936)을 참고하여 번역한 것이다.

2. 원문의 발음 표기에 따라 그 원어로 추정되는 고유명사를 표기한 후 소괄호 안에 해당 언어의 약어를 병기했다. 약어 표기는 이탈리아어-(이), 라틴어-(라), 네덜란드어-(네), 스페인어-(스), 포르투갈어-(포), 프랑스어-(프) 등과 같다.

   예) Europa (이), Mare Mediterraneum (라)

3. 중권에서 주로 보이는 한자 음역 표기와 함께 괄호 안에 병기된 발음은 저자에 의한 중국어 발음 표기에 해당한다.

   예) 利未亜-リウイヤア: 利未亜(리위야아), 亜細亜-ヤアスイヤア: 亜細亜(야아스이야아)

4. 저자에 의한 가타카나, 장음부호 사용 등 고래의 한자 표기에 의존하지 않은 외국어 발음 표기의 다양한 시도를 중시하기 위하여 본문의 외국어 고유명사 표기의 경우 의도적으로 국립국어원의 외래어 표기법을 따르지 않았다.

   예) 오세야-누스 에테우피-쿠스(오체아누스 에티우피쿠스 ×), 아후리카(아프리카 ×), 키리시탄(기리시탄 ×), 로오마(로마 ×)

5. 저본에서 작은 글자로 덧붙인 주석의 내용은 '〈 〉'로 구분하고 문자를 축소하여 표기했다.

   예) 아후리카 지역, 남쪽은 카아보 테 보네이 스후란사(희망봉), 〈한어로 '大浪山(다이랑산)'이라는 지역. 보다 상세한 내용은 후술한다.〉

   동월 22일에 부교쇼로 불러 대면하게 되었다. 심문 전날 부교들과 만나 해당 건에 대하여 약조했다. 〈이 부교들은 요코타 빗추노카미(橫田備中守), 야나기사와 하치로에몬(柳沢八郎右衛門)이다.〉

6. 난외주의 경우 '[ ]'로 구분하고 문자를 축소하여 표기했다.

7. 필요에 따라 한국에서 통용되는 명칭을 고유명사 옆에 괄호로 병기했다.

   예) 카아보 테 보네이 스후란사(희망봉), 마-레 앗토란테이후프(대서양)

8. 본문 단락의 소제목은 편의를 위하여 역자가 임의로 첨부한 것이다.

9. 내용의 이해를 위하여 삽입한 이미지의 경우 규정에 따라 저작권 및 출처를 명기했다.

I

『서양기문』
상권

01
시도티의 내항

호에이(宝永) 5년(1708), 즉 무자년(戊子年) 12월 6일, 에도성(江戸城) 니시노마루(西の丸)[1]에서 들은바, 그해 8월, 오스미노쿠니(大隅国)[2]의 섬에 이민족[3]이 한 사람 와서 머무르고 있다고 한다. '일본', '에도', '나가사키(長崎)' 등의 단어 외에는 그자가 이야기하는 내용을 이해할 수 없다는 것이었다.

스스로 종이 위에 무어라 표시하며 '로오마', '난반', '록손', '카스테이라', '키리시탄'이라 칭하는데, 「로오마」라 말할 때에는 자기 자신을 가리킨다고 한다. 이를 나가사키에 알려 오란다(阿蘭陀)[4] 사람에게 물었

---

1 저자 아라이 하쿠세키(新井白石, 1657-1725)가 보좌한 6대 쇼군 도쿠가와 이에노부(德川家宣, 1662-1712)는 당시 세자의 신분으로 에도성 니시노마루에 거처하고 있었다.

2 현재의 가고시마현(鹿児島県) 동부 및 다네가시마(種子島) · 야쿠시마(屋久島) 등 오스미 제도(大隅諸島)를 포괄하는 지역.

3 원문에는 '번이(蕃夷)'로 표기되어 있다. 본래 중국에서 남동부의 이민족을 낮잡아 일컫던 명칭이었으나 이후 서양인에 대한 멸칭으로 사용되었다.

4 네덜란드. 포르투갈어 'Holanda'에서 유래한다. 기독교 금지 및 봉건제 유지를 목적으로 쇄국령(鎖国令)에 의하여 네덜란드 · 중국 · 조선을 제외한 외국과의 통교가 단절되었다.

더니, 로오마란 서양 이타리야의 지명으로 천주교의 수장이 있는 곳이라 한다. '록손', '카스테이라' 등에 대해서는 그것이 무엇인지 알 수 없다고 했다.

	원문 발음 표기	한자 음역 표기 한자 번역 표기	원어 표기	현대 한국어 표기
로오마	ロウマ		Roma (이)	로마
난반	ナンバン	南蛮		남만
록손	ロクソン		Luzon (이)	루손
카스테이라	カステイラ		Castiglia (이)	카스티야
이타리야	イタリヤ		Italia (이)	이탈리아

또한 난킹(南京),[5] 닝포(寧波),[6] 아모이(廈門),[7] 타이완(台湾), 캉통(広東),[8] 통킹(東京),[9] 스이야므(暹羅)[10] 등지의 사람들에게 질문한바, 키리시탄이란 그들이 신봉하는 사교(邪教)를 가리킨다고 들었으나 그 이상은 알 수 없다는 것이었다.

나는 이상의 보고를 듣고 「그 사람이 서양에서 왔음은 분명하옵니

---

5 난징(南京). 현재의 중국 장쑤성(江蘇省)의 성도(省都). 양쯔강(揚子江) 남안에 위치한 수륙
   교통의 요충지로 예로부터 삼국 시대의 오(吳)와 육조(六朝), 명(明), 중화민국 등의 수도로
   번영했다.
6 닝보(寧波). 현재의 중국 저장성(浙江省) 북동부의 상업도시. 일본과의 교역이 성행했다.
7 샤먼(廈門). 현재의 중국 푸젠성(福建省) 남동부 타이완 해협과 면한 항구도시. 예로부터 무
   역항으로 발전했다. '아모이'는 푸젠 방언에서 유래한 명칭.
8 광둥(広東). 남중국해 연안에 위치하며 홍콩·마카오와 인접하는 중국 남부의 관문으로 수
   륙 교통의 요충지이다.
9 베트남 북부 홍하(紅河), 즉 송꼬이강 유역의 삼각주를 중심으로 하는 지역.
10 시암(Siam). 태국의 구칭. '暹羅'는 한어 음역 표기.

다. 그러나 그 말하는 내용을 알아들을 수 없다는 것은 납득이 가지 않습니다」라고 상신했다. 이에 주군께서는 그 까닭에 대하여 질문하셨다.

「선대[11]의 말씀을 들어 기억하고 있나이다. 그 지역 사람들은 실로 만국의 언어에 능통하여 과거 난반[12] 사람들이 우리나라에 처음 들어왔을 때 며칠 만에 우리말을 익혀 바로 그 종교를 전파했다고 하옵니다.

그 종교가 본국에 유입된 것이 오래이기에 본국의 사람들이 항상 그들과 교류했고, 또한 그 종교를 신봉하는 것이 금지되었을 당시 우리나라 사람 가운데 그 교리를 따르는 이들 중 그 나라로 추방된 자도 상당수 있었나이다. 그러하니 그 나라의 사람들은 이 땅의 언어에 능통할 것이 아니겠사옵니까. 목표하는 바 있어 우리나라를 찾았을 것인데, 언어가 통하지 않는다면 대체 어떻게 그 뜻을 이룰 수 있겠나이까.

단, 오방(五方)의 언어가 동일하지 않으며 더불어 그중에도 옛말과 지금의 말이 다르오니, 그가 전하여 익힌 바가 우리나라의 어느 지역 사람의 말을 본보기로 삼았을까 의문이옵니다. 하물며 그 나라 사람들과 이곳과의 교류가 단절된 것이 이미 백 년에 가까우니, 지금 사용되는 말과 사뭇 다를 가능성도 있지 않을까 하옵니다. 이러한 바를 명심하고 그 사람의 말을 듣는다면, 어찌 그 말을 이해하지 못하겠나이까.

오란다 사람의 보고는 더더욱 납득이 가지 않습니다. '록손'이라 함

---

11 하쿠세키의 부친 아라이 마사나리(新井正済, 1597-1678)를 가리킨다.
12 '남만(南蠻)'의 일본식 발음. 일본 무로마치 말기(室町末期)로부터 에도 시대(江戸時代)에 걸쳐 베트남, 타이, 필리핀 등 동남아시아 지역을 지칭하던 단어이며, 동남아시아에 식민지를 두었던 포르투갈, 스페인을 가리키기도 했다.

은 송나라, 원나라 무렵부터 지금에 이르기까지 루손(呂宋) 등으로 불리던 나라로, 그 나라에서 생산되는 도자기는 우리나라 사람들이 엽차를 보관하기에 좋다고 하여 루손 항아리[13]라고 하면 누구나 알고 있나이다. 또한 '카스테이라'라 함은 이타리야라는 지역에 가까운 나라로, 과거 그 나라에서 만들어진 과자[14]가 이 땅에 전해진 것이 지금도 남아 있사옵니다. 이러한 것들은 저조차도 그 이름을 들어 알고 있을 정도인데, 그 지방 사람들이 알아듣기 어렵다고 한다니 도저히 납득할 수 없사옵니다.」

이렇게 답을 올리자 주군께서도 「지당한 말이로다」라고 말씀하셨다.

---

13 모모야마 시대(桃山時代)를 중심으로 루손섬을 거쳐 일본으로 수입된 도제 항아리. 중국 남부에서 제작된 것으로 추정된다. 차 항아리로 인기를 얻었다.

14 카스텔라를 가리킨다. 'pão de Castelha', 즉 '카스티야(카스틸랴)의 빵'이라는 의미에서 유래한 명칭으로, 무로마치 말기 포르투갈인들에 의하여 나가사키(長崎)에 전해졌다.

02
심문에 대한 하명

그러던 중 그 사람이 법에 따라 처벌을 받게 되리라는 이야기를 듣게 되었을 무렵에는 해가 바뀌어 신년이 되어 있었고, 6년(1709) 기축(己丑) 정월 10일에 국상[15]이 있어 그 이상의 보고를 받지 못했다.

새로운 해도 저물어 가던 11월 초에 이르러, 「지난해 겨울 오스미노쿠니에 나타난 외국인이 가까운 시일 내에 이리로 옮겨질 것이다. 그 사건의 경위를 심문하도록 하라」는 명이 내려졌다. 더불어 작년 나가사키의 부교쇼(奉行所)[16]에서 상신한 보고서도 복사되어 올라왔다.

이는 그가 이 땅을 찾은 이유에 대하여 여전히 밝혀진 것이 없으며, 내가 이전에 주군께 말씀드린 바가 있기에 나로 하여금 심문하도록 하기 위하여 에도로 연행한 것이라 한다.

우리나라 말로 하자면 얼마든지 질문할 수 있으리라. 하지만 생각건

---

15 5대 쇼군 도쿠가와 쓰나요시(德川綱吉, 1646-1709)의 사망.

16 부교(奉行; 각각의 직책에 따라 정무를 담당하여 집행하는 무가 사회의 관직 중 하나)가 직무를 보는 관청.

대 지명이나 인명, 혹은 그 교리 등에 대한 문제에 이르면 특수한 단어도 많을 터이다. 이 종교가 엄히 금지됨에 따라 오란다 등지의 말을 통역하는 역관들도 이쪽 관련으로는 정통하지 못하다고 하니, 이번 임무는 극히 어려운 일이라 할 것이다.

혹시 부교에게는 이 분야의 말 따위를 번역한 자료가 있을까 하여 그와 관련된 문헌이 있다면 빌려 달라는 뜻을 밝혔다. 주군께서 싯세이(執政)[17]에게 이에 대한 명을 내리시자, 부교로부터 서적 세 권[18]이 도착했다.

빌린 책을 보니 그 교리의 요지를 설명한 것으로 언어 해석에 관한 내용이 아니었다. 그러나 개중 한두 건 정도는 도움이 될 부분이 없지도 않았다.

---

17 에도 시대, 막부의 로주(老中) 혹은 각 번의 가로(家老)를 지칭하는 말. 로주는 막부 최고위의 관직. 쇼군 직속으로 정무 일반을 관장했다.

18 오카모토 산에몬(岡本三右衛門), 즉 주세페 키아라(Giuseppe Chiara)가 저술한 기독교 해설서. p.80 본문 내용 및 각주 124 참조.

03
시도티와의 대면

이러한 중에 그자가 여기 도착했다는 보고를 받아, 동월 22일에 부교쇼로 불러 대면하게 되었다. 심문 전날 부교들과 만나 해당 건에 대하여 약조했다. 〈이 부교들은 요코타 빗추노카미(橫田備中守), 야나기사와 하치로에몬(柳沢八郎右衛門)이다.〉

당일 사시(巳時)[19]를 넘길 무렵 그리로 향했다. 〈키리시탄 저택(きりしたむ屋敷)이라 한다. 에도성 북쪽 고이시카와(小石川)에 위치한다.〉 부교들과 만나 그가 지참하고 온 물건들을 보았다. 우리나라에서 새로이 주조된 금전 등도 있고, 또한 법의(法衣)라고 하여 흰 천으로 지은 의복을 면밀히 살피니 그 안감 쪽에 우리나라 난토(南都)[20]에서 직조한 천이라는 붉은 도장이 찍혀 있었다. 부교들 및 그 외의 사람들에게도 확인케 하니 의심할 나위가 없다고 한다. 알 수 없는 일이라고 생각하며 물품의 검

---

19 오전 9시-11시.

20 교토(京都)에 대하여 남쪽에 위치한 도성이라는 의미로 고도(古都)인 나라(奈良)를 가리킨다.

토를 마치고 나가사키에서 올려 보낸 역관들을 불렀다. 〈수석 역관은 이마무라 겐에몬 히데나리(今村源右衛門英成), 견습 역관은 시나가와 헤이지로(品川兵次郎) 및 가후쿠 기조(嘉福喜蔵)라 한다. 이 두 사람에 대해서는 통칭만 알 뿐 그들의 본명은 듣지 못했다.〉

나는 그들을 향하여 말했다.

「과거 난반 사람들이 나가사키에 거주할 때에는 그 나라 언어가 가능한 역관들이 있었소. 그 종교가 금지되고 얼마 지나지 않았을 무렵에는 아직 그자들이 남아 있었으나 그들이 죽고 난 뒤로는 관련 학문을 전수하는 자가 있을 리도 없고, 하물며 금령이 내린 초기에는 실수로라도 그 지역의 말을 하는 자는 엄벌을 면할 수 없었소. 설령 그 말을 듣고 익힌 자라 할지라도 감히 입으로 내어 말할 수 없었고, 이렇게 7, 80년이 지났으니 이제는 그 말에 통달한 자가 있을 리 없소. 무릇 오방의 언어가 동일하지 않으니 예를 들어 지금 나가사키 사람으로 하여금 무쓰(陸奧)[21]의 방언을 듣게끔 한다면 이해하지 못하는 부분이 많을 터이니 그래도 우리나라 안의 말이므로 '이 말은 이러한 뜻이려니' 하고 미루어 짐작함으로써 정확하지는 않다고 하더라도 전혀 알아들을 수 없지는 않을 것이오. 내가 만국 지도를 보건대 이타리야(이탈리아)와 오란다(네덜란드)는 마찬가지로 구라파(欧邏巴) 땅에 있어, 서로의 가깝기가 나가사키와 무쓰가 떨어져 있는 거리만 같지 않소. 그렇다면 오란다 말로 그 지역의 언어를 미루어 짐작하기에 7, 8할 정도

---

21 현재의 후쿠시마(福島)·미야기(宮城)·이와테(岩手)·아오모리(青森)의 4개 현(県)에 상당하는 지역의 옛 지명.

는 가능하지 않을까 하오.

사실 공적인 업무에 그 언어를 제대로 익히지 않고 추측하여 발언하는 것은 있을 수 없는 일이나, 오늘의 심문은 이전과는 다르오. 이 일은 공적인 업무가 아니라 내 개인적으로 그 말을 통역해 주기를 바라는 것이니, 설령 그의 말에서 이해할 수 없는 부분이 있다 할지라도 각자 마음속으로 추측을 거쳐 생각한 바를 내게 말해 주시오. 나 역시 여러분이 이야기하는 내용이 정확히 그가 말하고자 하는 바와 일치하리라 믿고 듣지는 않을 것이오. 그러니 여러분이 짐작한 내용에 잘못이 있을지라도 그 죄를 묻지 않겠소. 부교들도 들어 주시오. 이들이 본래 그 언어를 익힌 것도 아니니, 설령 해석하는 내용에 오류가 많을지라도 책망하지 말아 주시기 바라오.」

이에 모두들 알았노라고 대답했다.

이렇게 오시(午時)[22]가 지날 무렵, 그자를 불러냈다. 두 사람이 좌우에서 부축하여 데려왔다. 마당에 이르자 그는 사람들을 향하여 예를 표했다.

착석을 명하자 마당 위 마련된 걸상에 앉았다. 〈이 정청은 남쪽을 면하여 대청이 있다. 마루 가장자리에서 3척 정도 떨어진 자리에 걸상을 두었다. 부교들은 가장자리 가까이에 앉고, 나는 그 자리 약간 안쪽으로 앉았다. 수석 역관은 마루 위에서 서쪽을 향하여 무릎을 꿇고, 견습 역관 2인은 마루 위에서 동쪽을 향하여 무릎을 꿇었다. 그자는 장거리를 이동하는 동안 함거 안에만 있었기에 걸음을 제대로 걷지 못했다. 옥중에서 이리로 옮길 때에도 함거로 데려왔다. 그러므로 다른 이들이 양쪽에서 부축했던 것이다. 걸상에 앉

22　오전 11시-오후 1시.

은 후 요리키(寄騎)23로 있는 무사 1인과 보졸 2인이 그 옆과 뒤로 지키며 멍석 위에 무릎을 꿇고 앉았다. 이후 심문할 때의 모습은 전부 이와 같다.〉

　그 신장이 장대한 것이 6척은 훨씬 넘을 듯하다. 보통 사람은 그 어깨에도 미치지 못한다. 머리는 단발이고, 수염은 검고, 눈이 움푹한 데다 코가 높았다. 몸에는 솜을 넣은 다갈색의 소데보소(袖細)24를 걸쳤는데, 우리나라 명주로 만든 옷이었다. 이것은 사쓰마노쿠니(薩摩国)25 수령이 내린 옷이라고 한다. 속에는 흰 목면 홑옷을 입고 있었다. 〈자리에 앉을 때 오른손으로 이마에 십자를 그리는 의식을 취한다. 이후로도 항상 그렇게 했다. 그에 대해서는 나중에 설명한다.〉

23　에도 시대 부교를 비롯한 관리 밑에서 그들을 보좌하는 직책에 있던 무사.
24　에도 시대 무사의 예장이었던 히타타레(直垂)의 일종. 움직이기 편하도록 소매를 좁게 만든 윗옷.
25　현재의 가고시마현(鹿児島県) 서부에 해당하는 지역의 옛 지명.

04
첫 번째 심문

부교들이 의복 문제로 역관을 통하여 질문한 바 있었으므로 그는 예를 표한 후 이에 대하여 답했다. 이미 날씨가 춥고 그 의복이 얇기에 옷을 주었으나 받아들이지 않았는데, 그 이유는 그들의 계율에 그 종교에 귀의하지 않은 자의 물건은 받지 않도록 명하고 있기 때문이었다. 그러나 음식물에 관해서는 예외적으로,

「자신의 사명을 달성하기 위하여 생명을 이어 나갈 필요가 있으니, 나날이 식량을 신세 지는 것만으로도 나라의 은혜에 기대는 바가 이미 무겁습니다. 어찌 의복까지 얻어 우리의 금계를 어길 수 있겠습니까. 이전에 사쓰마노쿠니 수령에게서 받은 옷을 몸에 걸치면 추위를 막는 데 충분하니, 신경 쓰실 필요는 없습니다.」

라고 딱 잘라 말했다고 한다.

이 문답이 끝난 후, 사람들이 내게 읍하고 자리를 권했다. 이날은 여타 문제에 대해서는 언급하지 않았다. 단지 그들 나라와 지역 관련 사정을 역관에게 명하여 질문하고 그가 말하는 내용을 들었을 뿐이다. 〈만국 지도를 가지고 가서 그것을 가리키며 질문하니, 그 지도는 이 땅에서 제작된 것이라

  묻는 내용에 대답하는 것을 듣자니, 전부터 예상했던 바와 같이 그리

이해하기 어렵지는 않았다. 단지 그 말에 우리나라의 기나이(畿內),[26]

산인(山陰),[27] 사이카이도(西海道),[28] 난카이도(南海道)[29] 방언이 뒤섞

인 데다 그들 지역의 발음으로 이야기하니, 추측한 의미가 정확하다고

단정하기에는 의문이 남는다. 그 역시 자신의 말을 이쪽 사람들이 제

대로 알아듣지 못할까 우려했는지 반드시 한 차례 말한 내용을 반복해

서 이야기한다. 또한 잘못 전달하는 내용도 적지 않았다. 게다가 그쪽

의 지명, 인명에 한해서는 자신들이 부르는 대로 이야기하니 그에 관

련된 내용은 하나하나 상세히 질문하고 지명과 인명 등을 구분했다.

  또한 역관들은 오란다 말에 익숙하다 보니 옛 습관에 젖어 그가 말

하는 대로 발음하기 어려운 단어들이 있었는데, 그것을 교정해 주며

말하기도 했다. 이렇게 듣기를 1각 정도 흐른 후에는 나도 스스로 질

문하기도 하고 대답하기도 했다. 해가 어느덧 서쪽으로 기울어, 부교

들에게 다음에 다시 방문하겠노라고 작별을 고했다.

---

26 도성 부근, 즉 교토(京都)에 가까운 지역을 가리킨다. 야마시로(山城) · 야마토(大和) · 가와
    치(河內) · 이즈미(和泉) · 셋쓰(摂津)의 5개 지역.

27 주고쿠 산지(中国山地) 북부의 바다에 접한 지역. 현재의 돗토리(鳥取)와 시마네(島根) 2개
    현 및 야마구치현(山口県) 북부에 해당한다. 여기에 효고현(兵庫県)과 교토부(京都府)의 북
    부를 포함시키는 경우도 있다.

28 현재의 규슈(九州) 지방 전역. 지쿠젠(筑前) · 지쿠고(筑後) · 부젠(豊前) · 분고(豊後) · 히젠
    (肥前) · 히고(肥後) · 휴가(日向)의 7개 지역과 이키(壱岐) · 쓰시마(対馬)의 2개 섬.

29 현재의 긴키(近畿) 지방 남부와 시코쿠(四国) 전역. 기이(紀伊) · 아와지(淡路) · 아와(阿
    波) · 사누키(讃岐) · 이요(伊予) · 도사(土佐)의 6개 지역.

05
시도티의 요청

이때 그자가 역관을 향하여 말했다.

「제가 이 땅을 찾은 이유는 우리의 가르침을 전하고 어떻게든 이 땅의 사람들을 유익케 하여 세상을 구원하고자 하는 데 있나이다. 그런데 제가 도착한 이후 여러분을 비롯하여 많은 분들께 폐를 끼치게 되었으니 실로 뜻대로 되지 않아 유감스럽습니다.

이곳에 도착한 후로 올해도 이미 저물어 가고 기후 또한 싸늘하니 곧 눈도 내리지 않을까 싶습니다. 이 자리에 계신 무사 분들을 비롯하여 많은 분들이 밤낮의 구분도 없이 저를 지키고 계시니 바라볼 면목이 없습니다. 이렇듯 지키고 계신 것은 제가 혹시 달아나지 않을까 우려한 까닭일 것입니다.

만리 풍파를 무릅쓰고 바다를 건넌 것도 어찌해서든 이 땅에 도착하여 사명을 다하기 위해서였는데 소원대로 이곳에 이르렀습니다. 이곳을 떠나 또 어디로 달아나리이까. 설령 또 제가 이곳에서 달아날지라도 이 나라의 사람들과 외모가 다르거늘, 대체 어디에 하루라도 몸을 의탁할 수 있겠나이까. 그러나 명을 받아 저를 감시하게 된 이상 옥지기는 그것을 게을리할 수 없습니다. 낮이라면 무관하나 밤에는 쇠고랑이나 족쇄라도 채워서 옥중에 구속해 두고 옥졸들이 마음 편히 쉴 수 있도록 선처해 주십시오.」

부교들도 이 말을 듣고 감동하는 기색이었으나, 나는 말했다.

「이자는 의외로 위선자로구나.」

그러자 대단히 원망스럽다는 표정으로

「무릇 인간이 정직하지 않다는 말만큼 큰 치욕은 없사옵니다. 하물며 허언에 대해서는 우리가 따르는 교의의 계율에서 금하는 것으로, 저는 사물을 판단하기 시작한 이후 지금껏 단 한 마디도 거짓을 말한 적이 없나이다. 나리께서는 어찌 그렇게 말씀하십니까.」

라고 말했다.

06
하쿠세키의 설득

━

「지금 그대가 말하고자 하는 바는 세밑이라 날도 추운데 여기 있는 자들이 밤낮없이 자신을 감시하고 있는 모습이 보기에 민망하여 그러는 것인가」 하고 내가 물었다. 그는 그렇다고 대답했다.

「그렇기에 그대가 말하는 바가 거짓이라는 것이다. 그들이 그대를 지키는 것도 부교들의 명을 중히 여기기 때문이다. 또한 부교들께서도 공적인 명을 받들어 그대를 지키고 계시는 것인데, 혹시라도 무슨 변고라도 생기지 않을까 염려하신 까닭에 의복이 얇아 몸이 추울 것을 배려하셨음에도 그대는 계율을 따르고자 받아들이지 않고 있으면서, 어찌 여기 있는 자들이 법에 따라 그대를 지키는 것에는 마음을 쓰고자 하는가. 그대가 먼저 말한 것이 진심이라면 지금 말하고자 하는 바는 거짓이 되느니라. 지금 말한 것이 진실이라면 먼저 말한 바가 거짓이 되느니라. 이에 대하여 어찌 변명하려느냐.」

내가 이와 같이 말하자 그는 크게 부끄럽다는 기색으로

「지금 말씀하시는 바를 듣고 보니 제가 앞서 주장한 내용은 실로 잘못된 것이옵니다. 그렇다면 아무쪼록 의복을 받아 부교 분들의 마음을 편케 해 드리고자 하나이다.」

라고 답했다. 부교들도 「정말이지 옳으신 말씀이외다」라고 말하며 서로 기꺼워했다.

그는 재차 역관을 향하여 입을 열기를

「같은 은의를 받잡고자 해도 바라건대 제게 내리실 옷가지가 비단이나 명주 따위라면 제 마음이 편치 않사옵니다. 부디 목면 등의 천으로 지어 주시기를 부탁드리나이다.」

라고 이야기했다.

이미 날이 저물었기에 그를 옥중으로 돌려보낸 후 나도 귀가했다.

07
두 번째 심문

날이 바뀌어 23일 밤, 역관들을 자택으로 불러 어제 그자가 이야기한 내용 중 이해하기 어려웠던 부분에 대하여 질문했다.

25일에 다시 그곳으로 향했다. 부교들도 참석하여 그 사람을 불러냈다.

오늘은 저 부교쇼에 소장되어 있던 예의 만국 지도[30]를 가져와서 그들 지역에 대하여 질문하니 대화의 내용이 분명하고 새로이 듣게 된 이야기도 많았다.

「이 지도는 70여 년 전에 제작된 것으로, 지금은 본국에서도 입수하기 어려운 물건입니다. 여기저기 손상된 것이 안타까울 따름입니다. 수복하여 후세에 전해야 할 것입니다.」
라고 그가 말했다.

오늘도 사시(巳時)가 지날 무렵부터 미시(未時)[31]를 조금 넘길 때까

---

30 요안 블라우(Joan Blaeu)가 제작한 1648년판 「신지구전도(NOVA TOTIUS TERRARUM ORBIS TABULA)」. 현재 도쿄국립박물관(東京國立博物館)에 소장되어 있다.

지 문답을 나누고 그를 돌려보냈다. 이날은 부교쇼에서 지급된 목면 옷을 겹쳐 입고 그에 대한 감사를 표했다.

「옥 안의 상황을 보시지요」라며 부교들이 안내해 주었다. 옥사 북쪽으로 집이 한 채 있었는데, 그곳은 과거에 그 신앙을 버리고 정도(正道)에 귀의한[32] 그들 종교의 사제를 거주하게 했던 장소라 한다. 이미 나이 많아 늙은 부부 두 사람이 나와 부교들을 맞아들였다. 이들은 죄인의 자식이라 종이 된 것을 이곳에 지내도록 한 자의 노비로 내려 일하게 한 것인데, 그러던 중에 부부가 되었다고 한다.

이들이 그 종교를 받아들인 것은 아니었으나 어릴 적부터 그와 관련된 자를 섬겨 온 바이기에 옥문을 벗어나는 일이 용납되지 않았으므로 부교쇼에서 의식을 제공받으며 노년을 맞게 되었다.

각설하고 그 옥사를 관찰하니 커다란 감방을 두터운 판자로 칸막이하여 셋으로 나누어 놓았고, 가장 서쪽의 한 칸이 그가 수감된 곳이었다. 붉은 종이를 오려 십자 모양으로 만들어 서쪽 벽에 붙여 두고 그 아래서 불교의 승려가 독경하는 것처럼 그들 종교의 경문을 암송하고 있었다. 그자가 지내는 공간 남쪽에 숙사가 있고, 옥졸들이 지키고 있었다. 이러한 것들을 전부 둘러본 후 돌아왔다.

---

31 오후 1시-3시.

32 기독교 신앙을 버리고 배교했음을 의미한다. 여기서 지칭하는 사람은 중국 명(明) 출신의 사제 구로카와 주안(黒川寿庵). p.48 본문 내용 및 각주 45 참조.

08
세 번째 심문

—

말일에 다시 만나러 가다. 이날은 부교들은 참석하기 어렵다고 하여 만날 수 없었다.

오늘은 이전에 질문했던 사항 중 자세히 들어야 할 것을 심문하고 하루를 마무리했다. 이날 심문한 내용은 전부 그들 지역에 관한 것뿐으로, 그가 이곳에 온 이유와 그 교의의 취지에 대해서는 묻지 않았다. 그는 시종 그 화제를 꺼내고자 했으나 대꾸하지도 않고 묵살했다.

이튿날 주군께 보고를 드리며

「어제까지 그자를 대면한 기간이 대략 사흘로, 지금은 그가 말하는 바를 알아듣기 어렵지 않나이다. 그 역시 제가 말하는 바를 곧잘 이해하는 듯하옵니다. 이제는 그가 이곳을 찾은 까닭을 심문하고자 하옵니다. 그리하면 그가 이야기할 내용은 필시 그 종교의 교리에 대한 것이리니, 부교로 있는 자들도 입회하여 사건의 전말을 상세히 파악하라는 명을 내려 주시기 바라옵니다.」

라고 말씀을 올렸다.

부교들에게도 임석해 달라는 말을 전하고 12월 4일에 그리로 향했다. 부교들도 입회했다.

09
마지막 심문

━

그 사람을 불러내어 이곳에 오게 된 경위를 묻고, 더불어 「우리나라에 어떠한 가르침을 전하고자 생각하여 찾아왔느냐」라고 심문하니 그는 기쁨을 감추지 못하며,

「저는 6년 전 이곳에 사자로 가라는 명을 받자와 만리 풍랑을 무릅쓰고 이 땅을 찾아왔으며, 드디어 도성에 도달했나이다. 게다가 오늘은 제 본국에 있어서는 신년 초하루로 모든 사람들이 서로 축하하는 날인데, 〈그들의 나라에서는 12월 4일을 정월 초하루로 정한 것일까. 아니면 단지 역법(曆法)의 차이에 의한 것일까.〉[33] 비로소 우리 교의에 관한 질문을 받잡게 되다니 그 기쁨 이보다 더할 수 없나이다」라고 말하더니 그 교리에 대하여 설명하기를 끝이 없었다.

그 내용은 처음 부교쇼에서 가져온 세 권의 책에 기술된 바와 별다른 부분이 없었다. 단지 구사하는 언어가 다르므로 지명과 인명에 다소 차이가 있었으나, 대부분 그 발음이 변화한 정도였다.

━

33   호에이(宝永) 6년 12월 2일은 서력 1710년 1월 1일에 해당한다. 즉 12월 4일은 1월 3일이다.

10
시도티의 학식

대저 그 사람은 박문강기(博聞强記)하고 본국에서 학문을 널리 익힌 자라 하여, 천문, 지리에 이르면 대적할 자가 없을 듯하다.

〈그 지역 관련 질문에 답변한 내용은 후술한다. 그들 지역의 학문은 그 종류가 다양하며, 개중 16개 분야에는 정통하다고 한다.

가령 그 천문에 대한 지식을 거론하자면, 처음 대면한 날 함께 자리하고 시간이 한참 흐른 후 내가 부교를 향하여 물었다.

「시각이 몇 시나 되었는지요.」

상대방이 「이 부근에는 시각을 알리는 종이 없어서」라고 대답하자, 그자가 고개를 돌려 해가 떠 있는 위치를 확인하고 지상에 드리워진 물체의 그림자를 바라보더니 그 손가락을 꼽아 무언가를 헤아렸다.

그리고 「우리나라 역법에 따르면 모년 모월 모일 모시 모각에 해당합니다」라 말했다. 이는 저 구고법(勾股法)[34]으로, 그에게는 매우 간단한 듯 보였으나 이토록 수월히 답이 나올

---

34 직각삼각형의 세 변의 길이를 이용한 산법의 일종. '구(勾)'는 직각을 둘러싼 짧은 변, '고(股)'는 긴 변을 가리킨다. 삼각형의 직각을 둘러싼 구의 제곱과 고의 제곱의 합은 '현(弦)', 즉 빗

만한 것이라고는 생각되지 않는다.

또한 오오란도 누판(鏤板)의 만국 지도를 펼쳐 「예우로파 지역이라 하는데, 로-마는 어디인가」 하고 물었으나, 번자(蕃字)가 극히 작아 통역관들이 찾아내지 못했다. 그자가 말했다.

「치르치누스[35] 있습니까?」

통역관들이 「없소」라고 대답했다. 「무슨 일인가」 하고 묻자 「오오란도 말로 팟스르[36]라 부르는 것으로, 이타리야 말로는 콤파스[37]라는 물건이옵니다」라 했다.

	원문 발음 표기	한자 음역 표기 한자 번역 표기	원어 표기	현대 한국어 표기
예우로파	ユウロパ		Europa (이)	유럽
오오란도	ヲヽランド		Holland (네)	네덜란드
이타리야	イタリヤ		Italia (이)	이탈리아
로-마	ローマ		Roma (이)	로마

「그 물건이라면 여기에 있네.」

내가 그렇게 말하고 품에 넣어 두었던 것을 꺼내어 건네주니,

「이것은 그 이음매가 느슨해져 제대로 사용하기 어렵겠습니다만, 없는 것보다야 낫겠지요.」

라고 말하며 그 지도 가운데 측정해야 할 거리를 작게 표시한 부분이 있는 것을 보고 붓을 달라 청하여 그것을 옮겨 적었다.

변의 제곱과 같다는 것으로, 피타고라스 정리를 가리킨다.

35 circinus (라) 치르치누스: 컴퍼스.

36 passer (네) 파서: 컴퍼스, 나침반.

37 compasso (이) 콤파소: 컴퍼스.

그리고 건네받은 콤파스로 그 간격을 재어, 지도는 자리 위에 있음에도 그 자신은 마당 위 걸상에 앉아 손을 뻗어 그 작게 표시된 부분으로부터 거미줄처럼 뻗은 선을 따라 이리저리로 더듬어 가다가 그 손이 닿기 어려울 정도의 위치에 이르러

「이곳이옵니다. 보소서.」

라고 말하며 콤파스를 내밀었다.

그가 가리키는 방향을 보니 바늘구멍마냥 작은 지도의 권역 안에 콤파스 끄트머리가 머물러 있었다. 그 권역 옆의 표기를 확인하고 역관 등이

「'로-만'이라는 번자입니다.」

라고 말했다.

이외에도 오오란도를 비롯하여 그 지역 각국의 위치를 질문하니, 이상과 같은 방법을 사용하여 한 곳도 잘못 찾는 경우가 없었다. 더불어 우리나라에 대하여 「에도(江戸)[38]는 어디인가」 하고 질문하자 역시 이전과 같은 방법으로 찾아 「이곳입니다」 하고 답하니, 이 또한 번자로 '예도'라 표기되어 있는 곳이었다.

당연히 무언가 정해진 방법이 있으리라 생각되었지만, 그 방면에 정통하지 않은 이상 이렇듯 간단히 찾을 수 없을 것이었다.

「이런 지식은 전부 학문으로 습득한 것인가」 하고 물었더니, 「극히 간단한 일입니다」라고 대답했다.

「나는 본디 산술 쪽에 어둡네. 익히기 어려울 게야」라는 나의 말에 그는 「이런 일 따위는 특별히 산술에 능할 것까지도 없습니다. 지극히 수월하게 배울 수 있는 것입니다」라고 답했다.〉

---

38 원문에서는 지명을 언급하지 않고 '이곳(此所)'이라 서술하고 있다.

11
시도티의 인품

또한 성품이 겸손하여 곧잘 사소한 호의에도 감복하고는 했다.

〈그자는 정청 앞 걸상에 앉을 때 먼저 두 손을 모으고 한 차례 절을 올린 다음 오른쪽 엄지손가락을 이마에 대고 무언가 그리는 시늉[39]을 한 뒤 눈을 감고 앉았다. 앉아 있어야 하는 시간이 길었으나 마치 흙으로 빚어 만든 모형마냥 움직이지도 않았다. 부교들이나 내가 잠시 자리를 뜨는 경우에는 반드시 자리에서 일어나 절을 하고 앉는다. 우리들이 다시 돌아와 자리에 앉는 것을 보아도 반드시 일어나 절을 하고 앉는다. 이와 같은 예의범절에는 늘 변함이 없었다.

언젠가 부교가 재채기를 하는 것을 보더니 그 사람을 향하여 주문을 읊고 역관에게 말하기를

「날씨가 찹니다. 옷을 겹쳐 입어야 하지 않겠습니까? 저희 쪽 사람들은 재채기하는 것을 꺼립니다. 과거에 온 나라에 이 병이 퍼진 적이 있기 때문입니다.」

라고 이야기했다.

---

39 성호(聖號)를 긋는 모습에 대한 묘사이다.

혹은 역관 등의 라텐 말을 듣고 발음이 이상하면 몇 번이고 되풀이하여 고쳐 주고, 익숙해지면 크게 칭찬했다. 내가 발음하는 것을 듣더니

「역관들은 어설프게 오오란도 말을 익혀 혀가 굳어진 상황이라 이전의 버릇을 떨치기 어려운 부분이 있어 지금 말씀하시는 것처럼 발음이 좋지 않습니다. 이는 처음부터 우리 쪽 언어를 익히지 않았기 때문입니다.」

등등의 말을 하며 웃었다.

또한 오오란도의 군선(軍船)[40]에는 선체 측면에 수많은 창을 설치하는데, 이것이 상·중·하 3단이라고 한다. 「각 창마다 대포를 설치한다」는 것을 서툰 말로 설명할 수 없어 그림으로 표현하려 했으나 여의치 않았다. 내가 왼손을 모로 세우고 그 네 손가락 사이로 오른손 세 손가락 끄트머리를 끼워 넣어 보여 주자 「바로 그대로입니다」 하고 답하더니 역관들을 향하여

「영명하신 분이로군요.」

라고 말했던 일도 있었다.

그리고 「노-와 오오란데야(ノーワ ヲ、ランデヤ)[41] 땅은 이곳에서 얼마나 떨어져 있는가」 하고 묻자 대답하지 않았다. 재차 질문하자 역관을 향하여

「우리 종교의 계율에 사람을 죽이는 것 이상의 죄는 없습니다. 어찌 제가 다른 이들의 사정을 알려 그들의 나라를 위험하게 하리이까.」

---

40 원문에는 '전선(戰船)'으로 표기하고 있다.

41 Nova Hollandia (라) 노바 올란디아: '새로운 네덜란드'라는 의미로 오스트레일리아 대륙을 일컫던 역사적 명칭. 1644년 네덜란드의 탐험가 아벨 얀손 타스만(Abel Janszoon Tasman)에 의하여 명명되었다. 1788년 영국의 시드니 정착 후 대륙 동부의 영토는 뉴 사우스 웨일스(New South Wales)로 불리게 되었으며, 이후 대륙 서부에 대한 명칭으로 1800년대 중반에 이르기까지 준공식적으로 사용되었다.

하고 말했다.

내가 그 말을 듣고 무슨 의미인지 이해가 되지 않아 「어찌하여 그런 말을 하는가」 하고 역관을 통하여 질문하니 「제가 생각하는 바 있어 이들 지역에 대해서는 답을 드릴 수 없나이다」라고 답했다.

거듭 그 속셈을 캐묻자,

「제가 지금껏 이분[42]을 보건대 이 나라에서야 어떠한지 모르겠으나 우리나라에 계셨다면 큰 인물이 되지 않았을 리가 없습니다. 오오란데야 노-와(ヲ 丶 ランデヤ ノーワ)[43]는 이 곳으로부터 그리 멀지 않습니다. 이분이 그 땅을 차지하고자 마음먹는다면 너무나도 수월하게 뜻을 이루실 것입니다. 따라서 그 경로에 대하여 소상히 말씀드리는 것은 다른 나라를 정벌하는 데 길잡이 노릇을 하는 것이나 다름없습니다.」

라고 말했다.

나는 이 말을 듣고 동석한 부교들 보기에도 겸연쩍어서

「설령 내게 지금 그대가 말하는 것과 같은 속셈이 있다 할지라도 본국의 법이 엄중하기에 내가 군사를 일으키는 일은 불가능하오.」

라 말하며 웃어넘겼다. 아무튼 이와 같은 우려 전부가 지나치게 사려 깊은 그의 성품에서 연유했다고 할 것이다.〉

---

42 하쿠세키를 가리킨다.

43 앞에서 말한 '노-와 오오란데야'를 가리킨다. 하쿠세키가 참조한 요안 블라우의 지도에는 'HOLLANDIA NOVA'로 표기되어 있다.

12
기독교에 대한 비판

그들의 교리에 대한 설명을 듣자니 한마디도 도리에 닿는 바가 없었다. 그 지혜로운 이가 순식간에 어리석은 자로 바뀌니, 마치 아예 다른 사람의 말을 듣는 것만 같았다.

나는 여기서 그들의 학문이 오로지 그 형상과 외형에만 정통하다는 것을 깨달았다. 소위 형이하(形而下)적인 부분만을 중시하고 있으며 형이상(形而上)적 측면에 관해서는 제대로 듣지 못했다.

그러니 천지(天地)에 대해서도 이를 창조한 자가 존재한다는 사실을 굳게 믿어 의심조차 하지 않는다. 이런 식으로 그와 질문하고 답한 내용의 대략을 두 권으로 정리하여 막부에 진상했다.

13
막부의 처결

이윽고 밝으신 판단을 내리시어,

「우리나라는 야소(耶蘇)의 법을 금지한 지 오래다. 지금 그 사제가
이 나라를 찾아온 것은 사신으로서 그러한 금령의 부당함을 호소하는
것이라 칭하고 있다. 만일 사신이라면 어찌하여 국서(国書)라 할 것을
지참하지 않고 일부러 이 나라 사람의 차림으로 꾸미고 오겠는가. 설
령 그가 말하는 내용이 사실이라 할지라도 그 행적은 의심할 만하다.

그렇다고는 하나 주장하는 바 그 나라의 사신이라 하니 법에 따라
주벌할 수도 없다. 이후 그 주장에 대한 증거가 밝혀지기를 기다리며
적절히 처결해야 할 것이다.」

라는 말씀이 계셨다.

내가 전후 사정을 파악하건대 훗날에 이르기까지 타국 사람들이 이
땅을 찾는 일은 계속될 것임에 틀림없으리라 생각되었다. 그렇다면 이
후의 일을 염려해서라도 이번 사건에 대한 내용을 기록하여 진상할 뜻
임을 말씀드렸다.

14
시도티의 전도와 구금 조치

얼마 지나지 않아 주군께서 돌아가셨을 무렵,[44] 쇼토쿠(正德) 4년
(1714) 갑오년(甲午年) 겨울의 일이었다. 예전에 선교사였다가 정도(正
道)로 귀의한 자의 노비로 지냈다는 부부가 있었다. 〈이 선교사의 이름은
구로카와 주안(黒川寿庵)[45]이라고 한다. 번명(番名)[46]은 '후란시스코 치우안(フランシス
コ チウアン)'이라고 했던가. 노비의 이름은 남편이 조스케(長助), 아내는 하루(はる)라고
한다.〉

　이들이 자수하여 말하기를

「과거 저희 두 사람의 주인이셨던 분이 이 세상에 계실 때[47] 은밀히

44　6대 쇼군 이에노부는 쇼토쿠(正德) 2년(1712) 10월 14일 사망했다. 하쿠세키 자필본에서는
　　이에노부를 가리키는 '上' 위를 궐자하고 있다.
45　구로카와 주안(黒川寿庵, ?-1697). 명(明)의 가톨릭 수도사. 1643년 오카모토 산에몬(岡本
　　三右衛門)과 함께 일본에 잠입한 후 체포되어 배교한다. 1686년 개종 포기를 고백하고 다시
　　투옥되어 1697년 8월 18일 옥중에서 사망했다.
46　서양식 이름, 즉 구로카와 주안의 본명을 가리킨다.
47　주안이 생존해 있던 시기를 가리킨다.

그 교리를 가르치셨지만 그것이 국법에 어긋나는 행위라는 것도 알지 못했습니다. 그로부터 세월이 흘러 이번에는 외국인이 스스로의 종교를 전파하기 위하여 자신의 몸을 사리지 않고 만 리 길을 거쳐 이곳으로 찾아와 체포당한 모습을 보게 되었습니다. 저희들이 얼마 살지도 못할 목숨을 아끼다가 영영 지옥에 떨어지게 될 것이 한심하여 그 사람에게 계를 받고 그 신도가 되었습니다.[48] 이러한 사정을 말씀드리지 않는 것은 나라의 은혜에 반하는 짓이나 다름없기에 솔직히 밝히는 바이옵니다. 아무쪼록 법에 따라 그 죄를 물어 주시옵소서.」

라고 호소했다. 일단 두 사람의 거처를 변경하여 떼어 두기로 했다.

이듬해 3월, 오오란도 사람이 조공을 위해 방문했을 때 동행한 역관을 통하여 로-마 사람이 애당초 이야기하던 것과 달리 그 부부에게 은밀히 계를 내린 죄를 밝혀 옥에 가두었다. 일이 이렇게 되자 그의 속셈이 드러나, 큰 소리를 지르고 비난하며 그 부부의 이름을 부르고, 그 신심을 강건히 하여 죽음에 이를지라도 뜻을 굽히지 말아야 할 것이라고 권면하는 일이 밤낮으로 계속되었다.

---

48 기독교의 세례를 받고 교인이 되었다는 것을 의미한다.

15
시도티의 내항 이유에 대한 추측

당년 방문한 오오란도 사람[49]이 말하기를

「앞서 페킹(北京)으로 향했다고 하는 토-마스 테토르논(トーマス テ
トルノン)[50]도 얼마 지나지 않아 귀국했다고 들었습니다. 그 까닭은
이미 그 나라에 와 있던 자기 나라 사람들의 질시를 받아 체류가 여의
치 않았기 때문이라고 합니다.」

라는 소식을 전했다.

더불어 내가 「이 사람[51]이 이곳을 찾아온 일에 대하여 어찌 생각하

---

49 세 차례에 걸쳐 상관장을 지낸 니콜라스 요안 반 호른(Nicolaas Joan van Hoorn). 상관장이
    란 에도 시대에 나가사키(長崎) 데지마(出島)에 설치된 네덜란드 상관의 최고책임자를 말한
    다. 네덜란드 동인도 회사 소속이었다.

50 샤를 토마 마이야르 드 투르농(Charles Thomas Maillard de Tournon, 1668-1710). 이탈리아
    의 교황청 추기경. 안티오크 사교. 전례(典礼) 문제에 관하여 청(淸)의 강희제(康熙帝)와 교
    황 사이의 의견 조정을 위하여 클레멘스 11세의 특사로 1705년 중국에 파견된 후 황제를 회
    견하여 후대를 받았으나 예수회의 반감을 사고 베이징에서 퇴거, 체포되어 마카오로 호송된
    후 옥사했다.

51 시도티를 가리킨다.

는가」라고 묻자,

「그 문제라면 저희 측에서도 알 수 없는 일이옵니다. 어쩌면 무언가 죄를 범하여 이미 사형이 결정된 상황에서 어떻게든 그 죄를 벗을 수 있는 방법을 강구하다가 이 나라에 오기를 희망했을 가능성도 있습니다. 그의 말마따나 입장을 해명하고 포교할 수 있게 된다면 그 나라 사람들에게도 더할 나위 없는 행운일 것입니다. 혹여 국법에 따라 죽임을 당한다 할지라도 본디 그리 될 일이었으니 상관없다고 생각하여 그가 바라는 대로 일임한 것일지도 모릅니다.」

라고 대답했다.

〈오오란도 사람의 가설도 어느 정도 가능성은 있다고 보나, 나의 추측은 다르다. 그 나라 사람들이 논의하기에 자신들의 종교를 전파할 시기가 이르렀다고 판단할 만한 이유가 있어 먼저 시험적으로 이 사람을 파송한 것이 아닌가 생각되는 것이다.

내가 이렇게 추측하게 된 까닭은 우리나라에서 새로이 발행한 금과 동전을 이 사람이 가지고 왔다는 점에 있다. 내가 처음에 그가 가져온 황금 세 점에 대하여 질문했을 때에

「저희 본국은 예우로파 각국의 보시(布施)로 인하여 금은 등의 재화는 바라지 않아도 쌓이니 충분합니다.」

라고 말했다.

덧붙여 로손 땅에서 백은(白銀)이 다량 산출된다는 것, 그리고 우리나라 동남쪽 해상에 위치한 섬으로부터 다량 산출되는 금은을 이스파니야 사람이 채굴하여 손에 넣고 있다는 것 등을 이야기하고,

「이러한 물건이라면 본국에 요청할 것까지도 없이 제가 서신 한 통만 써서 로손에 보내도 얼마든지 가져올 것입니다.」

라고 말했으므로, 당시 나는 이 말을 듣고 그가 무엇을 목적으로 이 나라를 찾아왔는지 이

해할 수 없다고 생각했으나 여기에 지금까지의 상황을 결부지어 추리해 보기로 했다.

우리나라에서 제조되는 황금과 동전이 새로이 바뀐 것[52]을 그들의 나라에서 파악하고는

「나라의 재정이 예상 이상으로 궁핍한 상황이다. 필시 국민들도 고통스러울 것이다. 백성이 곤고할 때에는 국법이 제대로 시행되지 않을 가능성이 있다. 설령 그 금지령이 여전히 유지되고 있다 할지라도 금은으로 회유하면 그 금령이 해소될 수도 있다.」

라고 계산한 결과가 아닌가 싶어, 이후로 금은에 관련된 이야기는 절대 입 밖에 내지 않았다.

	원문 발음 표기	한자 음역 표기 한자 번역 표기	원어 표기	현대 한국어 표기
로손	ロソン		Luzon (이)	루손 -현재의 필리핀
이스파니야	イスパニヤ		Hispania (라)	스페인

52　에도 시대의 화폐 개주(改鑄)를 가리킨다. 개주란 시장에 유통되는 화폐를 회수한 후 금은의 함량을 개정한 새 화폐를 주조하여 다시 시장에 유통시키는 것을 의미하며, 금은의 순도를 낮추어 전체 화폐량을 증가시키고 막부가 그 차익을 얻어 재정난을 해소하려는 목적으로 이루어지는 경우가 대부분이었다. 서양에서 개주 화폐를 근거로 막부 재정의 궁핍을 예상했으리라는 하쿠세키의 추측은 이에 연유한 것이다. 겐로쿠(元禄) 개주를 예로 들면 86%의 금 함량을 56%까지 낮추어 기존대로라면 2개의 금화를 제조할 금 분량으로 3개의 금화를 제조하는 방식으로, 증가한 0.5배분의 금화가 막부의 재정으로 유입되었다. 하쿠세키는 이처럼 화폐의 질을 떨어뜨려 막부가 그 차익을 얻고 인플레를 유발하는 개주 정책을 강하게 비판하여, 쇼토쿠 4년(1714) 5월 15일 금은의 함량을 이전과 같이 되돌린 쇼토쿠 금은(正徳金銀)을 발행하기에 이른다.

16
시도티의 사망과 『서양기문』의 성립

그러던 중 그해 겨울 10월 7일에 그 노비로 있던 자[53]가 병으로 죽었다. 55세였다고 들었다. 그달 중순부터 로-마 사람도 몸에 병이 들어 동월 21일 밤중에 사망했다. 그 나이가 47세였을 것이다.

선대[54]의 치세에 내가 말씀을 올린 바 있으니 이제 그간의 사정을 기록하건대 3권이 되었다. 첫 번째 상권에는 이 사건의 일부시종을 기술하고, 나가사키 부교쇼에서 상신한 보고문의 대략을 베껴 첨부한다. 중권에는 그 사람이 이야기한 해외 각국의 사정을 기록한다. 마지막 하권에는 나의 질문에 대하여 그가 대답한 내용의 대략을 기술한다. 이 일에 관여한 후 이미 상당한 시간이 흘렀으니[55] 지금은 잊어버린 내용도 많고, 당시의 대화나 사정 등을 기록하는 데에도 오류가 많을

---

53 앞에서 언급된 조스케(長助)를 가리킨다.

54 6대 쇼군 이에노부를 가리킨다. 이에노부는 이미 사망하여 4남 도쿠가와 이에쓰구(德川家繼, 1709-1716)가 쇼군직을 계승한 상황이었다.

55 본서의 집필 시기는 쇼토쿠 5년(1715) 2월 중순 무렵으로 추측된다. 시도티가 일본에 상륙한 것은 호에이 5년(1708), 그리고 그의 심문이 이루어진 것은 이듬해인 호에이 6년의 일이다.

것이다.

그중에서도 해외 각국의 사정에 관련된 부분은 진기한 이야기를 널리 듣기 위하여 읽기를 원하는 사람도 있을 것이니 굳이 숨겨야 할 필요도 없다.[56] 권말 부분에 관해서는 외국인에게 전달하는 일이 없어야 할 것이다. 만일 정무[57]로 인하여 이 저술을 요구하시게 된다면 감추어야 할 까닭이 없음은 언급할 나위도 없으리라.

---

56 하쿠세키는 필화(筆禍)를 꺼려 그 저술의 대부분을 공개하지 않았으나, 가가(加賀)의 마에다(前田) 가문에는 본서를 비롯한 몇 권의 저서를 전달한 바 있다.

57 원문에 의하면 조정, 막부 등을 의미하는 'おほやけ', 하쿠세키 자필본에서는 이 위를 궐자하고 있다.

[상권 부록]

<대서인(大西人)[58]이 처음 상륙했을 무렵의 사정이 여기에 기록되어 있다.>

1. 낯선 배의 출현

오스미노쿠니(大隅国) 고무군(馭謨郡)[59] 해상 야쿠시마(屋久嶋)의 구리후촌(栗生村)[60]이라는 마을에 아와노쿠니(阿波国) 구보우라(久保浦)[61]라는 지역의 어부들이 찾아와 정박하며 고기잡이를 생업으로 삼고 있었다.

호에이(宝永) 5년(1708) 즉 무자년(戊子年) 8월 28일, 이들 7인이 배를 띄워 같은 섬의 유도마리(湯泊)[62]라는 마을의 난바다로 출항했다. 육지로부터 3리 정도 떨어진 바다 위에 낯선 대형 선박 한 척이 떠 있는 것을 발견하고 구리후촌을 향하여 돌아가려는데, 그 커다란 배로부터 작은 배를 내리더니 그 배에 돛을 달고 이쪽 배를 따라왔다. 이쪽 배에서도 돛을 펼쳐 급히 되돌아가는데 상대편의 작은 배에서도 우치가이(打ち櫂)[63]라는 것을 달아 쫓아왔다.

---

58 서양인, 즉 시도티를 가리킨다. 이후 본문에 나타나는 대서인(大西人) 및 서인(西人)은 대부분 시도티에 대한 지칭이다.

59 현재의 가고시마현(鹿児島県) 구마게군(熊毛郡).

60 현재의 가고시마현 구마게군 야쿠시마초(屋久島町) 구리오(栗生). 야쿠시마 서남부 구리오가와(栗生川)의 좌측 기슭에 위치한다.

61 현재의 도쿠시마현(徳島県) 가이부군(海部郡) 가이요초(海陽町) 구보(久保).

62 현재의 가고시마현 구마게군 야쿠시마초 유도마리(湯泊).

겨우 10간(間)[64] 정도의 거리를 두고 보니 그 배에는 낯선 자들이 열 명 정도 타고 있었는데, 그중 한 명이 물을 원한다는 몸짓을 취했다. 이쪽에도 물이 없어 응할 수 없다는 몸짓을 취하고 배를 달리자 저쪽의 작은 배도 커다란 배 쪽으로 뱃머리를 돌려 돌아갔다.

이날 저녁, 같은 섬 남쪽에 위치한 오노아이다(尾野間)[65]라는 마을 난바다에 수많은 돛을 단 배 한 척이 작은 배를 이끌고 동쪽을 향하여 나아가는 것을 마을 사람들이 수상히 여겨 해변으로 나가 지켜보았는데, 밤이 되고 하늘이 흐려져 그 행방을 알 수 없었다.

날이 밝아 29일 아침, 오노아이다로부터 2리 정도 서쪽에 위치한 유도마리라는 마을 난바다 쪽에 어제 보였던 것으로 짐작되는 배가 나타났는데, 남쪽을 향하여 나아갔으나 북풍이 강하여 오시(午時)[66]에 이르러서는 돛 그림자조차 보이지 않게 되었다.

2. 외국인의 상륙

당일 그 섬의 고이도마리(恋泊)[67]라는 마을에 거주하는 사람이 〈도베에(藤兵衛)라는 백성이다.〉숯을 굽기 위한 땔감을 구하러 마쓰시타(松下)라는 장소로 가서 나무를 베는데, 뒤쪽에서 사람 목소리가 들려 돌아보

---

63 뱃전에 노걸이를 설치하고 이에 연결시켜 젓는 노의 한 종류.
64 길이 및 거리의 단위. 1간은 일반적으로 6척(약 1.82m). 전답이나 토지를 측정할 경우 6척 5촌 (약 1.97m), 실내에 까는 다다미(畳)의 경우 6척 3촌(약 1.91m)을 각각 1간으로 삼기도 한다.
65 현재의 가고시마현 구마게군 야쿠시마초 오노아이다(尾野間).
66 낮 12시 전후.
67 현재의 가고시마현 구마게군 야쿠시마초 고이도마리(恋泊).

니 칼을 찬 사람 하나가 손짓으로 부르고 있었다.

그가 하는 말은 알아들을 수가 없었다. 물을 원하는 몸짓을 보였으므로 그릇에 물을 담아 자리에 두었다. 상대방은 다가와서 물을 마시고 다시 이쪽을 불렀으나 그 사람이 칼을 차고 있었으므로 두려워서 가까이 갈 수 없었다. 상대방도 이쪽의 생각을 눈치챈 듯, 바로 칼을 칼집에 넣은 채 풀어 내밀었다.

가까이 다가가자 그가 네모진 모양의 황금 하나를 꺼내어 건넸다. 이자는 어제 나타난 배에 승선했던 사람이 상륙한 것인가 하고 생각해서 그 칼도 금도 받지 않은 채 바닷가 쪽으로 나가 보니 그 배는 보이지 않았고, 그를 제외하면 다른 사람이 있는 것처럼 보이지도 않았다.

자신이 사는 마을로 돌아와 인근 촌락마다 사람을 보내어 사정을 알렸다. 히라타(平田)[68]라는 마을에 살고 있는 사람 둘이 나섰기에 이들을 데리고 〈자(字)가 고지에몬(五次右衛門), 기헤에(喜兵衛)라는 자들〉 마쓰시타로 돌아와 보니 그 사람은 고이도마리 쪽을 가리키며 그곳으로 가겠노라는 몸짓을 취했다. 다리가 피로한 듯 보였기 때문에 한 사람은 그를 부축하고, 다른 한 사람은 칼을 들고, 나머지 한 사람은 그가 휴대했던 꾸러미 비슷한 것을 가지고 고이도마리에 사는 자의 집으로 데려가 음식을 마련하여 먹도록 했다. 그 사람이 다시 둥근 모양의 황금 둘과 네모진 모양의 황금 하나를 내밀어 집 주인에게 건넸다. 〈이 사람이 도베에이다.〉 사양하며 받지 않았다.

---

68 '平内'의 오기로 추측된다. 현재의 가고시마현 구마게군 야쿠시마초 히라우치(平内). 야쿠시마 남부, 고이도마리의 서쪽이자 유도마리의 동쪽에 위치한다.

말하는 내용은 이해할 수 없었으나 몸차림은 우리나라 사람처럼 하고 있었다. 〈이곳 사람들처럼 사카야키(月代)[69]로 머리를 깎고, 몸에는 담황색 목면을 바둑판 무늬로 염색하고 요쓰메유이(四目結)[70] 문양을 넣은 천에 다갈색 안감을 댄 의복을 입고, 우리나라처럼 장식을 넣은 길이 약 2척 4촌[71] 정도의 칼을 허리에 차고 있었다.〉

▶ 그림 1
요쓰메유이의 일종

3. 나가사키 호송

이 일이 섬을 수비하는 자들의 귀에 들어가자 미야노우라(宮之浦)[72]라는 곳에 그 사람을 안치할 장소를 마련하여 그곳으로 옮기도록 하고 사쓰마노카미(薩摩守)[73]에게 보고했다.

사쓰마의 관인들이 연서(連署)하여 이 사건을 나가사키(長崎)의 부교쇼(奉行所)에 전달했다. 〈그 보고서에 9월 13일이라고 기록되어 있다. 연서한 관인들은 시마즈 오쿠라(嶋津大蔵), 시마즈 쇼겐(嶋津将監), 신노 이치노카미(新納市正), 다네가시마 구란도(種子嶋蔵人) 등이다. 나가사키 부교(奉行)는 나가이 사누키노카미(永井讃岐守), 벳쇼 하리마노카미(別所播磨守)이다.〉

부교쇼에서는 그 사람을 나가사키로 송치하라는 지시를 보냈다.

---

69 일본 중세 말기 이후, 남성이 이마로부터 정수리에 걸쳐 머리를 깎는 풍습, 혹은 그 깎은 부분.

70 사각형 속에 점이 들어간 모양인 메유이(目結)를 다시 4개씩 조합하여 도안한 문양, 무늬, 가문의 명칭.

71 약 72.7㎝. pp.273-274 본문 내용 참조.

72 현재의 가고시마현 구마게군 야쿠시마초 미야노우라(宮之浦). 미야노우라가와(宮之浦川) 하류의 좌측 기슭에 위치한다.

73 현재의 가고시마현에 해당하는 사쓰마쿠니(薩摩国)의 장관(長官).

그 후 사쓰마로부터 그 사람이 그림지도 같은 것을 그려 그것을 가리키며 말한 내용 등을 나가사키에 보고했다. 〈앞에서 언급한 로-만(ローマン), 록손(ロクソン) 등을 가리킨다.〉 오란다(阿蘭陀) 사람을 비롯하여 나가사키에 와 있는 외국 사람들을 부교쇼에 소집하여 그가 말한 내용에 대하여 질문했으나 모두들 알아들을 수 없다고 답했다.

이리하여 겨울도 막바지에 이르렀는데 북풍이 불기를 끊이지 않고 해상의 파도가 거칠어, 그자를 송치할 배가 두 차례나 바람에 가로막혀 되돌아왔다. 이를 맞이할 사쓰마 사람이 기어이 풍파를 무릅쓰고 간신히 오스미노쿠니에 도착하여 이후 다시 나가사키로 송치했다. 그자는 오로지 에도(江戸)로 향하기를 간청하며 나가사키로 가기를 원치 않는 기색이었으나, 그의 소원에 따를 일이 아니었다.

수많은 끌배와 함께 나가사키의 외딴 고을인 아미바(網場)[74]라는 곳에 도착했다. 이곳에 배를 정박하고 육로를 통하여 나가사키로 들어가 옥사에 가두었다.

4. 나가사키에서의 심문

오란다 역관을 통하여 그가 찾아온 이유를 묻자 역관이 「지명 등등은 알아듣겠으나 기타 사정에 관해서는 알 수 없습니다」라고 대답했다. 오란다 사람을 특히 싫어한다고 하니 그 사람을 통하여 질문하는 것도 여의치 않았다. 칸막이를 사이에 두고 오란다 사람에게 그가 말

---

74 현재의 나가사키현(長崎県) 나가사키시(長崎市) 아바마치(網場町). 다치바나만(橘湾)에 면한 어항.

하는 것을 듣게 했으나 이렇게 해도 알아듣지 못하는 내용이 많았고, 게다가 그 말에 반쯤 우리나라 말도 섞여 있다고 하니 한층 이해하기 어려웠다.

그 사람도 어떻게든 자신의 생각을 알렸으면 하는 기색이기에,

「심문해야 할 필요가 있는 사정에 대하여 여기 있는 오란다 사람을 통하여 질문하려 한다.」

라고 전하자, 「그도 그렇겠군요」 하고 수긍했으므로 오란다 사람 가운데 예전에 그 지역 말을 학습한 경험이 있는 인물로 아아테레얀 도우 (アヽテレヤン ドウ)[75]라는 자를 오란다 카피탄(甲必丹)[76]인 야스후루한 만스테아루(ヤスフル ハン マンステアル)[77]라는 자가 불러들여 동석시켰다. 〈그 지역의 말이란 라텐 말[78]이라고 한다. 상세한 내용은 이후 서술한다.〉

이리하여 그 사람이 이곳을 찾아온 사정을 파악하고 그 내용을 부교쇼에서 막부에 상신했다. 〈나중에 듣건대 그자의 오란다 사람에 대한 태도는 매우 오만한 것이었으며, 오란다 사람은 어찌 된 영문인지 매우 두려워하는 기색을 보였다고 한다.

「그 나라의 말을 배웠다고는 해도 6년 후 학업을 그만두었기 때문에 제대로 알아듣지

---

75 아드리안 다우(Adrian Douw). 네덜란드 상관의 상무원보(商務員補)로, 통역을 담당한 이마무라 젠에몬(今村源右衛門) 등에게 라틴어 교습을 의뢰받았으며 12월 30일 시도티의 심문에 참여했다. 당시의 대화에 대한 기록이 「나가사키에서 상신한 로마 사람에 관한 보고(長崎注進邏馬人事)」에 남아 있다.

76 Capitão (포) 카피탕: 대장, 지휘관. 대위. 선장, 함장. 일본은 유럽 국가 중 포르투갈을 최초의 교역 상대로 삼았으므로 서양의 상관장을 포르투갈어로 지칭하게 되었다. 이후 포르투갈을 대신하여 네덜란드가 무역의 주축이 되었으나, 호칭은 변하지 않았다.

77 야스퍼 반 만스달레(Jasper van Mansdale). 1708년 11월 2일부터 1709년 10월 22일까지 나가사키의 네덜란드 상관장을 역임했다.

78 라틴어. 학술 언어 및 교회 언어로 근세까지도 로마 제국 당시에 사용된 형태로 보전되었다.

5. 에도 호송

그 후 이듬해 여름 막바지에 이르러 이리로 보내라는 명이 내려졌으므로 나가사키로부터 다시 이곳으로 송치되었다. 작년부터 그 사람이 말하는 것을 듣고 귀에 익숙해진 역관 3인을 대동시켜 9월 25일 나가사키를 출발, 11월 중순에 도착했다.

천주(天主)의 법을 금하는 직무를 관장하는 부교[79]들에게 일러 그 청사 감옥에 안치하도록 했다. 이후의 사정은 앞에서 서술한 바와 같다.

6. 시도티의 생활 및 소지품

부교들이 말하기를 그 사람은 매일 식사를 할 때 정해진 한도가 있다고 했다. 처음 나가사키에 도착한 날부터 이곳으로 보내지기까지 조금도 달라진 것이 없다고 한다.

〈평상시에는 오시와 일몰 후에 두 차례의 식사를 한다. 식사 내용은 밥, 국은 밀가루 경단에 묽은 간장과 기름을 쳐서 생선과 무와 파를 넣어 끓인 것에 약간의 식초와 구운 소금을 가미한다. 간식으로는 군밤 4개, 밀감 2개, 곶감 5개, 감 2개, 빵 1개를 먹는다.

---

79 키리시탄 부교(キリシタン奉行). 에도 막부(江戸幕府)의 관직으로 기독교도 색출 및 단속을 위하여 간에이(寛永) 17년(1640) 설치되었다. 이후 슈몬아라타메야쿠(宗門改役)로 개칭되었다.

재계일(齋戒日)80에는 오시에 단 한 차례만 식사한다. 단 간식은 그날도 두 차례를 먹고, 그 양을 늘린다. 군밤 8개, 밀감 4개, 곶감 10개, 감 4개, 빵 2개를 두 차례에 걸쳐 먹는다. 그 과일 껍질이나 씨 따위는 어찌 처리하는 것인지 버린 흔적이 없다. 재계일이라고 해도 생선은 먹는다.

또한 이곳에 온 이후로 내내 목욕을 한 적이 없음에도 때가 끼거나 지저분한 모습도 아니다. 이상의 식사 외에는 더운물이나 냉수도 마신 적이 없다고 한다.〉

그가 휴대했던 꾸러미에 들어 있었던 물건은 동상(銅像), 초상화, 공양(供養)에 필요한 도구, 법의(法衣), 염주, 이 밖에 서적 16권, 그리고 판금(板金) 모양의 황금 181개, 탄환처럼 작고 둥근 형태의 황금 160개, 우리나라에서 겐로쿠(元禄) 연간에 주조한 금화 18개, 우리나라 동전 76문(文),81 강희전(康熙錢)82 31문 등이다. 이 가운데 책 6권은 항상 몸에 지니고 손을 멈추는 일 없이 이를 독송했다고 한다.〈이들 물건의 형태 등에 대하여 상세히 기록할 필요는 없을 것이다. 따라서 이 정도로 약술하기로 한다.〉83

쇼토쿠(正德) 5년(1715) 을미(乙未) 2월 중순

지쿠고노카미(筑後守) 종5위하(從五位下)84 미나모토노 긴미(源君美)85

---

80 사계재일(四季齋日). 가톨릭에서 사계절에 각각 3일씩 금식과 기도로 천주의 은혜에 감사하고 성총과 음식의 강복을 구하는 날.

81 동전의 개수 혹은 화폐의 단위. 1관(貫)의 1000분의 1.

82 강희통보(康熙通宝). 중국 청대(清代) 강희(康熙) 연간에 주조된 동전.

83 하쿠세키는 이와 같은 서술과 상이하게 시도티의 소지품에 대하여 매우 상세하게 관찰하고 조사한 후 「나가사키에서 상신한 로마 사람에 관한 보고」에 그 기록을 남기고 있다.

84 하쿠세키의 관위(官位).

85 '하쿠세키(白石)'는 호, '기미요시(君美)'가 그의 휘(諱), 즉 본명에 해당하며 '긴미'는 '君美'를 음독(音読)한 표기.

II

『서양기문』
중권

01
지구의 형태와 5대주

대지는 바닷물과 서로 어우러져 그 형태를 이루기를 둥근 구와 같고, 천원(天円)의 중심에 있다. 예를 들자면 달걀의 노른자가 흰자 내부에 위치하는 것과 같다. 그 지구의 둘레가 구만 리이며, 상하 사방으로 모두 사람이 살고 있다. 무릇 그 대지를 구분하여 5대주라 한다.

첫 번째로 **에우로파**(유럽), 〈한어로 '欧邏巴(요-로-파)'라 음역한다. 내가 처음에 한음(漢音)과 같이 발음하니 서인(西人)이 듣고 「이는 치이나(支那; 중국)의 발음으로, 잘못된 것입니다」라고 말했다. 이후 다시 오란다(阿蘭陀; 네덜란드) 사람에게 물으니 그가 발음하는 방식 또한 그러했다. 과거 우리가 소위 '요오로오하'라 부르던 것은 한음이 와전된 것이다. 일반적으로 오쿠난반(奧南蛮)[86]이라 부르는 지역이 바로 이곳이다.〉

두 번째로 **아후리카**(아프리카), 〈한어로 '利未亜(리위야아)'라 음역함이 바로 이곳.〉

---

86   난반(南蛮)의 오지. 난반이란 일본 무로마치 말기(室町末期)로부터 에도 시대(江戸時代)에 걸쳐 베트남, 타이, 필리핀 등 동남아시아 지역을 지칭하던 단어이며, 동남아시아에 식민지를 두었던 포르투갈, 스페인을 가리키기도 했다. 특히 포르투갈, 스페인 등은 동남아시아보다도 먼 지역이라는 의미에서 오쿠난반이라 구분하여 불렸다.

세 번째로 **아지아**(아시아), 〈한어로 '亞細亞(야아스이야아)'라 음역함이 바로 이곳. 오란다 누판(鏤板)[87] 지도[88]에 의하면 이상의 3대주가 더불어 하나의 권역 내에 위치하며, 이를 지상계라 한다.〉

네 번째로는 **노오르토 아메리카**(북아메리카), 〈번어(番語)[89]로 '노오르토'라 함은 우리말로 남쪽[90]을 의미한다고 한다. 한어로는 '南阿墨利加(나안야아멧리캬)'라 음역함이 바로 이곳.〉

다섯 번째로는 **소이데 아메리카**(남아메리카). 〈'소이데'라 함은 우리말로 북쪽이라 한다. 한어로 '北阿墨利加(퐂야아멧리캬)'라 한다. 오란다 누판 지도에 의하면 이상의 2대주가 더불어 하나의 권역 내에 위치하며, 이를 지하계라 한다.〉

	원문 발음 표기	한자 음역 표기 한자 번역 표기	원어 표기	현대 한국어 표기
에우로파	エウロパ	欧邏巴 奧南蛮	Europa (이)	유럽
치이나	チイナ	支那	Cina (이)	중국
아후리카	アフリカ	利未亜	Africa (이)	아프리카
아지아	アジア	亜細亜	Asia (이)	아시아
노오르토 아메리카	ノヲルト アメリカ	南阿墨利加 ×	Nord America (이)	북아메리카
소이데 아메리카	ソイデ アメリカ	北阿墨利加 ×	Sud America (이)	남아메리카

---

87 판목에 그림이나 글자 따위를 새기는 것.

88 요안 블라우(Joan Blaeu)가 제작한 1648년판 「신지구전도(NOVA TOTIUS TERRARUM ORBIS TABULA)」를 가리킨다. p.35 본문 내용 및 각주 30 참조.

89 정확한 표기는 '蕃語', 서양의 언어를 가리킨다.

90 이 부분을 비롯한 이후의 문장에서 하쿠세키는 'nord(북)'와 'sud(남)'를 혼동하여 사용하고 있다.

1) 유럽 지역

그 예우로파[91] 지역의

남쪽은 **마-레 카누비요므**(카스피해), 〈한어로 번역하여 '地中海(지중해)'[92]라 한다.〉

북쪽은 **그르운란데야**(그린란드), 〈한역은 '臥蘭的亜(오오란더야아)' 혹은 '臥児浪德(오오르-란뎃)'이라고도 한다.〉 **오세야-누스 쓰후난테리요나-리스**(북극해), 〈한어로 '伯尒作客海(펫르소켓하아이)'[93]라 음역하는 지역이다.〉

동쪽은 **타나이스**(타나이스강, 현재의 돈강), 〈한어로 '大乃河(다나이호오)'라 음역한다.〉 **혼토스 에키시-노스**(흑해), 〈한어로 '黒河的湖(호엣호오더우)'라 음역[94] 한다.〉

서쪽은 **마-레 앗토란테이후므**(대서양)에 이른다. 〈한어로 번역하여 '大西洋(다아시이양)'이라 한다.〉

	원문 발음 표기	한자 음역 표기 한자 번역 표기	원어 표기	현대 한국어 표기
예우로파	ユウロパ		Europa (이)	유럽
마-레 카누비요므	マーレ カヌビヨム	地中海 ×	Mare Caspium (라)	카스피해

---

91 원문의 표기가 'ユウロパ'로 앞 단락의 'ユウロパ'와 발음 표기가 다르다.

92 원문의 오류. '마레 카스피움(Mare Caspium)'은 지중해가 아닌 카스피해를 가리킨다.

93 '오체아누스 셉텐트리오날리스(Oceanus Septentrionalis)'는 북극해를 가리키며, '伯尒作客海'는 러시아 북서쪽에 위치한 바렌츠해의 남동쪽 일부를 차지하는 '페초라해(Pechorskoye More)'의 음역.

94 원문의 오류. '폰투스 에욱시누스(Pontus Euxinus)'는 흑해를 가리키며, '黒河的湖'로 번역되는 지명은 흑해가 아닌 아조프해이다.

	원문 발음 표기	한자 음역 표기 한자 번역 표기	원어 표기	현대 한국어 표기
그르운란데야	グルウソラン デヤ	臥蘭的亜 臥児浪徳	Groenlandia (이)	그린란드
오세야-누스 쓰후난테리요나 -리스	オセヤーヌス ツフナンテリ ヨナーリス	伯尔作客海 ×	Oceanus Septentrionalis (라)	북극해
타나이스	タナイス	大乃河	Tanais (이)	타나이스강 -현재의 돈(Don)강
혼토스 에키시-노스	ホントス エキシーノス	黒河的湖 ×	Pontus Euxinus (라)	흑해
마-레 앗토란테이후므	マーレ アットランテ イフム	大西洋	Mare Atlanticum (라)	대서양

2) 아프리카 지역

아후리카 지역,

남쪽은 **카아보 테 보네이 스후란사**(희망봉), 〈한어로 '大浪山(다이랑샨)'이라는 지역. 보다 상세한 내용은 후술한다.〉

북쪽은 **마-레 니게-테라-니우므**(지중해), 〈즉 지중해[95]를 뜻한다.〉

동쪽은 **마-레 루-브로므**(홍해), 〈한어로 번역하여 '西紅海(시이홍파이이)'라 한다.〉 **마타카스카**(마다가스카르), 〈아후리카 동남쪽 바다 가운데 자리한 섬이다. 한어 음역은 '麻打曷失曷(마아타카스카)'. 상세한 내용은 후술한다.〉

서쪽은 **오세야-누스 에테우피-쿠스**(아프리카 대륙 대서양 연안)에 이른

---

95 앞에서는 '마-레 카누비요므', 즉 '마레 카스피움(카스피해)'을 지중해로 잘못 설명하고 있으나 이 문장의 내용은 옳다.

다. 〈한어로 '河摺亞諾滄(호오쥬우야아노창)'[96]이라 음역한다. 리위야아(利未亜) 서방의 바다이다.〉

단 그 동북부 땅이 가늘게 한 줄기로 이어져 아지아 대륙과 서로 연결되어 있다.

	원문 발음 표기	한자 음역 표기 한자 번역 표기	원어 표기	현대 한국어 표기
카아보 테 보네이 스후란사	カアボ テ ボネイ スフランサ	大浪山	Capo di Buona Speranza (이) Cabo de Buena Esperanza (스)	희망봉
마-레 니게-테라-니우므	マーレ ニゲーテラーニウム	地中海	Mare Mediterraneum (라)	지중해
마-레 루-브로므	マーレ ルーブロム	西紅海	Mare Rubrum (라)	홍해
마타카스카	マタカスカ	麻打曷失曷	Madagascar (이)	마다가스카르
오세야-누스 에테우피-쿠스	ヲセヤーヌス エテウピークス	河摺亜諾滄	Oceanus Aethiopicus (라)	아프리카 대륙 대서양 연안

3) 아시아 지역

아지아 지역은

동쪽으로 **오세야-누스 넨시스**(중국해) 〈한어로 번역하여 '小東洋(스쇼오통양)'이라 한다.〉 의 뭇 섬에 이르고, 〈야아판(ヤアバン), 리우키우(リウキウ), 예소(ㄱ

---

96 '河摺亜諾滄'은 대양, 큰 바다를 의미하는 라틴어 'Oceanus'의 음역. '오체아누스 에티오피쿠스(Oceanus Aethiopicus)'는 '에티오피아해'라는 의미이나, 여기서 '에티오피아'는 현재와 같은 국명이 아닌 아프리카 전역의 통칭으로 사용된 듯하다.

ソ) 등의 나라를 가리킨다. 야아판은 일본이다. 리우키우는 류큐(琉球)이다. 예소는 에조(野作)이다.〉

서쪽은 **타나이스**, 〈이는 대내하(大乃河)〉 **혼토스 에키시-노스**, 〈이는 흑하적호(黑河的湖)〉 **마-레 니게-테라-니우므**, 〈이는 지중해〉 **마-레 루-브로므**, 〈이는 서홍해(西紅海)〉 **마-레 란치-도르**(수마트라와 셀레베스 사이의 자바해 북쪽 바다) 〈한어로 번역하여 '南海(나안파이)'[97]라 한다.〉 의 여러 섬 〈**스마아타라(수마트라)**, 로손(루손, 현재의 필리핀) 등의 나라를 가리킨다. 스마아타라는 '沙馬大蝋(사아마아다이라)', 로손은 '몸宋(리이에소느)'라 한다. 상세한 내용은 후술한다.〉 에 이르고,

북쪽은 **타르타-리야 마-리야** 〈타르타-리야는 닷탄국(韃靼国)[98]으로, '마-리야'는 바다를 의미한다고 한다. 즉 이는 달단(韃靼)의 북해를 의미한다.〉 에 이른다.

	원문 발음 표기	한자 음역 표기 한자 번역 표기	원어 표기	현대 한국어 표기
오세야-누스 넨시스	ヲセヤーヌス ネンシス	小東洋	Oceanus Sinensis (라)	중국해
야아판	ヤアパン	日本	Japan (네)	일본
리우키우	リウキウ	琉球	Riukiu (네)	류큐 -현재의 오키나와(沖繩)
예소	ユソ	野作	Yeso (라)	에조 -현재의 홋카이도(北海道) ·지시마(千島)·가라후 토(樺太)의 총칭

----

97 '란치돌(Lantchidol)'이란 명칭은 말레이어로 '남쪽 바다'를 의미하는 'Laut Kidul(혹은 Chidol)'에서 유래했다고 한다.

98 타타르. 튀르크 계통 부족의 하나. 유럽, 러시아 등에서 튀르크 계통의 중앙아시아 종족을 통칭하는 말로 사용되었다. 중국어로는 달단(韃靼)이라 표기하는데, 북원이 멸망하여 몽골 부족 연맹으로 분리되자, 몽고(蒙古) 혹은 몽고족을 일종의 멸칭인 '달단'이라 부르게 되었다.

	원문 발음 표기	한자 음역 표기 한자 번역 표기	원어 표기	현대 한국어 표기
마-레 란치-도르	マーレ ランチードル	南海	Mare Lantchidol (이)	수마트라와 셀레베스 사이의 자바해 북쪽 바다
스마아타라	スマアタラ	沙馬大蝋	Sumatra (이)	수마트라
로손	ロソン	呂宋	Luzon (이)	루손 -현재의 필리핀
타르타-리야 마-리야	タルターリヤ マーリヤ	韃靼の北海	불명	불명

4) 남아메리카 지역

노오르토 아메리카 대류,

사방으로 바다에 둘러싸였고

그 서북쪽으로 가늘게 한 줄기 길이 있어 소이데 아메리카 대륙과
서로 이어졌다. 〈그 동북쪽은 바다로 가로막혀 아후리카 서남부 지역과 맞닿는다. 그
동북해를 마-레 테르노르(대서양 북측)[99]라 하며, 서해를 오세야-누스 페르히야-누스(페루
해)라 한다.〉

---

[99] 하쿠세키가 시도티와의 문답에 활용한 요안 블라우의 「신지구전도」를 비롯한 당시의 세계
지도에는 대서양 북측에 'Mar del Nort', 태평양 남측에 'Mar del Zur'라는 표기가 보이며, 각
각 '북쪽의 바다(Mar del Norte)'와 '남쪽의 바다(Mar del Sur)'를 의미한다.

	원문 발음 표기	한자 음역 표기 한자 번역 표기	원어 표기	현대 한국어 표기
마-레 테르노르	マーレ テルノル		Mar del Norte (스)	대서양 북측
오세야-누스 페르히야-누스	ヲセヤーヌス ペルヒヤーヌス		Oceanus Peruvianus (라)	페루해

5) 북아메리카 지역

소이데 아메리카 대륙은

동남으로 한 줄기 좁은 길이 노오르토 아메리카와 통하고,

그 정남쪽은 **마-레 테르누르**[100]에 이르며, 〈이는 그 남해의 이름이다.〉

북으로는 **그르운란데야**(그린란드)와 서로 이어지고,

그 서북쪽 대륙은 어느 곳으로 연결되는지 명확하지 않다. 〈서북쪽은

일본, 에조 등과 맞닿는다.〉

그 동쪽은 **마-레 앗토란테이후르**(대서양)에 면하고 있다. 〈이는 대서양

(大西洋).〉

	원문 발음 표기	한자 음역 표기 한자 번역 표기	원어 표기	현대 한국어 표기
마-레 테르누르	マーレ テルヌル		Mar del Sur (스)	태평양 남측

---

100 '테르누르(テルヌル)'의 'ヌ'는 'ス'의 오기로 추측된다. 이 경우 'Mar del Sur'로 태평양 남측을
지칭한다.

세계지도에 대하여

생각해 보건대 대서양, 지구, 지평 등을 나타내기 위한 지도의 유래는 어디에서 비롯되었는지 아직 명확치 않다. 명(明)의 오중명(吳中明)[101]은 「만국곤여도(万国坤輿図)」[102] 발문(跋文)에

「구라파(欧邏巴) 각국은 예로부터 지도를 출판하고 있다. 아마도 그 나라 사람들 및 후랑키이(払郎機)[103] 사람들은 모두 멀리 돌아다니는 것을 즐기는 듯하다. 때로 머나먼 지역을 드나들며 그로 인하여 얻은 지식으로 이러한 지도를 제작한다. 그것이 오랜 세월 누적되어 이러한 형태의 대전도를 얻게 되었다.」

라고 서술한 바 있다.

내가 지금 대서인(大西人)과 만나 구라파 누판의 여지도(輿地図)[104]를 내어 이에 대하여 질문하니, 그는 지도를 보고 「이는 70년 전 **오오란데야**(네덜란드) 사람이 출판한 것입니다. 그 정묘함은 언급할 필요도 없습니다. 지금은 서양 본토에서도 구하기 어려운 지도입니다」라고

---

101 마테오 리치(Matteo Ricci)의 「곤여만국전도(坤輿万国全図)」 제작에 참여한 것으로 알려져 있으며, 발문(跋文)에도 그의 문장이 남아 있다.

102 이탈리아의 선교사이자 예수회 산하 중국 선교회 초대 회장인 마테오 리치가 제작한 한역(漢訳) 세계지도인 「곤여만국전도」. 아시아, 유럽, 아프리카, 남북아메리카, 마갈라니카 대륙이 묘사되어 있고, 각지의 민족과 산물에 대하여 지리지의 방식으로 서술하였다.

103 중국과 교역을 하던 아라비아인들이 서양인을 '프랑크(Frank)'에서 유래한 'Franj'라고 부른 것에서 연유한 말로, 중국에서는 주로 포르투갈인을 의미하는 단어로 사용되었다.

104 요안 블라우가 제작한 1648년판 「신지구전도」를 가리킨다.

말했다.[105]

그 오오란데야라 함은 곧 우리나라에 현재 매년 조공하는 오란다국을 가리키는 것으로 「만국곤여도」에는 '喎蘭地(오오란더)', '則蘭地(세엣란더)'로 표기되어 있고, 「서양의 피류은 이 두 섬이 가장 빼어나다」라는 설명이 달려 있는 지명이 바로 이곳이다. <u>(오오란더는 곧 오오란도, 세엣란더는 오오란도의 속주(属州) 세-란도를 가리킨다.)</u>

이에 대하여 오란다 사람에게 질문하니 「과거 본국 사람 마고라앙스(マゴラアンス; 페르디난드 마젤란)[106]는 본디 천문 및 지리학에 정통하였으며, 더불어 배를 조종하는 데에도 능했습니다. 6척의 대형 선박에 의류와 식량, 기계 등의 물품을 빠짐없이 싣고 대양을 항해하며 만국을 주류했습니다. 하나의 선박이 풍파로 인하여 파손되면 승선한 사람들을 각 배로 나누어 태우고 파손된 배는 불살랐습니다. 그렇게 6년이 흐른 후 고작 3척의 배가 남아 본국으로 귀환했습니다. 이로 인하여 만국산해여지(万国山海興地)의 사정을 제대로 알 수 있게 되었습니다. 단지 남방 일대의 지역과 소이데 아메리카의 서북부 지역은 아직도 그 상세한 상황을 알지 못합니다」라고 대답했다.

---

105 해당 지도에 대한 시도티의 설명은 상권에도 동일하게 기술되어 있다. p.35 본문 내용 및 각주 29 참조.

106 페르낭 드 마갈량이스(Fernão de Magalhães, 1480-1521). 포르투갈 출신의 항해가, 탐험가. 1519년 스페인을 출발하여 남아메리카를 항해하면서 마젤란 해협을 발견하고 태평양을 횡단하였다. 필리핀에서 원주민에게 피살되었으나 그의 부하들은 항해를 계속하여 1522년 마침내 세계 일주를 달성하였다. 영어 표기인 페르디난드 마젤란(Ferdinand Magellan)으로 알려져 있다.

▼

공상의 대륙 마갈라니카

··

지금 저 오오란도 누판의 지도를 근거로 「만국곤여도」 및 『삼재도회 (三才図絵)』,[107] 『월령광의(月令広義)』,[108] 『천경혹문(天経或問)』,[109] 『도서편(図書編)』[110] 등에 그려진 지도를 보자니, 이들은 모두 그 대략을 나타낸 것뿐이었다. 그리고 보건대 「만국곤여도」에는 구라파(欧邏巴), 리미아(利未亜), 아세아(亜細亜), 남북아묵리가(南北阿墨利加) 외에도 **멧와아랏니이캬**(墨瓦刺泥加)의 1주를 추가하여 6개 주로 취급하고 있다.

그 설명에 의하면

「멧와아라니이(墨瓦蝋泥)는 후랑키이코(払郎機国) 사람의 이름에서 유래한 것이다. 60년 전 최초로 이 부근 해협을 항해하여 드디어 이 땅에 이르렀다. 고로 구라파 사람의 그 성명을 따 해협의 이름을 짓고, 바다의 이름을 짓고, 대륙의 이름을 지었다고 한다.」[111]

---

107 명(明)의 왕기(王圻)·왕사의(王思義) 부자가 편찬한 유서(類書), 즉 일종의 백과사전. 106권.

108 명의 관료이자 학자였던 풍응경(馮應京)이 편찬한 중국의 전통적인 연중행사, 의식, 관례 등의 해설서. 25권.

109 명의 유예(游芸)가 저술한 예수교 계통의 천문학 서적.

110 명의 장황(章潢)이 편찬한 도해 백과사전. 1577년 완성. 처음에는 『논세편(論世篇)』이라 명명했으나 이후 『도서편(図書編)』이라 고쳤다. 『황명소제(皇明詔制)』 등 211종의 책에서 자료를 취하고 그림을 다량 삽입하여 보다 이해하기 쉽도록 했으며, 천지·자연·인사 전반에 걸쳐 계통적으로 기술하였다. 127권.

111 마갈라니카(Magallanica)는 미지의 남반구에 거대한 대륙이 존재할 것이라는 상상 속에서 지도에 그려졌던 관념적 대륙. 탐험가 마젤란의 이름에서 유래한 명칭이다. 테라 아우스트

라고 한다. 그 멧와아라(墨瓦蠟)라고 함은 즉 이 '마고라'라는 번음(番音)[112]이 와전된 것이며, 오오란도 사람을 후랑키이코 사람으로 취급한 것도 잘못이다.[113] 그러나 오란다 누판 지도에는 남방 일대의 대륙에 대하여 아직 정확히 밝혀진 바 없다는 이유로 그 지명을 분명히 나타내지 않았다.

또 「만국곤여도」의 해설에,

「남북아묵리가, 사해(四海)의 바다에 둘러싸인 곳으로, 남과 북이 가느다란 땅으로 서로 연결되어 있다.」

라고 기술되어 있다. 현재 오란다 누판 지도에 의하면 북아묵리가의 서북쪽 지역에 대해서는 아직 상세히 밝혀진 바가 없다고 한다. 굳이 그에 대한 낭설을 언급할 필요는 없을 것이다.[114]

랄리스(Terra Australis)라고도 한다.

112 정확한 표기는 '番音'. 서양 언어의 발음.

113 하쿠세키의 언급에 의하면 본문의 네덜란드 사람은 포르투갈 출신인 마젤란을 본국인이라 설명하고 있으나, '拂郞機'가 중국에서 일반적으로 포르투갈인에 대한 호칭이었음을 감안하면 「곤여만국전도」의 해당 서술은 옳다.

114 하쿠세키는 블라우 지도의 기술 쪽을 중시하여, 「곤여만국전도」에 기술되어 있는 내용이라도 블라우 지도를 통하여 확인되지 않은 내용은 굳이 설명하지 않았다.

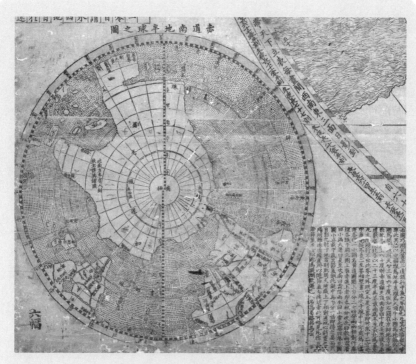

▶ 그림 2

「곤여만국전도」에 나타난 공상의 대륙 '마갈라니카(墨瓦蝋泥加)'

「곤여만국전도(坤輿万国全図)」교토대학부속도서관(京都大学附属図書館) 소장 (부분)

	원문 발음 표기	한자 음역 표기 한자 번역 표기	원어 표기	현대 한국어 표기
오오란데야 오오란도	ヲヽランデヤ ヲヽランド	喎蘭地 阿蘭陀	Olanda (이) Holland (네)	네덜란드
세-란도	セーランド	則蘭地	Zeeland (네)	제일란트
멧와아랏니이캬 (중국어 발음)	メッワアラッ ニイキャ	墨瓦剌泥加	Magallanica (라)	마갈라니카

02
유럽 각국에 대하여

예우로파 각국 〈각 나라에 대하여 일일이 기술하기 번거로우니 그저 서인의 설명에 근거하여 약술한다. 이하 다른 나라에 대한 내용도 마찬가지이다.〉

1) 이탈리아

이타아리야 〈한어로 음역하면 '意大里亜(이타리야아)', 또는 '意多礼亜(이타레야아)' 라고 한다.〉

예우로파 남쪽 땅, 지중해상에 위치한다. 그 나라의 수도를 로-만 (ローマン)이라 한다. 〈오오란도 말로 '로-마(ローマ)'라고 한다. 한어로 음역하여 '邏馬国(로-마코)'라 한다.〉

이곳은 교화(教化)의 수장[115]이 수도로 정한 곳으로 사방이 고작 18리, 거주하는 자는 70만 명에 이른다. 사람들의 재주가 빼어나 기계를 다루는 데 극히 능숙하다. 그 교화의 수장은 오로지 데우스(デウス)[116]의

---

115 '교화(教化)'란 가르치고 이끌어 올바른 길로 나아가게 하는 일. 본문의 '교화의 수장'이란 로마 교황을 가리킨다.

가르침[117]을 관장한다. 군사적인 면에 있어서는 각지에 도우크스(ドゥクス)[118]가 있어 이를 관장한다. 〈도우크스는 추장(酋長)을 의미한다. 상세한 내용에 대해서는 이후에 서술한다.〉

그 지중해에서 코라아리우므 루우브리이(コラアリウム ルウブリイ)[119]가 산출된다고 한다. 〈적산호수(赤珊瑚樹)를 말한다. 그 가지가 매우 길다고 한다.〉

	원문 발음 표기	한자 음역 표기 한자 번역 표기	원어 표기	현대 한국어 표기
이타아리야	イタアリヤ	意大里亜 意多礼亜	Italia (이)	이탈리아
로-만 로마	ローマン ローマ	邏馬国	Romano (이)[120] Rome (네)	로마

2) 시칠리아

시시-리야 〈한어로 음역하면 '西齊利亜(시스잇치이리야아)'라고 한다. 우리가 일반적으로 '시시리야(シシリヤ)'라 부르는 지역이 이를 가리킨다.〉

예우로파 가장 남쪽, 지중해의 한 섬이다. 이 섬에 산이 둘 있는데 그중 하나는 항상 불을 뿜고 나머지 하나는 항상 연기를 내뿜기를 밤낮으로 그치지 않는다고 한다.

---

116 Deus (라) 데우스: 신, 하느님, 천주.

117 로마 가톨릭을 가리킨다.

118 Dux (라) 둑스: 군주, 황제, 지배자. p.108 본문 내용 참조.

119 Corallium ruber (라) 코랄리움 루베르: 적산호.

120 'Roma'의 형용사형.

	원문 발음 표기	한자 음역 표기 한자 번역 표기	원어 표기	현대 한국어 표기
시시-리야	シシーリヤ	西斉利亜	Sicilia (이)	시칠리아

▼

시칠리아와 일본

생각해 보니 간에이(寬永) 연간[121]에 이곳을 찾아온 야소(耶蘇)의 신도[122] 가운데 '콤파니야(コンパニヤ)[123] 죠세후(ジョセフ)'라는 자가 이 나라 사람이라고 한다. 〈죠세후는 이후 정도(正道)로 귀의하여 자(字)를 오카모토 산에몬(岡本三右衛門)[124]이라 했다.〉

---

121 1624년 2월 30일-1644년 12월 16일. 간에이(寬永)는 에도 시대(江戸時代) 전기 고미즈노오 (後水尾), 메이쇼(明正), 고코묘(後光明) 치세의 연호.

122 기독교도를 의미한다. '야소(耶蘇)'는 '예수(Jesus)'의 중국어 음역.

123 'Compagnia di Gesù(예수회)'의 약칭.

124 본명은 주세페 키아라(Giuseppe Chiara, 1602-1685). 시칠리아 태생의 이탈리아인으로 예수회 수도사. 1643년 선교를 목적으로 일본에 잠입했으나 체포되어 고문을 견디지 못하고 배교하여 오카모토 산에몬(岡本三右衛門)으로 개명했다. 이후 일본인 아내를 맞이하고 고이시카와(小石川)의 기리시탄 저택(切支丹屋敷) 내에 유폐되어 기독교도 및 선교사에 관한 정보를 막부에 제공하는 한편 기독교 교리에 대하여 해설한 『천주교대의(天主教大意)』를 저술로 남겼다. 『천주교대의』는 하쿠세키가 시도티를 심문하기 위하여 활용한 자료 중 하나 이기도 하다. 생애 내내 저택을 벗어나는 행동이 허용되지 않았으며, 유폐 생활 40년 후 사망 하여 고이시카와 무료인(無量院)에 안장되었다.

3) 포르투갈

포르토가루 〈한어로 음역하여 '波尔杜瓦尔(포우르톳와아르)', 또는 '波羅多伽児(포
우로토오캬르)', 혹은 '葡麗都家(부리톳캬)'라고도 한다. 과거 우리가 보통 '호르토기스(ホ
ルトギス)' 혹은 '부르토가루(ブルトガル)'라 부르기도 했고, 또한 남만(南蛮)이라 칭하던
곳이 이 나라이다.〉

예우로파 서남쪽 해상에 위치한 나라이다. 이 나라는 자국의 화폐를
해외 각국에 유통시키고, 나아가 아시아 지역의 고아(ゴア), 마카-오
(マカーヲ), 마로카(マロカ) 등지에 각각 자국인을 머물게 하며 무역
시장을 장악한다고 한다. 〈고아는 우리가 속칭 '고와(ゴワ)'라 하며, 마카-오는 속칭
'아마카와(アマカワ)'라 한다. 마로카는 '마테야(マテヤ)'[125]라고도 한다. 상세한 사정에 관
해서는 후술한다.〉

서양의 선박이 우리나라에 드나들게 된 것은 이 나라가 그 시초이
다. 또한 천주(天主)의 교의가 동방에 들어온 것도 이 나라가 전파했기
때문이다.

	원문 발음 표기	한자 음역 표기 한자 번역 표기	원어 표기	현대 한국어 표기
포르토가루 호르토기스 부르토가루	ポルトガル ホルトギス ブルトガル	波尔杜瓦尔 波羅多伽児 葡麗都家	Portogallo (이) português (포) Portugal (포)	포르투갈
고아	ゴア		Goa (포)	고아
마카-오	マカーヲ		Macau (포)	마카오
마로카	マロカ		Malaca (포)	믈라카

---

125 해당 표기의 유래는 불명. 말레이반도 내지 말레이어, 말레이인 등을 지칭하는 '믈라유
(Melayu)'에서 비롯된 '마라야(マラヤ)'의 오기로 추측된다.

포르투갈과 일본

생각해 보니 포르토가루 사람들이 최초로 분고노쿠니(豊後国)[126]에 상륙한 것은 덴분(天文) 10년(1541) 7월의 일이다. 그 후 사쓰마노쿠니 (薩摩国)에 들어온 것은 덴분 12년(1543) 8월이다. 게이초(慶長), 겐나 (元和) 연간[127]에 들어 해마다 찾아온 고와(五和), 아마카와(天川) 등지 의 사람이라 함은 〈한자로 '고아'는 '五和'라 표기하며, '아마카와'는 '天川'라 표기한 다.〉 모두 각지에서 해로를 장악한 이 나라 사람들의 수하이다.

게이초 18년(1613) 겨울, 외국 선박을 통하여 야소교도가 입국하는 것이 금지되었고,[128] 〈금령이 내리기 전인 게이초 14년(1609), 아마카와에서 무역을 하던 우리나라 사람 300명이 이 나라 사람들에게 전원 살해당했다. 이듬해 이 나라 사람들 이 일본에 입국하려 하자 그 선박 그대로 불살라 버린 사건이 있었다.〉[129] 간에이 16년 (1639)에 이르러 외국 선박의 입항이 금지되었다. 이듬해 5월에 이 나

---

126 현재의 오이타현(大分県) 대부분에 해당하는 지역의 옛 지명.

127 1596년 10월 27일-1624년 2월 30일. 게이초(慶長)와 겐나(元和)는 에도 시대 전기 고요제이 (後陽成), 고미즈노오 치세의 연호.

128 게이초 18년 12월, 막부 초대 쇼군 도쿠가와 이에야스(德川家康, 1542-1616)가 내린 금령에 의한다.

129 14년이라는 것은 13년의 오기. 마카오에 기항한 아리마 하루노부(有馬晴信, 1567-1612) 수 하의 선원이 마카오 관헌과 충돌하여 다수의 사상자가 발생한 사건이 일어났다. 이듬해 아리 마 하루노부는 그에 대한 보복으로 나가사키(長崎)에 입항한 포르투갈 선박 마드레 드 데우 스호(Madre de Deus)를 포위하여 격침시켰다. 단 포르투갈 측 사료에 의하면 해당 선박의 선명은 '노사 세뇨라 다 그라사(Nossa Senhora da Graça)'라고 한다. 300명의 일본인 사망자 에 대한 언급은 무엇을 근거로 기술한 것인지 불명.

라의 무역선이 방문했으나 배와 함께 선원들까지 태워 버렸다.

쇼호(正保) 4년(1647) 6월, 이 나라에서 조공을 바치기 위한 배가 찾아왔으나, 8월에 이를 돌려보냈다.[130]

▼

아비스 왕조의 단절, 스페인의 간섭과 브라간사 왕조

〈죠세후의 해설[131]에 의하면

「원래 포르토가루 왕비는 이스파니야(イスパニヤ) 왕의 여식이다. 포르토가루 왕이 후계 없이 사망하여 그 왕비는 부모의 나라로 돌아가게 되었다. 그러나 왕비가 아이를 가졌다는 사실을 알고 포르토가루 신민들이 그녀의 귀국을 만류하여 나라로 귀환하도록 했다. 이리하여 사내아이가 탄생했고 왕위를 계승하였으나 21세로 사망했다.[132] 마찬가지로 후계를 남기지 않았으므로 예이즈스(ヱイズス)[133]의 사제가 되어 로-마에서 지내던 선왕의 동

---

130 「6월 24일 나가사키에 포르투갈 배가 입항했다. 금령에 의하여 처벌해야 할 것이나 왕위 계승을 전하기 위한 사절이므로 죄를 묻지 않고 돌려보내니 이후로는 절대 입국을 금한다는 막부의 의향을 전하고, 식료품과 물을 제공하여 8월 6일 귀환시켰다」는 기록이 『통항일람(通航一覧)』에 남아 있다.

131 p.24 본문 내용 및 각주 18 참조.

132 아비스 왕조 포르투갈 왕국의 세바스티앙 1세(재위 1557-1578)에 대한 서술인 듯하다. 주앙 3세의 5남 주앙 마누엘과 스페인 왕 카를로스 1세(신성 로마 제국의 황제 카를 5세)의 딸 후아나의 소생으로, 부친의 사망 후 유복자로 탄생했다. 출생 4개월 후 모후 후아나는 스페인으로 귀국하였고, 1557년 주앙 3세가 사망한 후 세바스티앙이 3세의 나이로 즉위하여 조모 카타리나가 섭정의 자리에 앉았다. 1578년 북아프리카 정벌 원정 중에 24세의 나이로 후사 없이 전사하였다.

133 Jesus (라) 예수스: 예수, 여호수아.

생을 불러들여 왕위를 잇도록 했다. 이 사람은 본래 혼인하지 않았으므로 대를 이을 자식도 얻지 못했다.[134]

신민들이 의견을 모아 선왕의 질녀를 후계로 삼고 이스파니야 왕에게 청하여 국사를 돌보게 했다. 이후 그 질녀가 사내아이를 낳았다. 그 아이는 성인이 된 후 예이즈스의 교의에 귀의하여 나라를 다스리기를 원치 않았다. 그 자식도 부친과 마찬가지로 세속을 떠났다. 신민이 모두 나서 국정을 맡아 주기를 요청했으나 받아들이지 않았다.

결국 로-마의 사제 역시 더불어 권하기를 「데우스께서 그대의 나라를 그대의 선왕에게 내리셨으니, 그 나라를 버리고 다스리지 않는 것은 온당하지 않은 일이다」라고 설득했다. 일이 이에 이르자 하는 수 없이 나라를 통치하게 되었다. 이스파니야 왕이 이 나라를 다스린 이후로 60년이 흘러, 비로소 포르토가루 왕위가 복권되기에 이르렀던 것이다.

이러한 상황 아래에서 선왕 시대의 우호관계를 계승하여 우리나라에도 다시 화친의 사절을 파견한 것이다. 지금으로부터 78, 9년 전의 일이다.[135] 그 왕의 이름은 돈쥬안 쿠와르(ドンジュアン クワル)[136]라고 한다.」

---

134 추기경왕 엔히크 1세(재위 1578-1580)에 대한 서술로 추측된다. 세바스티앙 1세의 대숙부로 1562년부터 1568년까지 그의 섭정을 맡았다. 세바스티앙이 무리한 북아프리카 원정 중에 전사하자 추기경이었던 엔히크가 환속 후 왕위에 올랐으나 얼마 지나지 않아 노환으로 사망하고 아비스 왕조는 단절, 포르투갈 왕위는 공석이 되었다. 세바스티앙과 엔히크는 후사를 남기지 않았으므로 혈연상 가장 가까운 왕위 계승 후보는 스페인 국왕 펠리페 2세(재위 1556-1598)였다. 펠리페 2세는 생모가 포르투갈 왕녀라는 이유로 계승권을 주장하며 아비스 왕조의 방계 혈통으로 왕위를 요구한 안토니우를 몰아내고 합스부르크-펠리페 왕조를 열어 포르투갈 국왕 필리피 1세(재위 1581-1598)로 즉위한다.

135 직후 이 사건이 쇼호(正保) 4년(1647)의 일이라는 언급으로부터, 본서의 집필 시기가 그 78, 9년 이후인 1724, 5년 전후임을 추정할 수 있다.

136 동 주앙 4세(재위 1640-1656). 8대 브라간사 공작이자 브라간사 왕가 최초의 국왕이다. 당시 포르투갈은 스페인과 병합된 상태였으며 본디 필리피 1세(펠리페 2세)는 포르투갈의 자치권을 인정했으나, 이후 필리피 2세(펠리페 3세)와 필리피 3세(펠리페 4세)가 이를 부정하고 스

라고 기록되어 있다.

이 당시의 사절 파견이 앞에서 언급한 쇼호 4년 6월에 이 나라 사람들이 우리나라를 찾

아온 사건을 가리킨다고 한다.〉

조쿄(貞享) 2년(1685) 3월에 이 나라 상선이 방문했으나 또다시 이를

돌려보냈다. 이후로는 내항하는 일이 없었다.

▼

천주교의 전래

다시 생각하건대 그들이 천주의 교의를 우리나라에 들여온 것은 이

나라와 처음 통교할 무렵 후란시스쿠스 사베이리우스(フランシスクス

サベイリウス)[137] 〈한어로 음역하여 '仏来釈古者(홋라이시스잇쿠체)'라 하는 사람이

이 사람이다.〉 라고 하는 사제가 그 나라 배를 타고 분고노쿠니(豊後国)에

상륙한 일에서 비롯되었다고 한다. 이것이 덴분 연간[138]의 일이다.

아울러 그 가르침이 한(漢)[139]에 들어간 것도 대명(大明)[140]의 신종

―――

페인 내 포르투갈 귀족들을 소외시키자 1640년 스페인 총독을 축출하고 포르투갈 국왕으로
즉위했다.

[137] Franciscus Xaverius (라) 프란치스쿠스 사베리우스: 프란치스코 하비에르(Francisco Javier,
1506-1552)라는 이름으로 알려진, 일본에 최초로 기독교를 전한 스페인 선교사. 이냐시오 데
로욜라(Ignacio de Loyola)와 함께 예수회를 창립했다. 1549년 일본에 들어와 2년간 규슈(九
州), 주고쿠(中国), 긴키(近畿) 각지를 돌며 선교 활동에 전념했다. 선교를 위하여 중국 입국
을 기도하다가 광둥(広東) 부근의 상촨다오(上川島)에서 사망했다.

[138] 1532년 7월 29일-1555년 10월 23일. 덴분(天文)은 센고쿠 시대(戦国時代) 고나라(後奈良)
치세의 연호.

(神宗)[141] 만력(万曆) 29년(1601) 봄, 대서양 저편에서 리마두(利瑪竇)[142]가 건너온 일에서 비롯되었다고 기록되어 있다. 저 만력 29년은 일본 연호로 게이초 6년에 해당한다. 그렇다면 그들의 가르침이 한에 유입된 것은 우리나라에 들어온 연도와 비교하면 60년 이후가 된다.

4) 스페인

이스파니야 〈오오란도 말로는 '이스판야(イスパンヤ)', '스판야(スパンヤ)'라고도 한다. 한어로 음역하여 '伊斯把你亜(이스파니야아)', '伊西把你亜(이시스이파니야아)'라고 부르기도 한다.〉

포르토가루, 후랑스야(フランスヤ) 등과 국경을 접하며, 그 속국이 18개 나라이다. 또한 소이데 아메리카[143] 땅을 합병하여 새로이 나라를 열고 '노-와 이스파니야'[144]라는 이름을 붙였다. 〈'노-와'란 우리말로 '새롭다'는 의미이다. 다른 부분에서도 이와 같다. 우리가 속칭 '노오바 이스판야(ノヲバ イス

---

139 중국 대륙을 가리킨다.

140 중국 명(明)에 대한 경칭.

141 만력제(万曆帝). 중국 명의 제13대 황제(재위 1572-1620)로 휘는 익균(翊鈞). 초기에는 장거정(張居正)을 등용하여 일조편법(一條鞭法)을 시행하는 등 적극적인 내정 개혁을 추진하였으나, 장거정 사후 친정을 하면서 정사를 돌보지 않고 금(金)의 위협이 현실화되면서 나라를 멸망으로 이끌었다.

142 마테오 리치(Matteo Ricci, 1552-1610). 이탈리아 출신의 예수회 선교사. 명조 말기 만력제로부터 거주 및 포교의 허가를 받아 중국에 27년간 체류하면서 종교, 과학, 지리 등 여러 분야에 걸쳐 동서 문명 교류에 수많은 족적을 남겼다. 리마두(利瑪竇)는 그의 중국명.

143 '노오르토 아메리카(ノヲルト アメリカ; 북아메리카)'의 오기.

144 북아메리카와 아시아-태평양에 걸친 스페인의 영토 행정 단위. '새로운 스페인'을 의미한다. 현재의 미국 남서부, 멕시코, 중앙아메리카(파나마 제외), 카리브해, 필리핀을 아울렀다.

パンヤ)'라고 부르는 것이 이를 가리킨다.〉

그 후 아지아 지역, 록손(ロクソン) 등까지 영토로 병합시켰다고 한다. 〈노오바 이스판야, 록손 등에 대해서는 이후 상세히 서술하기로 한다.〉

	원문 발음 표기	한자 음역 표기 한자 번역 표기	원어 표기	현대 한국어 표기
이스파니야 이스판야 스판야	イスパニヤ イスパンヤ スパンヤ	伊斯把你亜 伊西把你亜	Hispania (라) España (네) Spanje (네)	스페인
노-와 이스파니야	ノーワ イスパニヤ	新伊斯把你亜	Nova Hispania (라) Nueva España (스)	누에바 에스파냐 -서반구의 옛 스페인 영토

▼
스페인과 일본

생각해 보니 이 나라가 최초로 내항한 것은 게이초 연간[145]의 일이었다. 그 후 로손(呂宋), 시스인이스파니야아(新伊斯把你亜) 등의 상선의 방문이 끊이지 않았다. 이는 모두 이 나라 사람들이 찾아온 것이다.

외국 선박의 내항을 금지함에 따라 방문이 중지되었다. 간에이 원년(1624), 다시 예의를 갖추어 통교하기를 요청해 왔으나 이를 물리쳤다.

---

145 1596년 10월 27일-1615년 7월 13일.

5) 카스티야(카스틸랴)

카스테이리야 〈'카스테이라(カステイラ)'라고도 한다. 한어로 음역하여 '加西郎(캬시스이랑)'이라고 한다. 과거 우리나라에서 '카스테안(カステアン)'이라 불리던 것이 이 나라이다.〉

이스파니야 동남쪽에 위치하며, 서로 동맹국이라고 한다.

	원문 발음 표기	한자 음역 표기 한자 번역 표기	원어 표기	현대 한국어 표기
카스테이리야 카스테이라	カステイリヤ カステイラ	加西郎	Castiglia (이)	카스티야

▼

카스티야와 일본

생각해 보면 이 나라에 대해서는 예전부터 우리와 교류했다는 말을 들었던 적이 없다. 단, 우리나라에 최초로 천주교를 전파했다는 후란시스쿠스 사베이리우스라고 하는 자가 이 나라 사람이라고 한다.

6) 프랑스

가아리야 〈혹은 라텐 말로 '후랑가 레키스(フランガ レキス)', '후랑가 렌교므(フランガ レソギョム)'라고도 한다.

이 '레키스', '렌교므'란 '나라'를 의미하는 말인 듯하다.[146] 또한 이타리야 말로는 '후랑스야' 혹은 '후랑가 레이키(フランガ レイキ)'[147]라고도 하며, 오오란도 말로는 '후랑스(フ

ランス)'라고 한다. 한어로 음역하여 '仏郎察(훗랑챳)'이라 한다. 과거 우리가 일반적으로

'가리얀(ガリヤン)'이라 불렀던 것은 '가아리야'라는 발음이 와전된 것일까.〉

예우로파 서쪽 해상에 위치하며, 이타-리야(イターリヤ),[148] 이스파니야, 오오란데야 등의 영토와 서로 인접하고 있다. 아울러 소이데 아메리카[149] 땅을 병합하여 새로이 나라를 열어, '노-와 후랑스야'[150]라고 이름을 붙였다고 한다.

	원문 발음 표기	한자 음역 표기 한자 번역 표기	원어 표기	현대 한국어 표기
가아리야 후랑가 레키스 후랑가 렌교므 후랑스야 후랑가 레이키 후랑스	ガアリヤ フランガ レキス フランガ レン ギョム フランスヤ フランガ レイキ フランス	仏郎察	Gallia (이) Franciae Rex (라) Franciae Regnum (라) Francia (이) Frankrijk (네) Frans (네)	프랑스
노-와 후랑스야	ノーワ フランスヤ		Nova Francia (라)	누벨 프랑스 -1763년까지 존재한 북아메리카의 프랑스 식민지

146 렉스(Rex)는 국왕, 군주, 통치자를 의미하며, 레늄(Regnum)은 왕국, 나라, 국가를 의미한다.

147 '후랑가 레이키(フランガ レイキ)'란 이탈리아어가 아닌 네덜란드어로 추측된다.

148 앞에서는 장음부호를 사용하지 않고 'イタアリヤ'와 같이 표기했다.

149 '노오르토 아메리카'의 오기.

150 북아메리카의 프랑스 식민지. 1524년 베라차노(Giovanni da Verrazzano)의 탐험에 이어 1534년 카르티에(Jacques Cartier)가 세인트로렌스강을 탐색하기 시작한 이후로 그 주위를 중심으로 식민지가 형성되었다. 1608년 샹플랭(Samuel de Champlain)이 퀘벡에 정착한 이후 이곳이 식민지의 주도(主都)가 되었고, 루이 14세의 적극적인 식민지 정책으로 1682년 루이지애나가 건설된 이래 정치적, 경제적으로 본국에 종속되었다. 전성기의 영토는 뉴펀들랜드에서 로키산맥까지와 허드슨만에서 멕시코만에 이르렀으며, 1763년 스페인과 영국에 할양될 때까지 지속되었다.

'仏郎機国'은 포르투갈인가

생각해 보건대 과거 이 나라의 상선이 우리나라에 들어온 적이 있다고 하나 그 일에 대해서는 아직 명확히 알 수 없다.

어떤 사람의 설에

「대명(大明)의 글에 훗랑키이코(仏郎機国)라고 기록되어 있는 것은 〈'후랑키이(仏狼機)' 혹은 '핫랑키이(発郎機)'라고도 한다.〉 포르토가루이다.」

라고 기술되어 있다.[151]

이는 납득할 수 없다. 한어로 음역하여

波尔杜瓦尔(호우르톳와르), 〈「만국곤여도」의 표기〉

波羅多伽児(호우로토오캬르), 《『무비지(武備志)』[152]의 표기〉

葡麗都家(부리톳캬) 〈『세법록(世法録)』[153]의 표기〉

---

151 '仏郎機', '仏狼機', '発郎機' 등은 본문의 인용과 같이 명나라 때 중국인들이 포르투갈을 부르던 명칭이다. 본래 중국과 교역하던 아라비아인들이 서양인을 부르던 'Franj'를 한자로 음차한 것인데, 이는 5세기 후엽으로부터 9세기 중엽에 이르기까지 서유럽 대부분을 통합한 프랑크 제국(라틴어: Regnum Francorum, 독일어: Fränkisches Reich, 프랑스어: Royaumes francs, 이탈리아어: Regno franco, 영어: Francia)에서 유래한 것이다. 서양에서 중국을 부르는 '차이나(China)'라는 명칭이 중국 최초의 통일 국가인 진(秦; Chin)에서 비롯된 것과 같이 프랑크 왕국에서 유래한 '仏郎機', '仏狼機', '発郎機' 등은 중국인들이 유럽인을 뭉뚱그려 말하는 호칭이 되었으며, 특히 16세기 이후 적극적으로 동방 해양 개척에 나선 포르투갈인에 대한 명칭이 되었다.

152 중국 명 말기 모원의(茅元儀, 1595-1640)가 15년 동안 고금의 병서 2천여 권을 연구, 검토, 정리하여 편찬한 240권 80책의 방대한 병법서로, 천계(天啓) 원년(1621)에 완성되었다. 군기(軍器), 병선(兵船), 진형(陣形) 등의 도해 외에도 풍부한 지도가 수록되어 있는 것이 특징이다.

153 『황명세법록(皇明世法録)』의 약칭. 중국 명 말기의 학자 진인석(陳仁錫, 1581-1636)이 편찬

라고 하는 표기는 바로 포르토가루를 가리킨다. '仏郞機(훗랑키이)'는 '후랑가 레이키', '후랑가 레키스'라는 발음이 와전된 번역으로 추측된다.[154] 〈후랑가 레이키 등을 '仏郞機(훗랑키이)'로 옮기는 것은 포르토가루를 번역하여 '葡麗都家(부리톳캬)'라고 표기하며 카스테이리야를 번역하여 '加西郞(캬시스이랑)'이라고 표기하는 것과 같다.〉

아울러 생각해 보는데,「서양인이 대명과 통교한 것은 무종(武宗)[155] 정덕(正德) 12년(1517) 훗랑키이코가 조공을 바친 것을 그 시초로 한다」고 기록되어 있다. 정덕 12년은 우리 연호로 에이쇼(永正) 14년에 해당하니, 외국 선박이 처음 우리나라에 들어온 덴분 10년(1541)에 비하면 24년 전의 일이라 할 수 있다.

7) 독일(신성 로마 제국)

제르마아니야 〈오오란도 말로는 '호-고도이치(ホーゴドイチ)', '도이치(ドイチ)'라고도 한다. 한어로 '入尔馬泥亜(쥬르마아니이야아)', '入耳馬泥亜(쥬르마아니이야아)'라고도 음역한다.〉

한 명 태조로부터 만력제 치세에 이르기까지의 명사(明史)로 전 92권.

154 하쿠세키는 프랑크 왕국에서 유래한 '仏郞機' 등의 표기가 당대 동양인에게 가장 잘 알려진 유럽 국가로서의 포르투갈을 지칭하게 된 까닭을 알지 못한 채, 그 발음의 유사성이 엿보이는 'Frankrijk', 'Franciae Rex'를 음차한 표기가 아닌가 하는 의구심을 품고 있다.

155 정덕제(正德帝). 중국 명의 제10대 황제(재위 1505-1521). 휘는 후조(厚照). 환관 유근(劉瑾) 등을 총애하여 그들에게 정사를 일임하고 유희에 탐닉했으며, 재위 기간 중에는 매관매직과 부패가 성행하고 무거운 세금이 부과되었다. 1521년 유람선이 뒤집혀 물에 빠진 것이 원인이 되어 사망. 후계가 없어 사촌인 가정제(嘉靖帝)가 황위를 계승하였다.

예우로파 지역의 대국(大国)으로, 나라의 수도를 '비엔나(ビヱンナ)'라 한다.

이 지역 각국의 천거(薦擧)로 자국의 주군을 정하여 임페라도-르(インペラドール)[156]라 칭하며, 이 나라에 속하는 호르토스(ホルトス)[157] 7인이 있다. 〈임페라도르, 호르토스 등에 대해서는 후술한다. 7인의 호르토스란 예를 들자면 7인의 제후(諸侯)와 유사하다고 한다. 오오란도 사람의 설명에 의하면 그 주군을 케이즈루(ケイヅル)[158]라 칭하며, 호르스[159]가 9인 있다고 한다. 어느 쪽의 말이 정확한지는 알 수 없다.〉[160]

산물이 풍요롭고 병마가 강대하다. 그러나 군대를 움직이기란 쉽지 않으니, 호르토스 중 한 사람이라도 동의하지 않으면 결정이 내려질 수 없기 때문이다.

또한 나라가 북쪽에 치우쳐 땅이 냉하고 염초(塩焇)가 산출되지 않는다. 따라서 항상 오오란도 사람으로부터 수입한다고 한다.

---

156 Imperatore (이) 임페라토레: 황제. p.107 본문 내용 참조.

157 Vorst (네) 포르스트: 제후, 영주. 신성 로마 제국 황제 선출권을 가진 선제후, 제국 의회에 출석할 권한이 있는 제국후 등. 본문의 표기는 '호르스토(ホルスト)'의 오기인 듯하다.

158 Keizer (네) 케이저: 황제. 카를 대제 이후 신성 로마 제국을 지배한 황제들의 칭호.

159 Heerser (네) 히어서: 통치자, 지배자, 군주. 앞의 'Vorst'와 동일한 의미로 사용되었다.

160 신성 로마 제국 황제 선출의 선거권을 가진 영주는 13세기경 3명의 대주교(마인츠 대주교, 트리어 대주교, 쾰른 대주교)와 4명의 세속 군주(보헤미아 왕, 라인 궁중백, 작센 공작, 브란덴부르크 변경백)로 고정되었으며, 이는 1356년의 금인칙서(金印勅書)를 통하여 정식으로 확정되었다. 17세기 이후 팔츠 궁중백(라인 궁중백)이 실각하고 바이에른 공작, 하노버 공작이 추가된다.

	원문 발음 표기	한자 음역 표기 한자 번역 표기	원어 표기	현대 한국어 표기
제르마아니야 호-고도이치 도이치	ゼルマアニヤ ホーゴドイチ ドイチ	入尔馬泥亜 入耳馬泥亜	Germania (이) Heilige Duitse Rijk (네) Duitse Rijk (네)	독일 -신성 로마 제국
비엔나	ビエンナ		Vienna (이)	빈

8) 브란덴부르크

브란데부르코 〈'브란데보르코(ブランデボルコ)'라고도 한다. 한어 음역은 미상이다.〉
제르마아니야의 북동쪽이다. 호타라-니야의 북서쪽에 위치한다.

9) 포돌리아

호타라-니야 〈한어로 '波多里亜(포우토오리야아)', 혹은 '波多礼亜(포우토오레야
아)'라 음역한다.〉
제르마아니야의 동쪽이다. 포로-니야의 북쪽에 위치한다.

10) 폴란드

포로-니야 〈한어로 음역하여 '波羅泥亜(포우로니이야아)'라 한다.〉
제르마아니야의 동쪽에 위치한다.

11) 작센

사크소-니야 〈한어로 '沙瑣泥亜(사아소니이야아)', 혹은 '沙所泥亜(사아소니이야
아)'라 음역한다.〉
제르마아니야와 가깝다고 하나 그 위치를 아직 알 수 없다.

	원문 발음 표기	한자 음역 표기 한자 번역 표기	원어 표기	현대 한국어 표기
브란데부르코 브란데보르코	ブランデブルコ ブランデボルコ		Brandeburgo (이)	브란덴부르크
호타라-니야	ホタラーニヤ	波多里亜 波多礼亜	Podolia (이) .	포돌리아 -현재의 우크라이나 중서부와 남서부, 몰 도바 북동부
포로-니야	ポローニヤ	波羅泥亜	Polonia (이)	폴란드
사크소-니야	サクソーニヤ	沙瑣泥亜 沙所泥亜	Sassonia (이)	작센

12) 러시아(루스 차르국)

모스코-비야 〈'무스코-비야(ムスコービヤ)'라고도 한다. 한어로 '没厠箇未窔(못쓰코위야우)'라 음역한다.〉

예우로파 동북쪽 지역에 위치한다. 그 땅은 지극히 춥고 겨울철에는 얼음의 두께가 1장(丈)[161]에 달한다. 사람과 말이 모두 그 위를 왕래한다고 한다.

	원문 발음 표기	한자 음역 표기 한자 번역 표기	원어 표기	현대 한국어 표기
모스코-비야 무스코-비야	モスコービヤ ムスコービヤ	没厠箇未窔	Moscovia (이)	러시아 -루스 차르국

13) 스웨덴

스웨이치야 〈'스에시야(スエシア)', '스웨쓰야(スウェツヤ)'라고도 한다. 오오란도 말

로는 '스웨이데(スウェイデ)', '스페이데(スペイデ)'라고도 한다. 한어로 '蘇亦齊(스웻치이)'

라고 음역한다.〉

　　예우로파 북쪽 땅에 위치하며 **노-르웨기야** 영토에 연결되어 있다.

〈노-르웨기야는 예우로파 가장 북쪽에 위치한, 빙해(氷海)에 인접한 땅이다. '노-르이기',

'노-레이기'라고도 한다. 한어로 음역하여 '諾尔祁亞(노르키이야아)'라고 하는 것이 이 나라

이다.

　　서인(西人)의 설명에 의하면

　　「스웨이치야의 왕비가 로-만에 와서 천주께 예배를 올리는 것을 본 적이 있습니다. 왕비

를 모시는 일행의 위세가 대단했습니다.」

라고 한다. 따라서 이 나라도 저들과 같은 종교를 신봉하는 나라라 생각된다.〉

	원문 발음 표기	한자 음역 표기 한자 번역 표기	원어 표기	현대 한국어 표기
스웨이치야 스에시아 스웨쓰야 스웨이데 스페이데	スウェイチヤ スエシア スウェツヤ スウェイデ スペイデ	蘇亦齊	Svezia (이) Suecia (라) Suecia (스) Zweden (네)	스웨덴
노-르웨기야 노-르이기 노-레이기	ノールウェギヤ ノールイギ ノーレイギ	諾尔祁亚	Norvegia (이)	노르웨이

14) 네덜란드

　　오오란데야 〈'오오란도'라고도 한다. 한어로 '喎蘭地(오오란더)'라고 음역한다. 대명

의 기록에 「오오란(和蘭), 혹은 홍이(紅夷), 홍마우쿠이(紅毛鬼)[162]라 한다」라는 기술이 보

이며,

「홍이국(紅夷国)은 안남(安南)[163] 서북쪽에 위치하며, 그 나라 사람들은 의복을 짓지 않고 면포(綿布)를 그대로 몸에 두르며, 붉은 명주로 머리를 감싼다. 그 모습이 위위(回々)[164] 와 유사하다. 나라에 소금이 나지 않아 안남으로부터 다량의 소금을 수입하여 귀한 재물과 교역한다.」

라는 설명이 『삼재도회』에 보인다. 그렇다면 이 '홍이'가 해당 나라의 사람을 가리킨다고는 생각되지 않는다.〉[165]

제르마아니야의 서북쪽에 위치한다. 과거 제르마아니야 사람들이 바다 위 작은 섬에 이르러 어업에 종사하다가 토지를 개척하고 나라를 세워 7개의 주(州)로 나누었고, 이들은 이스파니야에 종속되어 있었다.

이후 이스파니야로부터 요구되는 부역이 가혹해지자 견딜 수 없어 그 나라와의 인연을 단절했다. 이에 대하여 이스파니야가 군대를 일으켜 공격해 왔으나 각각의 인접국끼리 서로 단결하며 전쟁을 치르기를 80여 년,[166] 오오란도는 마침내 이스파니야의 10개 주를 침략하여 빼

---

162 붉은 털을 지닌 오랑캐라는 의미에서 유래한 명칭.

163 인도차이나반도의 동쪽 해안 지역.

164 아랍·중앙아시아계 무슬림 혼혈 민족. 13세기 초반 칭기즈칸이 이끄는 몽골 군대의 활동으로 인하여 동쪽인 중원 지역으로 이주한 중앙아시아의 여러 종족을 가리킨다. 이슬람교를 신봉했으며 원(元)의 공식문서에서 회회(回回)라 기록되었다.

165 일본과의 교역을 위하여 내항하는 네덜란드인에 대한 지식과 중국의 기록이 상이한 것에서 비롯된 추측인 듯하다.

166 네덜란드는 1515년부터 스페인 국왕 겸 신성 로마 제국 황제인 카를 5세의 통치를 받으며 종교적 탄압을 겪었고, 스페인 파견 총독들의 실정과 전쟁으로 인한 수탈, 게다가 네덜란드에 주둔한 스페인 군대의 약탈 등에 시달려야 했다. 이에 네덜란드와 벨기에를 포함한 북해 연안의 저지국(低地国)은 1566년 일제히 궐기하여 스페인으로부터의 독립 전쟁에 돌입, 1581년 독립을 선언하였다. 그러나 스페인의 입장 또한 강경하여 1618년부터 30년 전쟁이 벌어졌으며, 1648년에야 네덜란드의 완전 독립이 승인되었다. 본문에 기술된 바와 같이 당시 서구 최

앗았다. 각 나라가 모두 전쟁으로 피폐해져 양국의 화의를 주선했다. 오오란도는 자신들이 침략한 땅을 반환하고 전쟁을 종결지었다.[167]

이 나라 사람들은 해전에 능하여 여기에 대적할 상대가 없다.[168] 육상 전투 능력은 해전에 미치지 못하나 아후리카와 아지아 수 개국의 영토를 침략하여 수중에 넣었다. 나라가 부유하고 군대 또한 강하여 현재는 예우로파 유수의 강국이다.

나라를 구성하는 7개 주란 오오부르잇스루(ヲ丶ブルイッスル),[169] 후리이스란토(フリイスラント),[170] 오르란토(ヲルラント),[171] 세-란토(セーラント),[172] 그루-닝그(グルーニング),[173] 게르토르란토(ゲルトルラント),[174] 위토라키토(ウイトラキト)[175]이다.

강국과의 80년 동안의 전쟁 끝에 달성한 독립이었다.

167 1648년 베스트팔렌 조약으로 네덜란드 북부 7개 주와 브라반트의 절반은 네덜란드 공화국으로서 공식적으로 독립을 인정받았다. 하지만 남부 네덜란드에 대한 영유권을 포기해야 했으며, 결국 이를 계기로 독립국을 세운 북부(네덜란드)와 스페인의 지배가 유지된 남부(벨기에+룩셈부르크)로 분리되었다.

168 네덜란드는 광범위한 제국의 경제적 이익 보호와 유지를 위한 해상 항로의 확대, 즉 해군력에 의존했다. 서인도 회사와 동인도 회사 모두 서인도 제도, 아프리카, 동인도(현재의 인도네시아)에서 네덜란드의 무역 이익을 보장하기 위하여 지역 해군을 발전시켜, 동인도 회사만으로도 선원 15,000명과 대형 선박 200척을 결집시킬 수 있었다.

169 오버레이설. 네덜란드 중북부 지방. 네덜란드어로 '에이설(IJssel)강의 위쪽'이라는 의미이다.

170 프리슬란트. 네덜란드와 독일의 북해 연안 지방. 프리슬란트 제도(동, 서, 북)를 포함한다.

171 홀란트. 네덜란드 서부 지방. 현재는 암스테르담, 로테르담, 헤이그 등 대도시를 포함하는 이 나라 정치, 경제, 문화의 중심지.

172 제일란트. 네덜란드 남서부 지방. 남쪽으로 벨기에와 국경을 마주하고 있다.

173 흐로닝언. 네덜란드 북부 지방. 13세기 유럽 북부의 상업 중심지이자 수륙교통의 요충지였다. 18세기 이후 프랑스의 침략과 제2차 세계대전 당시 독일의 점령으로 큰 피해를 입었다.

174 헬데를란트. 네덜란드 동부 지방. 1597년 위트레흐트 동맹에 가입했으며 1815년 일부 지역이 프로이센 영토로 분리되었다.

그들이 침공하여 획득한 해외 영토로는 카아프토 보네 스페이(カア
プト ボネ スペイ), 고도로-르(ゴドロール), 마로카(マロカ), 바타아비
야(バタアビヤ), 노-와 오오란데야(ノーワ ヲ、ランデヤ),[176] 제이란(ゼ
イラン)[177] 등이 있다고 한다. 〈서인이 이 나라에 대하여 설명한 내용은 이후 서술
한다. 단 오오란도 사람의 설명과는 서로 다른 내용이 있다. 이 나라에 대해서는 별도로 서
술한 부분이 있으므로 이 정도로 생략한다.〉

	원문 발음 표기	한자 음역 표기 한자 번역 표기	원어 표기	현대 한국어 표기
오오란데야 오오란도	ヲ、ランデヤ ヲ、ランド	喎蘭地 和蘭 紅夷/紅夷国 紅毛鬼	Olanda (이) Holland (네)	네덜란드
오오부르잇스루	ヲ、ブルイッスル		Overijssel (네)	오버레이설
후리이스란토	フリイスラント		Friesland (네)	프리슬란트
오르란토	ヲルラント		Holland (네)	홀란트
세-란토	セーラント		Zeeland (네)	제일란트
그루-닝그	グルーニング		Groningen (네)	흐로닝언
게르토르란토	ゲルトルラント		Gelderland (네)	헬데를란트
위토라키토	ウイトラキト		Utrecht (네)	위트레흐트
카아프토 보네 스페이	カアプト ボネ スペイ		Caput Bonae Spei (라)	희망봉

---

175 위트레흐트. 네덜란드 중부 지방. 1527-1577년 스페인 통치하에서 저항 운동의 중심지였으
며 79년 위트레흐트 동맹을 창설하여 네덜란드 독립의 기초를 닦았다. 1713년 스페인 왕위
계승 전쟁을 마무리하는 위트레흐트 조약이 체결된 장소이기도 하다.

176 17세기 네덜란드의 모험가들이 오스트레일리아를 발견하여 연안 탐험을 실시하고 '새로운
네덜란드'라는 의미에서 명명했다. 탐험 활동은 네덜란드 동인도 회사 사업의 일환으로 실시
되었는데 경비가 가중되고 수익성이 부족했기 때문에 중단되었다.

177 인도양에 위치한 섬의 이름이자 1972년 이전까지 사용된 스리랑카의 옛 국호.

	원문 발음 표기	한자 음역 표기 한자 번역 표기	원어 표기	현대 한국어 표기
고도로-르	ゴドロール		Cuddalore (네)	쿠달로르
마로카	マロカ		Malakka (네)	믈라카
바타아비야	バタアビヤ		Batavia (네)	바타비아
노-와 오오란데야	ノーワ ヲヽランデヤ		Nova Hollandia (라)	오스트레일리아
제이란	ゼイラン		Ceylon (이)	실론 -현재의 스리랑카

▼

네덜란드와 일본

··

생각해 보니 이 나라가 최초로 우리와 통교한 것은 게이초 5년(1600)의 일[178]이다. 예우로파 지역의 나라 가운데 예로부터 공물을 갖추어 방문하는 행사가 단절되지 않은 것은 유일하게 이 나라뿐이다.[179]

---

[178] 게이초 5년(1600) 3월 16일, 네덜란드 상선 리프데호(Liefde)가 분고노쿠니(豊後国)에 표착한 사건. 2년 전 5척의 선단으로 본국 네덜란드 로테르담에서 출항했으나 마젤란 해협 통과 후 태평양에서 악천후를 만나 난파되고 말았다. 약 110명의 선원 중 생존자는 24명에 불과했으며, 익일 3인이 추가로 사망했다고 한다.

[179] 에도 막부는 엄격한 쇄국 정책을 고수하면서도 유일하게 네덜란드에 한하여 나가사키 데지마(出島)에 상관을 두어 일본과의 교류를 허가했다.

15) 영국(잉글랜드)

앙게르아 〈'앙게리아(アンゲリア)'라고도 한다. 이타리야 말로는 '엥게르타이라(エン ゲルタイラ)'라고 하며, 오오란도 사람은 '잉게란토(インゲラント)'라 한다. 한어로는 '漢乂 刺亜(하아느챠하랏야아)' 또는 '諳尼利亜(아마니이리야아)'[180]라고 음역한다. 과거 우리나 라에서 '잉가라테이라(インガラテイラ)' 혹은 '게레호로탄(ゲレホロタン)'이라 부르기도 했 으며, 일반적으로 '이기리스(イギリス)'라 칭하던 것이 바로 이 나라이다.〉

예우로파 서북쪽 바다 가운데 큰 섬이 둘 있다. 이 나라와 스콧테야 가 하나의 섬에 함께 자리를 잡고 있다. 〈앙게르아는 섬의 남쪽에 위치한다.〉 다른 하나의 섬에는 이페리니야라는 나라가 있다.

이 나라는 바다 한가운데 위치하는 까닭에 일반적으로 배를 다루는 기술이 능숙하고, 아울러 해전에도 숙달되어 있다. 오오란도 사람들의 해외 통상이 가능했던 것도 처음에는 이 나라 사람들의 선도에 따라 해로를 숙지했기 때문이다. 부근 나라의 무역선들은 앙게르아가 해전 에 능한 것을 두려워하여 이 나라 사람들을 가리켜 해적이라 부른다. 이에 왕이 대단히 수치스럽다 여겨 이 나라 사람들이 함부로 해외 출 항하는 것을 용납지 않았다.[181]

또한 이 나라는 원래 천주를 신앙하며 그 종교를 신봉했다. 그런데 근세에 이르러 그 왕이 정비(正妃)를 폐하고 총애하던 첩을 그 자리에

---

180 「곤여만국지도」의 표기를 참고하면 '諳尼利亜'의 '尼'는 '厄'의 오기로 추측된다.

181 이 내용은 가톨릭 국가에 속하지 않는 영국을 비하한 시도티의 설명을 기술한 것으로 추측되 나, 사실과는 상반된다. 17세기 후반으로부터 18세기 초에 걸쳐 영국의 해외 활동은 괄목할 만한 것이었으며, 식민지 경영을 둘러싸고 스페인, 네덜란드, 프랑스 등과 활발한 경쟁을 벌 였다.

세웠다.[182] 천주교는 근본적으로 간음(姦淫)을 계율로 금한다.[183] 이 종교의 수장[184]은 그 계율을 어긴 것을 이유로 이 나라와의 관계를 단절했다. 천주교를 신봉하는 각 나라들 역시 이 나라와의 국교를 단절했다. 오오란도 사람들과 단교한 것도 이 시기의 일이라고 한다.

▼

잉글랜드와 일본

생각하건대 우리 연호로 게이초 5년(1600)에 처음으로 오오란도 사람과 더불어 이 나라와의 접촉[185]이 있었으며, 18년(1613) 가을에 최초로 공물을 갖추어 내방했다.[186] 이듬해 다시 내항했으며, 그 후의 방문

---

182 영국 국왕 헨리 8세(재위 1509-1547)의 왕비 캐서린과의 이혼 및 앤 불린과의 혼인 사건이 계기가 된 영국 국교회 설립에 대하여 기술하고 있다.

183 간통은 십계명의 '간음하지 말라'는 항목에 위배되는 죄로 간주된다.

184 원문에는 이탈리아 항목에서 설명된 '教化の主(교화의 수장)'으로 표기되어 있으며, 로마 교황을 의미한다. 본문에서 가리키는 교황은 클레멘스 7세(재위 1523-1534)로, 헨리 8세가 본처인 아라곤의 캐서린과 이혼하고 앤 불린과 결혼하려 하자 이를 허락하지 않고 헨리 8세를 파문하였다. 캐서린이 신성 로마 제국 황제의 숙모였으므로 그녀의 이혼을 인정할 수 없다는 황제의 압박을 우려하여 헨리 8세의 재혼을 허가하지 않았으나, 이것은 역으로 영국의 종교개혁을 초래하는 계기가 되었다. 이로 인하여 영국은 로마 교황청에서 분리되었고, 영국 국교회가 성립되었다.

185 앞에서 언급된 게이초 5년의 네덜란드 국적 상선 리프데호의 표착을 가리킨다. 리프데호의 생존자 중에는 에도 막부의 외교 고문이 된 얀 요스텐(Jan Joosten van Lodensteyn)과 윌리엄 애덤스(William Adams)가 포함되어 있었다. 리프데호는 일본에 최초로 내항한 네덜란드 국적의 배이며, 애덤스는 최초로 일본 땅을 밟은 영국인이 되었다.

186 리프데호의 생존자였던 영국인 항해사 윌리엄 애덤스의 중개를 통하여 영국은 게이초 18년 5월 히라도(平戶)에 정식으로 상선을 파견하여 무역을 개시했다.

에 관해서는 미상이다.[187]

엔포(延宝) 원년(1673) 5월에 우리나라의 표착민(漂着民)들을 송환해왔다. 7월이 되어 자국으로 돌아갔다.[188]

16) 스코틀랜드

스콧테야 〈오오란도 말로 '스콧토란토(スコットラント)', 혹은 '시콧테야(シコッテア)'라고도 한다. 한어로 음역하여 '思可斉亜(스-콧치이야아)'라고 한다.〉

예우로파 서북쪽 바다 가운데 위치한다. 앙게르아와 더불어 하나의 섬에 영토가 나뉘어 있다. 이 나라는 앙게르아의 북쪽에 위치한다.

17) 아일랜드

이페리니야 〈오오란도 말로 '이이르란토(イ丶ルラント)'라고 한다. 한어로 '喜百泥亜(히이페니이야아)'라고 음역한다.〉

예우로파 서북쪽 바다 가운데 위치하며, 앙게르아, 스콧테야 등의 나라와 서로 인접하고 있다.

---

187 일본 측의 수요 변동과 막대한 경비로 인한 영업 부진에 네덜란드와의 경쟁까지 겹쳐, 겐나 9년(1624) 11월 영국은 결국 일본으로부터 퇴거했다.

188 엔포(延宝) 원년 5월 25일 영국 선박 리턴호(Return)가 나가사키에 내항하여 찰스 2세(재위 1660-1685)의 국서를 제출하고 무역 재개를 청했으나, 막부는 동년 7월 27일 나가사키 부교에게 명하여 상륙을 거부하고 본국으로 귀환시켰다.

	원문 발음 표기	한자 음역 표기 한자 번역 표기	원어 표기	현대 한국어 표기
앙게르아 앙게리아 엥게르타이라 잉게란토 잉가라테이라 게레호로탄 이기리스	アンゲルア アンゲリア エンゲルタイラ インゲラント インガラテイラ ゲレホロタン イギリス	漢乂剌亜 諧尼利亜	Anglia (라) Inghilterra (이) Engeland (네) Inglaterra (포) Grã-Bretanha (포) Inglez (포)	영국 -잉글랜드
스콧테야 스콧토란토 시콧테아	スコッテヤ スコットラント シコッテア	思可斉亜	Scotia (라) Schotland (네) Schotse (네)	스코틀랜드
이페리니야 이이르란토	イペリニヤ イヽルラント	喜百泥亜	Hibernia (라) Ierland (네)	아일랜드

18) 그린란드

그르운란데야 〈한어 음역은 앞에 기술한 바 있다.〉

이 나라의 최남단이 예우로파의 북쪽 바다에 이르며, 그 북쪽 땅은 소이데 아메리카[189]와 연결되어 있다.

이 지역은 추위가 극심하여 인간이나 생물이 살 수 없다. 오오란도 사람들은 고래를 좇아 이 지역까지 와서 포획한다고 한다. 〈오오란도 사람의 설명에 의하면 옛날에 본국 사람들이 서로 의견을 나누어 의복과 음식, 기계, 추위를 피할 수 있는 기구 등을 준비하여 이 땅에 와서 머물렀다고 한다. 이듬해가 되어 본국 사람들이 다시 찾아와 그 사람들의 모습을 발견했는데, 앉아 있던 자는 앉은 채로 죽고 서 있던 자는 선 채로 죽어 한 사람도 살아 있는 이가 없었고, 그들의 살과 피부는 마치 말린 고기와도 같아 부패하지도 않았다. 이 땅의 추위가 극심함이 이 지경에 이를 정도라고 한다.〉

---

189 '노오르토 아메리카'의 오기.

	원문 발음 표기	한자 음역 표기 한자 번역 표기	원어 표기	현대 한국어 표기
그르운란데야	グルウンランデヤ	臥蘭的亜 臥児浪徳	Groenlandia (이)	그린란드

▶ 그림 3

그린란드의 위치, 좌측은 북아메리카 대륙

(Orthographic projection of Greenland)

Credit: Connormah(Wikipedia)

License: Creative Commons Attribution-Share Alike 3.0 Unported (CC BY-SA 3.0)

03
유럽의 군주 선출 방식

일반적으로 예우로파 지역의 사람들이 그들의 군주를 옹립할 경우 대를 이을 자가 이미 정해져 있다면 아무런 문제가 없으나, 만일 후계자가 아직 없는 상황이라면 신민들이 각기 후계자 후보들의 이름을 적어 낸다. 그 수가 가장 많은 자를 군주로 삼는다.

군주가 신하를 지명하여 관직을 내릴 경우에도 역시 이와 같다. 신민의 추천이 많은 자를 등용한다. 군주가 굳이 자신이 원하는 자리 하나를 내리는 것도 불가능하다.

〈오오란도 사람의 말에 의하면 「우리나라에서는 왕을 세우지 않습니다」라고 한다. 예를 들자면 주(周)의 육경(六卿)[190]과 같이 각자의 직무를 담당하는 장관을 세우고 국정을 처리

---

190 육경(六卿)이란 중국 주대(周代)의 관직 제도와 전국 시대 각국의 제도를 기록한 『주례(周礼)』에 기술된, 주대 행정 조직의 최고 관리 6인을 가리킨다. 이들은 각기 주나라의 중앙 행정 조직 기관이었던 육관(六官)의 장으로, 천관 대재(天官大宰), 지관 대사도(地官大司徒), 춘관 대종백(春官大宗伯), 하관 대사마(夏官大司馬), 추관 대사구(秋官大司寇), 동관 대사공(冬官大司空)이라는 6인의 장관에 의하여 통솔되었다. 육관은 이념적으로는 각각 60개 관직으로 구성되며, 합계 360개 직무는 한 해의 일수에 대응된 것이라 한다.

하게끔 한다. 이들 지역에서는 장관을 선출할 때에도 군주를 옹립할 경우와 같은 방법을 취한다.

또한 죠세후의 설명에 따르면 「예우로파 지역 중 레네사(レネサ), 제누와(ゼヌワ) 등지에서는 전국에서 한 사람을 선출하여 1년간 국사를 담당하도록 하며, 매년 그 사람을 변경한다」고 한다. 레네사, 제누와 등이 어디에 위치한 나라인가에 대해서는 불명이다.〉[191]

| 육관과 육경 및 이에 대응하는 당대(唐代) 상서성(尙書省)의 조직명 |

육관(六官)	육경(六卿)	담당 국무(担当国務)	상서성 육부(尙書省 六部)
천관(天官)	대재(大宰)	국정 총괄	이부(吏部)
지관(地官)	대사도(大司徒)	교육, 인사, 토지	호부(戶部)
춘관(春官)	대종백(大宗伯)	예법, 제사	예부(礼部)
하관(夏官)	대사마(大司馬)	군정, 병마	병부(兵部)
추관(秋官)	대사구(大司寇)	형벌	형부(刑部)
동관(冬官)	대사공(大司空)	토목, 공사	공부(工部)

191 제누와(ゼヌワ)는 제노바 공화국(Repubblica di Genova, 1100-1815)을 가리키는 것으로 추정되나, 레네사(レネサ)는 불명. 단 당시 제노바와 경쟁관계에 있던 이탈리아의 양대 독립도시국가로서 베네치아 공화국(Repubblica di Venezia, 8세기-1797)을 가리키는 것으로 추측된다. 본문에서는 베네치아나 제노바 등의 도시국가에서 투표를 통하여 선출된 '도제(Doge)'에 대하여 설명하고 있다. 이 명칭은 라틴어로 '지도자'라는 의미의 '둑스(Dux)'에서 유래하였으며, 일반적으로는 베네치아 공화국의 수장을 가리킨다. 초기에는 강력한 권력을 쥐고 있었으나 12세기 중반 이후 480명의 의원으로 구성되는 대평의회가 도제의 선거권을 획득하여 권한을 제한하였고, 그 선거권은 소수의 귀족이 독점하였다. 이에 권한의 확대를 도모하였으나 결국 성공하지 못하고 베네치아의 귀족적 과두정치(寡頭政治) 속에서 유명무실한 존재가 되고 말았다.

04
군주의 칭호

이들 나라에서 군주를 가리키는 칭호에는 수 종류의 등급이 존재한다.
최고위를 혼테헤키스 마키스이무스(ホンテヘキス マキスイムス)[192]라
한다. 이는 최고로 높은 지위라는 의미이다. 유일하게 로-만 교황 한
사람만이 이 칭호를 사용한다고 한다. 이 주변 각국이 천주교를 신봉
하는 까닭에 이 칭호를 통하여 그 사람을 존숭하는 것으로 여겨진다.

그다음은 임페라도-르(インペラドール)이다. 〈이는 한어에서 말하는 '황제'
와 비슷하다. 제르마아니야의 군주 등을 이렇게 지칭한다.〉

그다음은 레키스(レキス)[193]이다. 〈이는 한어에서 말하는 '왕'과 비슷하다. 후
랑스야, 앙게레아 등의 군주를 이렇게 지칭한다고 한다.〉

그다음은 후렌스(フレンス)[194]이다. 〈레키스 아래 계급의 호칭이라고 한다.
설명에 의하면 아마도 한의 대장군(大将軍)과 유사한 직위를 가리키는 듯하다. 오오란도와

---

192 Pontifex Maximus (라) 폰티펙스 막시무스: 로마 교황, 로마 법왕.

193 Rex (라) 렉스: 국왕, 군주, 통치자.

194 Prins (네) 프린스: 군주, 제후.

이스파니야가 전쟁을 치를 때 앙게레아의 레키스가 자국 군대를 이끌고 와서 오오란도의 후렌스가 되어 싸웠다고 한다.〉

그다음은 호르스토(ホルスト)[195]이다.〈이는 후렌스 아래 계급의 호칭이다. 제르마아니야에 속한 7개국 수장의 칭호가 이것이라고 한다. 이 또한 한의 장군(将軍)과 유사한 직위를 가리키는 듯하다.〉

그다음은 도우크스(ドゥクス)이다.〈이는 호르스토 아래 계급의 호칭이다. 이타리야 등지에는 각지에 군대를 통솔하는 자들이 있고, 이를 도우크스라 칭한다고 한다. 부락(部落)의 추장을 칭하는 것이리라.〉

이에 소속된 자들에게는 또 각기 계급이 있고, 그것을 일일이 언급할 수는 없다.〈「만국곤여도」의 해설을 참고하면 「구라파주의 각국에는 일반적으로 3계급의 관위가 있다. 가장 높은 계급은 사람들을 바른 가르침으로 인도하는 임무[196]를 관장한다」고 한다. 이는 로-마의 수장을 가리킨다. 「다음 계급은 속세에 관한 일을 판단하고 처리한다」고 하며, 이는 임페라도-르, 레키스 등을 가리킨다. 「다음 계급은 오로지 군무(軍務)를 다스린다」고 하는데, 이는 후렌스, 호르스토 등의 계급을 가리키며, 나라에 따라 호칭이 달라지는 듯하다.〉

---

195 앞에서는 '호르토스(ホルトス)'로 오기하고 있다. p.92 본문 내용 및 각주 157 참조.

196 원문에는 '교화를 진흥하는 일(教化を興ず事)'이라 서술되어 있다. 교화(教化)란 불교 용어로, 중생을 가르쳐 불도(仏道)로 인도하는 것을 가리킨다. 본문에서는 기독교 융성에 대한 책무를 의미한다.

05
유럽 각국의 풍속

—

이들 각국의 풍속은 크게 보면 유사하지만 세세한 부분에서는 상이할 수밖에 없다.

제르마아니야, 스웨이치야, 오오란도 등지의 사람은 머리칼이 황금빛 고수머리이며 눈동자가 밝다.

무스코-비야 지역 사람은 모고르(モゴル)[197] 사람과 비슷하다. 이쪽 지역에서 신봉하는 종교는 모두 이 예이즈스(ユイズス)의 가르침[198]이다. 단 오오란도 사람만은 루테이루스(ルテイルス)[199] 신도라고 한다. 〈예이즈스는 한어로 '耶蘇(세-스)'라 음역한다. 과거 우리가 속칭 제스(ゼス)라 부르던 것이 이것이다. 루테이루스는 그 종교의 이단(異端)이라고 한다.

오오란도 사람이

197　무굴 제국. p.122-123 본문 내용 및 각주 227 참조.

198　기독교, 본문에서는 그중에서도 가톨릭을 가리킨다.

199　Lutherus (라) 루테루스: 종교개혁가 마르틴 루터(Martin Luther, 1483-1546)의 라틴어 표기. 네덜란드는 신교 국가였으며, 앞서 언급된 네덜란드 독립 전쟁도 스페인의 종교적 탄압에서 비롯된 종교 전쟁의 성격을 띠고 있다.

「이들 각국은 관(冠)에 대한 제도가 서로 다릅니다. 전부 보석으로 장식하지만 이것은 군주가 즉위할 때에 한하여 사용합니다. 평상시에는 다들 머리카락을 엮지 않고 풀어 헤치는 것을 예의로 합니다. 의복 등등은 모두 저희 본국의 것과 비슷합니다. 모고르 사람이라 해도 우리나라의 복식과 크게 다르지는 않습니다. 본국은 지역적으로 북쪽에 가까워 기후가 찬 곳이 많습니다. 그러나 토지가 비옥하고 평탄한 까닭에 다양한 작물이 수확되어 풍요롭습니다. 단 이타리야, 이스파니야 등지는 벼농사에 적합합니다. 다른 지역은 벼가 아닌 보리와 밀을 생산하기에 적합한 기후입니다.」

라고 설명했다.〉

06
유럽의 언어

이들 각국의 방언(方言)은 동일하지 않다. 그러나 대부분은 이하의 세 종류로 분류할 수 있다.

첫 번째로 헤이페레이우스(ヘイペレイウス),[200]

두 번째로 라텐(ラテン),[201]

세 번째로 키리이키스(キリイキス), 혹은 헤렛키스(ヘレッキス)[202]라고도 한다.

일반적으로 중요한 내용을 기록할 때에는 반드시 이들 언어를 사용한다.

헤이페레이우스란 유데요라(ユデヨラ)[203]의 말이다. 〈'유데요라'란 라텐 말로, 이타리야 말로는 '쥬데아(ジュデア)'[204]라고 한다. 한어로 '如德亜(뉴이테야아)'라 음

---

200 Hebreeuws (네) 헤브리우스: 히브리어.

201 Latijn (네) 라텐: 라틴어.

202 Grieks (네) 그리크스/흐리크스: 그리스어.

203 Judaea (라) 유데아: 유대.

역하는 것이 이를 가리킨다. 이는 옛 나라의 이름으로, 지금은 멸망했다. 각국에 흩어진 그 나라 사람들의 자손을 요-도(ヨㅡㅏ) 사람[205]이라 칭한다고 한다.〉

라텐이란 옛 나라의 이름으로, 지금은 그 위치가 명확하지 않다.

키리이키스 역시 이와 같다.

이 가운데 라텐 말은 이 지역 어느 언어이든 그 발음이 통한다는 특징이 있다. 그러므로 각국에서 이 말을 배우지 않는 자가 없다. 아울러 각국에서 사용되는 글자체가 두 종류 있는데, 하나는 라텐 자, 다른 하나는 이타리야 자이다.[206] 라텐 자는 한자의 해서체(楷書体)와 유사하고, 이타리야 자는 한자에 초서체(草書体)가 있는 것과 비슷하다.

그 자모(字母)가 고작 20여 자임에도 일체의 발음을 표현 가능하다. 쓰기가 간단하고 의미를 폭넓게 나타낼 수 있으며 그 우수함으로 말하자면 천하에 표현하지 못할 발음이 없다. 〈그 사람[207]의 설명에 의하면 「한자에는 만여 개의 문자가 존재하여 기억력이 탁월한 사람이 아니면 암기하기 어렵다. 게다가 발음이 존재하는데도 그것을 나타내는 문자가 없는 경우가 있다. 그러므로 아무리 문자가 많다 할지라도 부족한 면이 있다. 불필요하게 노력을 낭비할 뿐」이라고 한다.〉

언어를 익히는 학문을 가라아마테이카(ガラアマティカ)[208]라고 하는데, 범어(梵語)에 실담(悉曇)[209]이 존재하는 것과 비슷하다. 〈그 성음

---

204 Giudea (이) 주데아: 유대.

205 Jood (네) 요트: 유대인.

206 라텐 자는 현재 일반적으로 '로마체'라 불리는 자형이며, 이타리야 자는 '이텔릭체'를 가리킨다.

207 시도티를 가리킨다.

208 Grammatica (라) (이) 그람마티카: 문법.

209 산스크리트어 'Siddham'의 음역으로 성취, 완성이라는 의미를 가진다. 인도의 싯다마트리카

<u>(声音)을 익히는 학문[210]이다.</u> 레토-리카(レトーリカ)[211]라는 것은 한문에

문장이 있는 것과 유사하다. <u>〈그 단어를 연결하여 뜻을 기술하는 학문이라고 한다.〉</u>

이 밖에도 천문(天文), 지리(地理), 방술(方術), 기예(技芸) 등 사소한

분야에 이르기까지 모두 학문으로 연구하지 않는 것이 없다고 한다.

(Siddhamātṛkā) 문자를 지칭하며, 이 문자가 중국에 들어와 실담이라고 불리게 된 것이다. 인도에서 중국에 전래된 범어 문자의 총칭으로, 특히 당대(唐代)에 지광(智廣, 760-830?)의 『실담자기(悉曇字記)』가 저술되고 이 책이 일본에 전해져 오늘날의 실담학을 이루는 모체가 되었다.

210 하쿠세키는 '문법'이라는 의미를 가진 'Grammatica'를 성음을 익히는 학문으로 간주하여 기술하고 있다.

211 Rhetorica (라) / Retorica (이) 레토리카: 수사법, 수사학.

07
아프리카 각국에 대하여

아후리카 각국

1) 오스만 제국

토르카 〈이타리야 말로 '토르코(トルコ)'라 하며 타 지역에서는 '쓰르코(ツルコ)'라 한다. 한어 음역이 어찌 되는지는 아직 확실하지 않다.〉[212]

그 영토가 극히 광대[213]하여 아후리카, 에우로파, 아지아 지역에 걸쳐 있다. 수도는 옛 코우스탄치이(コウスタンチイ) 땅이다. 〈먼 옛날 로마의 군주가 영토를 이전한 곳이라고 한다. '코우스탄치이' 혹은 '콘스탄치야(コンスタンチヤ)'라고도 한다. 한어 음역은 미상이다. 아후리카 땅 파르파아리야(パルパアリヤ)의 북쪽,

---

212 저본에는「혹시 만국전도(万国全図)의 '都児瓦'가 이를 가리키는가(万国全図都児瓦或此)」라는 주석이 달려 있다. 하쿠세키의 다른 저술『채람이언(采覧異言)』에는 '토르카(トルカ)' 항목이 '都児'로 표기되어 있다.

213 오스만 튀르크(Osman Türk)라 불린 16-17세기의 오스만 제국은 세계에서 손꼽히는 강대국이었으며, 현재의 이스탄불을 수도로 삼아 서쪽으로는 모로코, 동쪽으로는 아제르바이잔, 북쪽으로는 우크라이나, 남쪽으로는 예멘에 이르는 광대한 영역을 지배했다.

마-레 니게-테라-니우므 가까이에 위치한다. 파르파아리야는 한어로 '巴耳巴里亞'[214] 또는 '馬尔馬利加(마아르마아리캬)'[215]라 음역한다. 마-레 니게-테라-니우므는 지중해를 말한다.〉

풍속이 타르타-리야와 유사하여, 〈이는 닷탄국을 의미한다.〉 그 용맹함이란 대적할 상대가 없다. 병마(兵馬)가 많아 하루에 2백 천[216]을 동원할 수 있다. 〈20만을 말한다.〉 시일이 지나면 지날수록 그 무리를 헤아릴 수 없게 된다. 예우로파 지역은 그 침공을 견디지 못하고 각국이 서로 원조하며 이에 방비한다고 한다.

▼

오스만 제국의 영토

생각해 보건대, 그가 설명하기로는 「아후리카 지역은 모조리 토르카에 속하며, 그 영토의 북동쪽은 제르마아니야에 이르고, 남동쪽은

---

214 저본에는 발음이 병기되어 있지 않다. 교토대학부속도서관(京都大学附属図書館) 및 도호쿠대학부속도서관(東北大学附属図書館)에서 소장하고 있는 「곤여만국전도」 사본에는 '巴尓巴里亞'로 표기되어 있으며, 도호쿠대학부속도서관 소장본에 '하르하리아(ハルハリア)'라는 발음이 병기되어 있다.

215 본문에 부분적으로 인용한 「곤여만국전도」에도 나타나듯 '巴耳巴里亞'와 '馬尔馬利加'는 별개의 지명이다. '巴耳巴里亞'는 '바르바리아(Barbaria)'의 한역으로 야만국, 미개지를 의미하며 대체로 현재의 북아프리카 지역, 즉 모로코, 알제리, 튀니지를 아우르는 지역을 말한다. '馬尔馬利加'는 '마르마리카(Marmarica)'의 한역으로 키레나이카(Cyrenaica)와 이집트 사이의 북부 아프리카 해안 지역을 가리킨다.

216 영어의 'two hundred thousand'와 같이 서양식 숫자 읽기를 그대로 표현한 것이다. 200×1,000=200,000

스마아타라에 이른다」고 한다. 그리고 죠세후의 해설에 의하면 「이 나라는 포르토가루에 인접한다」고 한다.

다시 오오란도 사람에게 이 나라에 대하여 질문하자,

「그 영토가 북동쪽의 타르타-리야와 연결되어 있습니다. 이 타르타-리야도 그들 종족입니다」[217]라고 대답했다.

그렇다면 토르카 땅이 북서쪽으로는 포르토가루 땅에 인접하고, 북동쪽으로는 무스코-비야의 동편에 달한다는 것이다. 〈무스코-비야는 제르마아니야의 북동쪽에 위치하며 그 거리가 극히 멀고 타르타-리야와 가깝다.〉

단지 동남쪽으로 바다를 건너 스마-타라(スマータラ)에 이르기까지 이 나라에 속한다는 설명은 이해가 되지 않는다. 또한 이와 같이 엄청난 대국이라면 「만국곤여도」 등의 각종 해설에서 이 나라에 대하여 언급하지 않는 것, 한어 음역조차 분명하지 않은 것도 납득이 가지 않는다.

〈추측컨대, 「만국곤여도」를 참고하면 리위야아(利未亜)주에 '大耳瓦国(타이르와국)'이라는 지명이 보이는데, 마아르마아리캬 땅과 가깝다. 이 '타이르와(大耳瓦)'는 혹시 '토르카'라는 음이 변화한 것이 아닐까. 그리고 '都尓(톳르)'라는 지명이 달린 자리에 다음 글자가 제대로 보이지 않는 부분이 있다.[218] 좋은 사본을 입수하여 확인을 거쳐야 할 것인가.〉

---

217 타타르, 즉 '달단'은 북원 멸망 이후 중국에서 몽고, 몽고족에 대한 멸칭으로 사용되었으나, 서양에서 일컫는 '타타르'는 중앙아시아의 몽골계 및 튀르크계 유목민족을 뭉뚱그린 통칭이었다.

218 '大耳瓦国'과 '都尓□□'에 관해서는 교토대학부속도서관 및 도호쿠대학부속도서관에 소장된 「곤여만국전도」를 참고하면 '大兒瓦国'과 '都尓熱曆'이라는 지명이 보인다. 도호쿠대학부속도서관 소장본에는 각각 'ダルガ'와 'トルネレ'라고 가나로 독음이 병기되어 있다. 단 이들 지명은 'トルガ'의 한역과는 무관한 표기로 추측된다.

▶ 그림 4

「곤여만국전도」에 나타난 '大兒瓦国'(좌측)과 '都尓熱暦'(우측)

「곤여만국전도(坤輿万国全図)」 교토대학부속도서관(京都大学附属図書館) 소장 (부분)

	원문 발음 표기	한자 음역 표기 한자 번역 표기	원어 표기	현대 한국어 표기
토르카 토르코 쓰르코	トルカ トルコ ツルコ		Turchia (이) Turco (이) Turkije (네)	튀르크, 터키 -오스만 제국
코우스탄치이 콘스탄치야	コウスタンチイ コンスタンチヤ		Costantinopoli (이)	콘스탄티노플
파르파아리야	パルパアリヤ	巴耳巴里亜	Barbaria (라)	북아프리카 지역
마아르마아리캬 (중국어 발음)	マアルマアリキャ	馬尓馬利加	Marmarica (라)	북아프리카 해안 지역
타르타-리야	タルターリヤ	韃靼	Tartaria (라)	타타르
제르마아니야	ゼルマアニヤ	入尓馬泥亜 入耳馬泥亜	Germania (이)	독일 -신성 로마 제국
스마아타라 스마-타라	スマアタラ スマータラ		Sumatra (이)	수마트라
무스코-비야	ムスコービヤ	没厠箇未婊	Moscovia (이)	러시아 -루스 차르국

2) 희망봉

카아프토 보네 스페이 〈이타리야 말로 '카아보 테 보네이 스후란사(カアボ テ ボ
ネイ スフランサ)'라 하며 오오란도 말로 '카아보 테 호-스후란스(カアボ テ ホースフラン
ス)'[219]라고도, '카아프(カアプ)'[220]라고도 한다. 한어 음역은 미상이다. 그 위치는 한자로
'大浪山角(타랑샨코)'[221]라 표기된 곳이다.

생각해 보건대, 「만국곤여도」의 '仙労冷祖島(센라우레느쓰우타우)' 땅에 '葛叭布刺(카
파브라)'라는 곳이 있다. '카아프'의 음이 변화되어 센라우레느쓰우타우의 지명이 된 듯하
다.〉[222]

아후리카 최남단에 위치한다. 호랑이, 표범, 사자 등 짐승들의 종류
가 가장 많다.

최근 오오란도 사람들이 이 지역을 병탄했다고 한다. 〈오오란도 사람의
해명을 듣기로는 「이 땅을 병탄한 것이 아닙니다. 이곳은 선박이 남동쪽으로 항해할 때 반
드시 통과하는 장소입니다. 따라서 그 해구(海口)에 항상 배를 정박하는 항구가 있을 뿐입
니다」라고 한다.〉

---

219 해당 표기는 희망봉을 가리키는 네덜란드어 'Kaap de Goede Hoop'의 발음과 이질적이다.
   하쿠세키의 오기로 추측된다.

220 kaap (네) 카프: 곶, 갑(岬). 희망봉.

221 1488년 바르톨로뮤 디아스(Bartolomeu Diaz, 1450-1500)의 발견 당시 '폭풍의 곶(Cabo das
   Tormentas)'이라 명명했으나 이후 포르투갈 국왕 주앙 2세의 명으로 '희망의 곶(Cabo da
   Boa Esperança)'으로 개칭되었다. '大浪山角'은 '폭풍의 곶'의 번역어로 사용된 듯하다.

222 「곤여만국전도」 제작의 참고 자료로 추정되는 오르텔리우스(Abraham Ortelius, 1527-1598)
   의 「세계의 무대(Theatrum Orbis Terrarum)」를 근거로 판단할 때 '葛叭布刺'는 1513년 포르
   투갈인에 의하여 발견, 명명된 산타 아폴로니아(Santa Apolonia)섬, 즉 레위니옹의 위치가
   잘못 표기된 것이 아닌가 추정되나 정확히 어느 지명을 지칭하는지는 불명.

	원문 발음 표기	한자 음역 표기 한자 번역 표기	원어 표기	현대 한국어 표기
카아프토 보네 스페이 카아보 테 보네이 스후란사 카아보 테 호-스후란스 카아프	カアプト ボネ スペイ カアボテ ボネイ スフランサ カアボテ ホースフランス カアプ	大浪山角	Caput Bonae Spei (라) Capo di Buona Speranza (이) Kaap de Goede Hoop (네) Kaap (네)	희망봉
산 로렌소	サン ロレンソ	仙劳冷祖島	Isla de San Lorenzo (스)	마다가스카르
카파브라 (중국어 발음)	カパブラ	曷叭布剌	불명	불명

3) 마다가스카르

마타카스카 〈한어로 '麻打曷失曷(마아타카스카)'라고 음역하며, 동시에 '仙劳冷祖島(센라우레느쓰우타우)'라고도 부른다. 번어로 '산 로렌소(サン ロレンソ)'라 함이 곧 이 지역이다.〉

아후리카 남동쪽 바다 가운데 위치한 큰 섬이다.

▼

아프리카 지역의 실정

생각해 보면 「만국곤여도」에 「리위야아 땅에는 700개 주가 있다」는 주석이 달려 있으며, 이 지역의 유명한 산과 주요 하천 등에 대하여 대략적으로 설명되어 있다. 로-마 사람, 오오란도 사람 등이 설명하는 내용도 이 지역의 토속, 인물 등에 관해서는 마찬가지로 상세하지 않다. 추측해 보건대 이 지역은 토르카 영토와 연관된 곳이므로 예우로파 사람들이 방문할 수 있는 기회가 드물어 아직 본격적인 지식을 얻지 못한 것이 아닐까.

단 이 카아프 마타카스카(カアブ マタカスカ)[223] 땅은 오오란도 사람의 설명에 의하면 「사람들이 짐승과도 같다」고 한다. 〈오오란도 사람들은 마타카스카에 상륙하여 그 땅의 산물을 채취하는데, 토착민[224]들은 이를 두려워하여 피하며 접근하지 않는다. 오오란도 사람들이 남은 음식을 버리는 것을 보면 슬그머니 다가와 훔쳐 먹는다. 이처럼 미개하기 짝이 없다고 한다.〉

	원문 발음 표기	한자 음역 표기 한자 번역 표기	원어 표기	현대 한국어 표기
마타카스카	マタカスカ	㾑打曷失曷	Madagascar (이)	마다가스카르
산 로렌소	サン ロレンソ	仙勞冷祖島	Isla de San Lorenzo (스)	마다가스카르
카아프 마타카스카	カアブ マタカスカ		Kaap Sint Maria (네)	세인트 메리곶

---

223 마다가스카르의 최남단인 세인트 메리곶(Cape St. Mary)을 가리키는 듯하다.
224 원문에는 '토인(土人)'으로 표기하고 있다.

08
아시아 각국에 대하여

아지아 각국

1) 페르시아

하르시야 〈한어로 '巴尔齐亞(파르쓰치이야아)', 또는 '巴儿西(파르시이)'라고 음역한
다. 우리가 일반적으로 '하르시야(ハルシヤ)'라 부르는 것이 이 나라이다.〉

　인데야(インデヤ)의 서부, 아후리카 지역의 동부와 인접하고 있다.
모고르(モゴル)의 속국이라고 한다.

▼
페르시아와 일본의 명마

　생각해 보면 이 나라에서 산출되는 명산물이 많다. 오오란도 사람의
설명에 의하면 천하의 명마(名馬)가 생산되는 땅은 오로지 일본과 하르

시야뿐이며, 만국 중에서 이를 따를 곳이 없다고 한다. 일본 연호로 게이초 연간[225]에 스이야므(暹羅), 캄포사이(柬埔寨) 등의 나라가 빈번히 예를 갖추어 말을 하사해 줄 것을 요청했던 적이 있다.[226] 그렇다면 오오란도 사람의 말도 거짓은 아니라 할 것이다.

	원문 발음 표기	한자 음역 표기 한자 번역 표기	원어 표기	현대 한국어 표기
하르시야	ハルシヤ	巴尔齐亞 巴児西	Persia (이) Perzië (네)	페르시아 -현재의 이란
인데야	インデヤ	応帝亜	India (이) India (네)	인도
모고르	モゴル	莫臥尔 莫臥児	Mongolië (네)	무굴 제국
스이야므	スイヤム	暹羅	Siam (이)	시암 -현재의 태국
캄포사이 (중국어 발음)		柬埔寨		캄보디아

2) 무굴 제국

모고르 〈한어로 '莫臥尔(모오르)' 또는 '莫臥児(모오르)'라고 음역한다. 우리가 일반적

---

225 p.87 각주 145 참조.

226 시암의 경우 겐나 7년(1621) 「구릉에 초목이 무성하고 들이 비옥하여 좋은 말이 많이 난다고 들어 우리 국왕이 이를 매우 원한다(聞豊丘沃野、多産良馬、我国王深慕之)」라는 내용의 서간을 바친 사신에게 쇼군 히데타다(秀忠)가 안장을 얹은 좋은 말 3필을 하사했다고 하며, 캄보디아의 경우 게이초 13년(1608)에 「본국에는 말이 무척 많으나 크기가 작아 쓸모가 없다(本処馬頗多、因小不堪用)」라는 서간에 대하여 이에야스(家康)가 말 2필을 증정했다는 내용이 『외번통서(外蕃通書)』에 보인다.

으로 '모우르(モウル)'라 부르는 것이 바로 이 지역이다.⟩[227]

옛 인도 땅으로 영토가 넓고 인구는 많으며 재물이 풍부한 이 지역의 대국이다. 그러나 여러 나라들과 서로 국경을 맞대고 있어 전쟁도 끊이지 않는다.

벵가라(ベンガラ),[228] 사라아타(サラアタ),[229] 인도스탄토(インドスタント)[230] 등이 그 속국에 해당한다.

코스토 고르몬테-르(コスト ゴルモンテール)[231]란 그 항구의 명칭이다. 사방에서 외국 선박들이 모여들어 북적이는 지역이라고 한다.

⟨벵가라에 대해서는 이후 서술한다. 사라아타는 한어 음역이 아직 분명하지 않다. 어떤 사람이 「'錫蘭山'이 바로 이를 가리킨다」라고 하나 납득이 가지 않는다.[232] 인도스탄토는 한어로 '応土私当(이느톳스우타앙)', 혹은 '印度斯当(인도스우타앙)'이라고 음역한다. 코스토 고르몬테-르에서 '코스토'란 여기서 말하는 '해변'과 같다. 이하는 지명이라고 한다. 한어

---

227 무굴 제국. 16세기 전반에 성립하여 1857년 영국에 의하여 멸망하기까지 인도 지역을 통치한 이슬람 왕조.

228 벵골. 남아시아의 동북부 지방을 일컫는 호칭이다. 벵골만에서 히말라야산맥 동부에 걸친 일대. 현재는 방글라데시(동벵골)와 인도의 서벵골주로 나뉘어 있다.

229 수라트. 아라비아해 캄베이만에 면한 항구 도시. 16세기 무굴 제국의 도시였으며 17세기에 영국령 인도의 시발점이 된 곳이기도 하다.

230 힌두스탄. '인도의 땅'을 뜻하며 북인도평야 또는 갠지스평야라고도 한다. 동쪽의 벵골만으로부터 서쪽의 아라비아해에 달하는 일종의 함몰 지대로, 인더스·갠지스·브라마푸트라 3대 하천의 본·지류가 광대한 충적 평야를 형성하고 있다.

231 코로만델. 인도 남동부 벵골만에 면한 크리슈나강 하구로부터 마드라스를 지나 칼리메레곶에 이르는 해안. 전형적인 융기 해안 지형으로 데칸고원에서 벵골만으로 흐르는 각 하천 하구에는 비옥한 삼각주가 형성되어 있다. 9세기부터 13세기에 걸쳐 이 지역에서 촐라 왕조가 번영하였고, 코로만델이라는 명칭은 타밀어로 촐라 왕국을 뜻하는 촐라만달람(Cholamandalam)에서 유래한다. 로마 제국 및 동남아시아 여러 지방의 무역 중계지로서 번영하였다.

232 '錫蘭山'은 스리랑카의 한어 음역이다.

	원문 발음 표기	한자 음역 표기 한자 번역 표기	원어 표기	현대 한국어 표기
모고르	モゴル	莫臥尔 莫臥児	Mogol (이) Mogolrijk (네)	무굴 제국
벵가라	ベンガラ		Bengala (이) Bengalen (네)	벵골
사라아타	サラアタ		Surata (라)	수라트
인도스탄토	インドスタント	応土私当 印度斯当	Indostan (이)	힌두스탄
코스토 고르몬테-르	コスト ゴルモンテール		Costa del Coromandel (이) Kust van Coromandel (네)	코로만델 해안

▼

삼대 종교와 이슬람

생각해 보니 그가 설명하기를,

「천하에 종교라 부르는 교의가 세 가지 있습니다.

키리스테얀(キリステヤン),[233] 〈예이즈스의 가르침, 우리가 일반적으로 키리시탄(キリシタン)[234]이라 부르는 것이다.〉

---

233 christen (네) 크리스텐: 기독교인, 기독교도, 기독교 신자.

234 cristão (포) 크리스탕: 기독교인, 기독교도, 기독교 신자. 본래 기독교 신자 전반을 의미하나 일본에서는 센고쿠 시대(戦国時代) 이후 일본에 전래한 기독교, 즉 가톨릭 신자 및 선교사를

헤이덴(ヘイデン),[235] 〈혹은 이를 젠테이라(ゼンテイラ)[236]라고 부르기도 한다.〉

마아고메탄(マアゴメタン),[237] 이상입니다.

이 마아고메탄은 모고르의 종교로, 아후리카 지역의 토르카 역시 그 가르침을 신봉합니다.」

라고 말했다. 추측해 보니 이는 혹시 중국에서 말하는 위위교(回回敎)[238]라는 것이 아닐까 싶다. 〈어떤 이의 해설에 '위위(回々)'란 곧 모우르를 가리킨다고 한다. 납득이 가지 않는다. 「만국곤여도」를 참고하면 '莫臥児'와 '回々'는 위치가 서로 상당히 떨어져 있으며, 오란다 누판 지도에는 '回々'에 해당하는 것이 무엇인지 확실하지 않다.〉

지칭했다.

235 heiden (네) 헤이덴: 이교도, 비신앙인.

236 gentile (이) 젠틸레: 이방인, 이교도.

237 maomettano (이) 마오메타노: 회교도, 무슬림.

238 '위위(ウイウイ)'는 '回回'의 중국 발음. 중앙아시아 지역은 예로부터 유연, 돌궐, 위구르 등이 지배했고, 특히 9세기부터 위구르인들이 본격적으로 이주, 정착하였다. 당나라 시절 위구르는 회흘(回紇), 회골(回鶻) 등으로 불렸으며, 이것이 이슬람교가 회교(回敎) 또는 회회교(回回敎)라 불리게 된 유래이다.

▶ 그림 5

「곤여만국전도」에 나타난 '回回'(우측 상단)와 '莫臥尔'(우측 하단)

「곤여만국전도(坤輿万国全図)」 교토대학부속도서관(京都大学附属図書館) 소장 (부분)

3) 벵골

벵가라 〈오오란도 말로는 '벵가-라(ベンガーラ)'라고 한다. 한어로 '榜葛剌(바느카라)'

혹은 '旁曷臘(방카라)', '榜曷蘭(바느카란)'이라고도 음역한다.〉

과거의 동인도 땅이다. 이 지역은 각색의 직물과 약 종류를 생산한다고 한다. 〈최근 오오란도 사람들이 들여와서 판매하는 직물 중에 이 나라 이름에서 유래한 물건[239]이 있다. 해당 직물이 생산되는 지역이다.〉

	원문 발음 표기	한자 음역 표기 한자 번역 표기	원어 표기	현대 한국어 표기
벵가라 벵가-라	ベンガラ ベンガーラ	榜曷剌 旁曷臘 榜曷蘭	Bengala (이) Bengalen (네)	벵골

4) 인도

인데야 〈한어로 음역하여 '応帝亜(이느테이야아)'라고 한다.〉

서인도 땅이다. 〈추측하건대 예전에 말하던 인도는 오천(五天)[240]을 통틀어 지칭하는 것이며, 지금 말하는 인데야는 과거로 치면 서천축(西天竺) 지방을 가리킨다.〉

고아(ゴア)[241]는 그 서쪽 바다와 인접한 지역에 위치하며, 외국 선박이 빈번하게 드나드는 곳이다. 포르토가루 사람들은 이곳을 근거지로 삼아 해외 무역을 관장한다. 〈고아는 한어로 '臥亜(오야아)'라고 음역한다. 우리가 일반적으로 '고와(ゴワ)'라 부르는 곳이 바로 이 지역이다.〉

---

239 벵가라지마(ベンガラ縞). '벵골 명주'라는 의미로 날실이 견사, 씨실이 무명인 갈색 혹은 보라색이 감도는 명주. 벵골 지방에서 생산되어 에도 시대에 네덜란드인이 들여왔다.

240 오천축(五天竺). 고대 인도를 동·서·남·북·중의 다섯 지역으로 나누어 일컫는 말.

241 고아. 인도 남서부에 위치하며 인도양에 면하고 있다. 1510년 점령된 이후로 포르투갈의 식민지가 되어 동양 각국과의 무역 중계지 역할을 하는 한편 품질이 우수한 철과 망간의 산출지로 유명해졌다.

마르바르(マルバル),[242] 챠우르(チャウル),[243] 산토메이(サントメイ)[244]
는 모두 이 나라에 속하는 지명으로, 그 풍속이 모고르와 유사하다고
한다. 〈마르바르는 '마라바아르(マラバアル)'라고도 한다. 고아의 남쪽에 위치한다. 챠우
르, 산토메이 등의 지역에서는 각색의 직물이 생산된다. 최근 들어온 직물 중에 그 지명에
서 유래한 물건[245]이 있다. 이들 지역에서 최초로 들여왔기에 붙게 된 이름이다. 챠우르,
산토메이의 한어 음역은 아직 분명치 않다.〉

▼

포르투갈의 아시아 진출 거점

생각해 보는데, 포르토가루 사람들은 앞서 고아 땅에 근거지를 두고
이후 광둥의 항구 지역을 조차(租借)한 후 본국 사람들을 보내어 선박
출입을 관할했던 것이다. 우리나라 연호로 게이초, 겐나 연간에 '서역
국 총병순해무사(西域国総兵巡海務事)' 혹은 '서역국 부교 아마카와항

---

242 말라바르. 인도 남서부의 해안 지방. 향료 산지로 유명하며 예로부터 동서 무역의 중계지로
　　서 번영했다.
243 차울. 포르투갈령 인도의 도시. 뭄바이의 60km 남쪽에 위치한 항구.
244 상투메. 인도 남동부의 코로만델 지방. '상 투메(São Thomé)'는 '성 토마스(Saint Thomas)'
　　의 포르투갈식 표기로, 사도 토마스가 이곳에 포교를 위해 나타났다는 전설에서 유래한다.
245 차우지마(茶宇縞)와 산토메지마(桟留縞). 차우지마는 인도 차울 지방에서 생산되고 포르투
　　갈인이 들여왔다는 가볍고 얇은 견직물. 이후 교토(京都)에서 직조되었다. 산토메지마는 인
　　도 마드라스(현재의 첸나이)에서 수입된 줄무늬 무명. 에도 초기 네덜란드인들에 의하여 들
　　어왔다고 한다. 이후 일본에서도 직조되었으며 수입품의 경우 당 산토메(唐サントメ)로 구
　　별하여 칭했다.

지부사(西域国奉行天川港知府事)'라 칭하며 해마다 조공을 올리던 고와(五和), 아마카와(天川) 사람들이라 함은 바로 이들 지역에서 활동하던 포르토가루 사람들이었다.[246] 〈'五和(고와)'란 바로 고아를 가리킨다. '天川(아마카와)'는 '阿媽港(아마아카우)'라고도 하며, 번어로 '마카오(マカヲ)'라 부르는 곳이다. 광동의 해구에 위치한 지역이다.〉

	원문 발음 표기	한자 음역 표기 한자 번역 표기	원어 표기	현대 한국어 표기
인데야	インデヤ	応帝亜	India (이) India (네)	인도
고아	ゴア	臥亜 五和	Goa (포)	고아
마르바르 마라바아르	マルバル マラバアル		Malabar (포) Malabar (네)	말라바르
챠우르	チャウル		Chaul (포)	차울
산토메이	サントメイ		São Thomé (포)	상투메 -현재의 코로만델
마카오	マカヲ	天川 阿媽港	Macau (포)	마카오

5) 실론(스리랑카)

세이란 〈'세이론(セイロン)' 혹은 '사이론(サイロン)'이라고도 한다. 한어로 음역하여 '錫狼島(스잇랑타우)'나 '錫蘭国',[247] 혹은 '翠藍嶼(쓰이란요)', '齊狼(쓰치이랑)'이라고도 부르는 곳이 이 지역이다.〉

인데야 남쪽의 바다 가운데 위치한다. 바다 부근의 산기슭에 불족

---

246 pp.81-83 본문 내용 참조.

247 해당 음역에는 원문에 중국식 발음이 병기되어 있지 않다.

(仏足)의 자취[248]가 남아 있다. 일설에는 부처가 열반한 땅이 이곳이라 한다.

이곳의 풍속은 모고르와 비슷하고, 그 땅에서 진주, 보석, 육계(肉桂),[249] 빈랑(檳榔),[250] 야자 등이 산출된다고 한다.

▼

콜롬보와 곤륜노(崑崙奴)

생각해 보니, 이 나라의 남쪽에 코룸보(コルンボ)[251]라고 부르는 지역이 있다. 이곳 사람들은 피부가 검다. 혹시 중국에서 말하는 곤륜노(崑崙奴)[252]가 이들이 아닐까.

오오란도 사람이 말하기를,

「일반적으로 적도(赤道) 부근 지역의 사람들은 모두 쿠룸보(クロン

---

248 불족석(仏足石). 석가모니가 입멸하기 전에 남겼다고 하는 발바닥 모양을 새긴 돌 혹은 그 발의 모양. 석가가 평생 여러 곳을 여행하고 설법한 발자취를 남긴다는 의미에서 족문(足文)을 돌에 새긴 것으로, 숭배의 대상으로 삼았다.

249 5-6년 이상 자란 계수나무의 두꺼운 껍질을 한방에서 이르는 말. 건위제, 강장제로 사용한다.

250 빈랑나무의 열매. 맛이 맵고 쓰며 한방에서 식상(食傷), 적취(積聚), 수종(水腫) 따위에 사용한다.

251 콜롬보. 스리랑카 최대의 도시. 실론섬의 남서부 해안 켈라니강 하구에 위치하고 있다. 16세기 유럽의 동방 진출에 따라 1517년 포르투갈의 침입을 받았고, 그 거점으로 성새가 건설되었다. 이후 1656년 네덜란드에 점령되었고, 다시 1796년부터 독립할 때까지 약 150년 동안 영국의 지배를 받으며 군사적·경제적 거점으로 번영하였다. 독립 후 실론(1972년 스리랑카로 개칭)의 수도가 되었다.

252 중국에서 삼국 시대 이후 동남아시아 지역 출신의 피부색이 검은 노비를 일컫는 말.

ボ)인데 그 성질이 우둔합니다」라고 설명했다. 그 '쿠롬보'란 '코룸보'라는 발음이 변화한 것으로, 피부가 검은 사람을 가리킨다고 한다. 〈우리말로는 검은색을 'クロシ(쿠로시)'[253]라 한다. 그러나 최근 피부색이 검은 사람을 쿠롬보라 부르는 것은 본디 번어에서 유래한 것이다.〉

	원문 발음 표기	한자 음역 표기 한자 번역 표기	원어 표기	현대 한국어 표기
세이란 세이론 사이론	セイラン セイロン サイロン	錫狼島 錫蘭国 翠藍嶼 斉狼	Ceylon (이) Ceylon (네)	실론 -현재의 스리랑카
코룸보	コルンボ		Colombo (이) Colombo (네)	콜롬보

6) 시암

스이야므 〈'샤므(シャム)', 혹은 '샤므로-(シャムロー)'라고도 한다. 한어로 '暹羅(센로)'라 음역한다.〉

옛적, '센(暹)'과 '라코쿠(羅斛)'라는 두 나라가 있었다. 대원(大元)[254] 지정(至正) 연간[255]에 이 라코쿠 사람들이 센을 합병하여 한 나라가 되었다.[256] '스이야므', 혹은 '샤므'라 부르는 것은 이 '센(暹)'의 번음이다.

---

253 '검다'라는 의미의 일본어 형용사.

254 중국 원(元)에 대한 경칭.

255 1341-1370년. 중국 원의 제11대 황제인 혜종(惠宗) 순제(順帝)의 세 번째 연호이자 원의 마지막 연호.

256 12세기 당시 태국을 지배하던 크메르 제국의 분열을 틈타 태국 북부 지역의 토후국들이 반기를 들어 태국 최초의 왕조로 간주되는 수코타이 왕국을 세웠다. 이후 그 세력이 차차 쇠퇴하던 중 남쪽에서 성장한 아유타야 왕국의 압박으로 1438년 수코타이는 아유타야에 완전히 병

이 지역은 남방에 위치하여 기후가 무척이나 뜨겁다. 단 겨울철로 접어들면 밤은 다소 서늘하다. 사람들은 머리를 꼬아 묶어 올리고 벌거벗은 채 천 조각을 허리에 두르고 있다. 특산물은 약재와 가죽, 뿔 종류라고 한다.

▼

시암과 일본

돌이켜 보건대 우리나라 연호로 게이초 연간에 이 나라와 최초로 통교가 있었다. 겐나, 간에이 연간에 이 나라 왕이 빈번히 금으로 된 서신[257]을 바치며 예를 갖추어 방문했다. 지금 와서는 단지 그 상선(商船)만이 해마다 끊이지 않고 드나들 뿐이다.[258] 〈게이초 연간 초기에 그 나라로 떠난 우리나라 사람 가운데 국왕의 신하가 되었다는 자[259]도 있다. 그 사람은 다시 우리나라 싯세이(執政)[260]에게 서신을 바쳤다.[261] 그들의 자손이 지금도 그 나라에 있다고 한다.〉

▬

합된다. 중국 문헌에 보이는 '暹'은 수코타이, '羅斛'는 아유타야를 가리키며, '暹羅'는 이 둘을 아울러 부른 명칭이라 한다.

257 원문에는 '金葉の書'라 표기되어 있다. '긴요(金葉)'란 금을 종이처럼 얇게 두드려 편 것으로, 여기에 끌로 문자를 새겼다고 한다.

258 당시 시암과의 정식 국교는 단절된 상황이었으나 통상에 한해서는 중국 무역의 일부로 취급하여 계속되었다.

259 야마다 나가마사(山田長政, ?-1630). 스루가(駿河) 출신으로 통칭은 니자에몬(仁左衛門). 1612년, 해외 통상에 관한 쇼군의 허가증(朱印狀)을 소유한 무역선인 슈인센(朱印船)에 올라 나가사키에서 타이완(台湾)을 거쳐 시암으로 건너갔다. 이후 일본인 용병단에 가담하여 두각을 나타내었고, 아유타야 교외 일본인 거리의 두령이 되었다. 이후 시암 국왕의 신임을 얻어 고관으로 발탁되었으나 국왕 사후 독살되었다고 전한다.

	원문 발음 표기	한자 음역 표기 한자 번역 표기	원어 표기	현대 한국어 표기
스이야므 샤므 샤므로-	スイヤム シャム シャムロー	暹羅	Siam (이)	시암 -현재의 태국

※

기타 지역

센조(占城) 〈우리는 보통 '참파(チャンパ)'라 부른다. 번명(番名)은 아직 확실치 않다.〉[262]

캄포차이(柬埔寨) 〈'甘亭智(카안벳치)', '澉浦只(간호쓰이)', '漢甫寨(하아느포차이)'가 모두 이 나라를 가리킨다. 우리는 보통 '카보챠(カボチャ)'라고 부른다. 번명은 미상이다.〉[263]

이 두 나라는 모두 스이야므 동쪽에 위치한다.

---

260 에도 시대, 막부(幕府)의 정무 일반을 처리하는 쇼군 직속의 고관인 로주(老中). 혹은 각 번(藩)의 사무를 총괄하는 중신인 가로(家老)를 가리킨다.

261 겐나 7년(1621) 7월, 시암 국왕의 사절은 로주 도이 도시카쓰(土井利勝, 1573-1644) 앞으로 보내는 야마다 나가마사의 서찰을 지참하고 일본에 도착했다.

262 참파. 192년부터 1832년까지 1600여 년 동안 현재의 베트남 중남부 지역에 존재했던 왕국. 초기 중국 문헌에는 '林邑'이라는 이름으로 나타나며, 이후 실제 발음을 음차한 '占婆' 또는 '占城'으로 바뀌었다.

263 크메르 제국. 앙코르 왕조 전체를 포함하며 9세기로부터 15세기에 이르기까지 동남아시아에 존재한 왕국으로, 캄보디아의 전신이 된 나라이다. 그 세력이 강성할 당시 현재의 태국 동북부, 라오스 및 베트남의 일부에 이르는 영토를 점유했다. 현재의 국명은 크메르 제국을 일컫던 '캄부자'에서 파생된 '캉보주(Cambodge)'라는 프랑스식 명칭에서 기원한다.

타니이(大泥) ⟨우리는 보통 '타니(タニ)'라 부른다. 번명은 미상이다.⟩[264]

스이야므의 남쪽에 위치한다.

이 나라들은 우리 연호로 게이초 연간 초기에 모두 우리나라와 통교했다. 단, 센조의 경우 그 왕이 예를 갖추어 사절을 보냈다는 기록이 보이지 않는다. 캄포차이는 간에이 초기에 이르기까지 해마다 사절을 보냈다. 지금은 오로지 그 무역선이 드나들 뿐이다. ⟨이들 나라는 서인(西人)이 아직 경험한 바 없는 땅이기에 그의 설명을 듣지 않았다. 그러나 과거 우리나라와 통교가 있었던 지역이므로 여기에 추가로 기록한다.⟩

	원문 발음 표기	한자 음역 표기 / 한자 번역 표기	원어 표기	현대 한국어 표기
챰파	チャンパ	占城	Champa (이) / Champa (네)	참파
캄포차이 / 카안벳치 / 간호쓰이 / 하아느포차이 (중국어 발음)	カンポザイ / カアンベッチ / ガンホツイ / ハアヌポザイ	柬埔寨 / 甘孛智 / 澉浦只 / 漢甫寨		캄보디아 -크메르 제국
타니이 (중국어 발음)	タニイ	大泥	Pattani (이) / Pattani (네)	파타니 왕국

7) 믈라카

마로카 ⟨'마라카(マラカ)', 혹은 '마테야(マテヤ)'[265]라고 한다. 한어로 '滿剌加(마느라

---

264 파타니 왕국. 14세기부터 19세기에 걸쳐 말레이반도에 존재한 말레이인 왕조. 말레이계 왕조 중에서도 일찍이 이슬람화하여 말레이반도의 말레이계 왕조 중에서는 가장 오랜 역사를 가지고 있다. 그 강역은 현재 태국의 빠따니주를 중심으로 한다.

캬)' 혹은 '痲剌加(마아라캬)'라고도 음역하며, 스이야므에 예속되어 아직 나라라 칭하지 못

한다고 한다.〉

　스이야므의 남서쪽, 바다에 면한 땅에 위치한다. 이 지역은 원래 포

르토가루 사람들이 근거지로 삼은 곳이었으나 지금은 오오란도 사람

들이 관할한다고 한다.

▼

믈라카를 둘러싼 분쟁

　돌이켜 생각하건대 우리 연호로 게이초 17년(1612) 2월, 오오란도

사람이 바친 서신에 당시 카스테이리아(カステイリア) 사람과 마로카

(マロカ) 사람이 싸웠다는 내용이 기록되어 있었다. 그렇다면 이 지역

은 본디 카스테이리아 사람이 근거지로 삼았던 곳인데 오오란도 사람

이 이들을 무력으로 추방하여 자신들의 관할로 삼은 것으로 추측된다.

카스테이리아는 곧 카스테이라(カステイラ), 포르토가루의 동맹국이다.

	원문 발음 표기	한자 음역 표기 한자 번역 표기	원어 표기	현대 한국어 표기
마로카 마라카	マロカ マラカ	満剌加 痲剌加	Malaca (포) Malakka (네)	믈라카
카스테이리아 카스테이라	カステイリア カステイラ		Castela (포) Castilla (스)	카스티야

━━

265　p.81 본문 내용 및 각주 125 참조.

8) 수마트라

스마아타라 〈'소몬타라(ソモンタラ)'라고도 한다. 한어로 '須門那(시이유몬나)', '須文達那(시이유몬타나)', '蘇木都剌(스모톳라)', '蘇門塔剌(스몬타라)', '蘇門荅剌(스몬타라)', '沙馬大剌(사아마아타라)' 등으로 음역한다.〉

아지아 지역 남쪽 해상에 위치한다. 그 북동쪽으로 좁은 바다[266]를 사이에 두고 마로카 땅이 있다.

이 나라는 적도 바로 아래 위치한다. 춘분과 추분에는 그림자가 사라진다.[267] 춘분에서 추분에 걸쳐 그림자는 남쪽으로 드리우고, 추분에서 춘분에 걸쳐 그림자는 북쪽으로 드리운다.

기후가 극히 뜨겁지만 여름과 겨울에는 더위가 그리 심하지 않다. 사람들은 모두 나체로 지내며 피부가 검고, 풍속 또한 스이야므와 유사하다. 이 땅에서는 황금이 산출되며, 오오란도 사람들이 이를 채굴한다고 한다.

	원문 발음 표기	한자 음역 표기 한자 번역 표기	원어 표기	현대 한국어 표기
스마아타라 소몬타라	スマアタラ ソモンタラ	須門那 須文達那 蘇木都剌 蘇門塔剌 蘇門荅剌 沙馬大剌	Sumatra (이) Sumatra (네)	수마트라

---

266 믈라카 해협. 동남아시아 말레이반도 남부 서해안과 수마트라섬의 동해안 사이에 위치한 해협. 태평양과 인도양을 연결하는 동서 교역의 최단 항로이다.

267 태양이 수직으로 떠서 그림자가 사라지는 현상. 적도에서는 이러한 현상이 춘분과 추분 두 차례에 걸쳐 일어난다.

9) 자카르타

쟈가타라 〈한어로 '咬喇吧(캬우라파)', '交留吧(캬우리우파)', '咬嚼吧(캬우리우파)' 등으로 표기[268]하는 것이 바로 이 지역이다.〉

스마아타라 남동쪽 해상에 위치한다. 이 나라 전체를 쟈와(ジャワ)[269]라 한다. 〈한어로 음역하여 과거에는 '闍婆(체보오)'라 했고, 지금은 '瓜哇(챠우와아)'라고 한다.〉

쟈가타라는 오오란도 사람이 근거지로 삼은 곳의 지명으로, 그들이 정무를 보는 관청은 바타아비야(バタアビヤ)[270]에 있다. 〈한어 음역은 미상이다. 『도서편』[271]에는 '婆達(보오타)'라는 표기가 보인다. 혹시 이 지역을 가리키는 것인가.〉

여기에서 남쪽으로 14, 5일을 가면 쟈와에 도착한다. 이곳은 이 나라의 군주가 도성으로 삼은 곳이다. 그 군주를 '스스-나므(ススーナム)'[272]라 칭한다.

이들의 풍속이라면 머리카락을 올려 얹고, 엷은 천에 풀을 빳빳이 먹여 정수리를 감싼다. 소매가 좁은 옷에 짧은 바지를 입는다. 이 지역

---

268 자카르타의 항구 및 주변 지역의 명칭인 '순다 클라파(Sunda Kelapa)'의 음역.

269 자바섬. 서쪽의 수마트라섬과 동쪽의 발리섬 사이에 위치한다. 현재 인도네시아의 수도 자카르타가 이 섬의 서부에 있다.

270 바타비아. 17세기 이후 네딜란드의 동인도 회사가 기지로 사용하면서 아시아 무역망의 중심지로 발전하기 시작했다. 네딜란드가 1619년 이 지역을 접수하고 네딜란드령 바타비아로 개칭함에 따라 300여 년에 걸친 네딜란드령 동인도 시대가 시작되었다.

271 p.75 각주 110 참조.

272 수수후난(Susuhunan). 마타람(1755년 멸망하기까지 자바섬의 중·동부 지방을 지배한 이슬람 왕국) 군주와 이를 계승한 수라카르타 왕국의 통치자를 일컫는 명칭. 수난(Sunan)이라고도 한다.

은 온난하고 곡물을 한 해에 두 차례 수확할 수 있으며 산물이 넉넉하고 여유가 있다. 따라서 이곳 사람들은 기근을 모르고, 성품 또한 지극히 나태하다.

쟈가타라는 원래 포르토가루 사람을 위한 근거지였다. 90여 년 전 오오란도 사람들이 이들과 싸워 결국 그 지역을 탈취했다. 〈우리 연호로 겐나 9년(1623), 계해년(癸亥年)의 일이다.〉 현재 오오란도가 통치하는 곳에 한인(漢人)이 와서 거주[273]하는데 3, 4만 명에 이른다고 한다.

▼

자카르타와 일본

생각해 보건대 게이초 무렵 오오란도 사람들이 반탄(バンタン)[274]에 왕래했다는 말을 들었다. 반탄은 이 쟈와의 지명으로, 한어로 '板淡(반다느)'라 음역하는 곳이다. 더불어 매년 우리나라를 찾아오는 쟈가타라 사람이라는 자들은 이 나라 사람들이 아니다. 이곳에 거주하는 한인(漢人)들이다.

---

273 중국인 화교를 가리킨다. 유럽인 외에도 중국인을 비롯한 다양한 종족과 문화가 동인도 회사의 선박을 통하여 바타비아로 유입되었다. 여러 집단 중 17세기 말 최대 다수를 차지한 것은 중국인들로, 이들은 중국과의 무역에서 중요한 역할을 담당했을 뿐 아니라 현지 경제와의 관계에서 중간자 역할을 했다.

274 반탐. 자바섬 북서부의 해안 도시. 반탐만 깊숙이 위치하며, 순다 해협을 사이에 두고 수마트라섬과 접하는 지리적 위치 때문에 일찍부터 발전하였다. 16세기 후반에는 술탄 왕국의 기지로 번영했으며, 특히 향신료 무역이 성하여 동남아시아 각지에서 모여든 이주자로 붐볐다. 포르투갈과 네덜란드의 진출 시 앞서 내항한 지역이기도 하나, 네덜란드가 동쪽의 바타비아에 기지를 건설한 후 쇠퇴하였다.

	원문 발음 표기	한자 음역 표기 한자 번역 표기	원어 표기	현대 한국어 표기
쟈가타라	ジャガタラ	咬喇巴 交留吧 咬嚠吧	Jacatra (네)	자카르타
쟈와	ジャワ	闍婆 瓜哇	Java (포)	자바
바타아비야	バタアビヤ		Batavia (네)	바타비아
반탄	バンタン	板淡	Bantam (네)	반탐

10) 보르네오

보르네오 〈'보르네요(ボルネヨ)' 혹은 '보르-네르(ボルーネル)'라 한다. 한어로 '渤泥 (보엣니이)' 또는 '波耳匿何(보우르닛호오)'라 음역한다.〉

스마아타라의 동쪽, 쟈와의 북동부 해상에 위치한 섬이다.

풍속은 스마아타라와 같다. 이 지역에서는 수정, 용뇌(龍腦)[275] 등이 산출된다고 한다.

	원문 발음 표기	한자 음역 표기 한자 번역 표기	원어 표기	현대 한국어 표기
보르네오 보르네요 보르-네르	ボルネヲ ボルネヨ ボルーネル	渤泥 波耳匿何	Borneo (네) Borneo (이)	보르네오

11) 마카사르

마가차아르[276] 〈한어 음역은 미상이다. 이는 세레베스(セレベス)[277] 남쪽 지역의 명

---

275 용뇌향과(龍腦香科)에 속하는 상록교목인 용뇌향수(龍腦香樹)의 수지(樹脂) 혹은 수간(樹幹)과 가지를 썰어 수증기로 증류하여 얻은 백색의 결정체. 약재로 사용된다.

276 마카사르. 셀레베스섬 남부, 말루쿠 제도, 소순다 열도 등의 넓은 지역을 배후지로 수출 및

칭이다. 세레베스는 한어로 음역하여 '食力百私(싯릿페스우)'라 한다.〉

보르네오 남동쪽 해상에 위치한다.

풍속은 스마아타라와 같다. 황금, 단목(檀木)[278] 등이 산출된다고 한다.

	원문 발음 표기	한자 음역 표기 한자 번역 표기	원어 표기	현대 한국어 표기
마가차아르	マガサアル		Makasar (네)	마카사르
세레베스	セレベス	食力百私	Celebes (네)	셀레베스

※

기타 지역

마카사아르(マカサアル) 북동쪽 해상에 멘다나오(メンダナヲ)[279]라는 섬이 있다. 〈멘다나오는 한어로 '茗荅開(미느타나우)' 혹은 '明大口(민타구)'라 음역 한다.〉

이외에도 수많은 섬이 있다. 이에 관련된 내용은 모두 서인(西人)이 설명한 것이 아니라 그 진위 여부가 확실하지 않으므로 여기에는 기록

중계무역이 번성하였다. 1512년 포르투갈인의 진출 당시 술탄 치하에서 큰 선단을 이루어 향료 무역으로 성황을 이루었다. 17세기 초 네덜란드인이 정착하여 무역항으로 발전시켰다.

277 셀레베스(술라웨시). 서쪽은 보르네오섬, 북쪽은 필리핀, 동쪽은 말루쿠 제도, 남쪽은 플로 레스섬과 티모르섬으로 둘러싸여 있는 섬. 대부분이 산지로 이루어져 있으며 가장 큰 도시는 남부의 마카사르와 북부의 마나도이다.

278 박달나무. 활 제작 등에 사용되는 자작나뭇과의 낙엽 활엽 교목.

279 민다나오. 필리핀 제도 남단의 섬. 필리핀에서 루손섬에 이어 두 번째로 큰 섬이다. 동쪽은 필리핀해구, 서쪽은 술루해, 남쪽은 셀레베스해, 북쪽은 민다나오해로 둘러싸여 있으며, 해 안선의 굴곡이 심하다.

하지 않는다.

	원문 발음 표기	한자 음역 표기 한자 번역 표기	원어 표기	현대 한국어 표기
마카사아르	マカサアル		Makasar (네)	마카사르
멘다나오	メンダナヲ	茗荅閙 明大口	Mindanao (이)	민다나오

12) 루손

록손[280] 〈'로손(ロソン)'이라고도 한다. 한어로 '呂宋(리이유소므)'라 음역한다. 우리는 일반적으로 '루슨(ルスン)'이라 부른다. 또한 오오란도 사람은 '루코-니야(ルコ―ニヤ)'라고도 한다.〉[281]

치이나의 캉탕(カンタン) 남쪽 해상에 위치한다. 〈'치이나'는 지나(支那)를 말한다. '캉탕'은 '캉통(広東)'이다.〉

이 나라의 남쪽 지역을 '마테야(マテヤ)'[282]라 하고, 또는 '마네라(マネラ)'라고도 한다. 〈우리는 일반적으로 '마네라'를 '만예이라(マンヱイラ)'라고 부른다. 한어로 '瑪泥児訝(마아니이르야)'라고 음역한다.〉

과거에는 군주가 있었으나 근세 이래 이스파니야 사람들이 이를 병

---

280 루손. 필리핀 제도 북부에 위치한 필리핀에서 가장 큰 섬. 중국 및 동남아, 인도, 아랍과의 중계무역으로 번영하였다. 스페인 정복을 전후하여 일본 상인들도 루손과 활발히 교역하며 막대한 부를 축적했다.

281 시도티의 심문 내용을 기술한 『요한 밧티스타 모노가타리(ヨハンバッティスタ物語)』에 의하면 「록손(ロクソン)'은 라텐 말이다. '로손(ロソン)'이라고도 한다. 이타리야 말이며, 지나에서는 '呂宋'이라 표기한다. 우리나라에서는 '루슨(ルスン)'이라 한다」라는 기술이 보인다. 그러나 본문에서 네덜란드어 설명한 '루코-니야(ルコ―ニヤ)'는 라틴어 'Luconia'로 추측되며, '록손'과 '로손'은 이탈리아어 및 네덜란드어 발음과 유사하다.

282 포르투갈 항목과 믈라카 항목에서는 믈라카의 이칭으로 설명하고 있다. p.81, pp.134-135 본문 내용 참조.

탄하여 자국인으로 하여금 나라를 통치하게 했다.[283]

그 남서쪽 땅에 은이 산출되는 광산이 있어 이스파니야 사람이 이를 채굴하게 했다. 치이나 사람 12만 명 정도가 와서 이를 채굴한다. 또한 야아판니야(ヤアパンニヤ) 남동쪽 해상에 금은이 산출되는 섬이 있다. 〈'야아판니야'는 일본을 가리킨다. 남동쪽 해상에 위치한 섬의 이름은 아직 확실치 않다.〉

그리고 이 나라에 거주하는 야아판지스(ヤアパンジス)[284]의 자손들이 이미 3천이 넘어, 이들이 모여 살면서 취락을 이루고 있다. 〈'야아판지스'는 일본인을 말한다.〉 그들은 본국의 풍습을 버리지 않는다. 무사는 칼두 자루를 허리에 차고, 출타할 때에는 창을 지니게 한다. 다른 자들도 모두 칼 한 자루씩을 차고 있다. 이스파니야 사람은 이들을 법으로 규제하고 있어 함부로 나라 안을 돌아다니도록 허락하지 않는다.

4년 전 풍랑에 떠밀려 이곳에 표착한 12명의 야아판지스가 있어, 이스파니야 사람이 이들을 일본인 취락에 거주하게 했다.

이 나라 북쪽에는 후루모-자(フルモーザ)[285]가 위치하고 있다. 〈타카사고(タカサゴ)[286]를 가리킨다. 즉 지금의 타이완(台湾)이다.〉 본래 오오란도 사람들의 근거지였으나 지금은 치이나에 속한다고 한다.[287]

---

283 1521년 페르디난드 마젤란이 이끄는 함대가 필리핀에 도착한 후 스페인은 세부를 거점으로 필리핀 도독령을 설립했다. 이후 300년 동안의 스페인 식민 지배가 이루어졌으며, 그동안 필리핀은 종교적으로 가톨릭화되는 등 많은 변화를 겪었다.

284 Japonensis (라) 야포넨시스: 일본인, 일본 사람.

285 포르모사. 타이완(台湾)의 별칭. 타이완을 발견한 포르투갈 선원이 '아름다운 섬(Ilha Formosa)'이라는 의미로 명명했으며, 아직도 일부 서구권에서 사용되고 있다.

286 타카사고국(高砂国). 16세기에서 19세기 무렵에 걸쳐 일본에서 사용된 타이완의 별칭.

287 네덜란드의 타이완 통치는 1662년 정성공(鄭成功, 1624-1662)에 의하여 축출될 때까지 38년 동안 계속되었다. '반청복명(反清復明)'의 구호를 내걸고 청나라에 저항한 정성공은 9개월

	원문 발음 표기	한자 음역 표기 한자 번역 표기	원어 표기	현대 한국어 표기
록손 로손 루코-니야	ロクソン ロソン ルコーニヤ	呂宋	Luzon (이) Luzon (네) Luconia (라)	루손
캉탕	カンタン	広東	Cantão (포)	광둥
마네라	マネラ	瑪泥児誂	Manila (이) Manilla (네)	마닐라
야아판니야	ヤアパンニヤ	日本	Japonia (라)	일본
후루모-자	フルモーザ	台湾	Formosa (포) Formosa (네)	포르모사 -현재의 대만

▼

루손과 일본

돌이켜 보건대 게이초 연간에 빈번히 우리나라에 예를 올리던 루슨국(呂宋国) 사절이란 모두 이 나라를 총괄하는 이스파니야 사람의 사신이었던 것이다.

13) 오스트레일리아

노-와 오오란데야[288]

남쪽 해상에 위치한다. 그 땅이 지극히 광활하다.

간의 전투 끝에 네덜란드가 지배하고 있던 타이완으로 밀려났다. 새로운 근거지를 마련하기 위하여 1661년 타이완섬을 점령하고 있던 네덜란드인을 공격한 정성공은 이듬해 2월 1일 네덜란드 세력의 항복을 받아내고 타이완섬 철수와 섬의 모든 권리 이양을 약속받았다.

288 지금과 같이 오세아니아주로 분류하지 않고 아시아주로 간주하여 서술하고 있다. 현재의 오스트레일리아(호주)를 가리키는 명칭. p.44 본문 내용 및 각주 41 참조.

지금은 오오란도 사람들이 병탄하여 소유하고 있다. 이로 인하여 '노-와 오오란데야(ノーワ ヲ、ランデヤ)'라고 명명되었다고 한다.

	원문 발음 표기	한자 음역 표기 한자 번역 표기	원어 표기	현대 한국어 표기
노-와 오오란데야	ノーワ ヲ、ランデヤ		Nova Hollandia (라)	오스트레일리아

▼

오스트레일리아 대륙 발견

이 지역에 대하여 오오란도 사람에게 묻자,

「이 지역은 쟈가타라에서 남쪽으로 400리 정도 떨어져 있습니다. <u>〈우리나라의 거리 단위로 환산한 것이다.〉</u> 최초로 이곳을 발견한 것이 우리 본국 사람들입니다. 그 토지가 무척이나 넓고, 살고 있는 사람들은 금수와도 같아 언어가 통하지 않습니다.

매우 뜨거운 기후 때문에 이곳에 도착한 사람들은 병으로 사망했고, 고작 몇 명만이 살아남아 귀환할 수 있었습니다. '노-와 오오란데야'라고 명명한 것은 그 땅을 합병했다는 의미가 아닙니다. 본국 사람들이 최초로 발견[289]한 땅이기 때문입니다」라고 대답했다. <u>〈이에 관련된 상세한 내용은 이미 오란다에 관련된 저술[290]이 있으므로 생략한다.〉</u>

---

289 블라우의 「신지구전도」에는 'HOLLANDIA NOVA'에 'detecta 1644(1644년 발견)'라는 설명이 달려 있다.

290 하쿠세키 만년의 네덜란드 관련 저술로 『화란기사(和蘭紀事)』, 『오란다고(阿蘭陀考)』가 있

▶ 그림 6

'HOLLANDIA NOVA detecta 1644'라고 기록된 지도

요안 블라우(Joan Blaeu)의 지도를 근거로 멜쉬제데크 테브노(Melchisédech Thévenot) 제작

▼

지도에 나타난 동북아시아 지역

생각해 보건대 그가 말하는 '치이나'란 지나(支那)를 가리키며, '타르타-리야'란 달단(韃靼)을 의미한다. '야아판니야'란 일본을 말한다. 이들 지역은 그가 경험한 장소가 아니므로 그 설명을 기술할 필요는 없

으나 현재 전해지지 않는다.

을 것이다.

「만국곤여도」에 의하면 달단 동쪽으로 바다에 이르기까지의 지역을 나타내고 있는데, 구국(狗国),[291] 실위(失韋),[292] 예소(野作) 등의 나라가 그 지역에 위치하는 것으로 보인다.

오란다 누판 지도를 참고하고 오란다 사람의 설명을 듣기로는,

「예소의 북쪽 지역이 타르타-리야와 인접하고 있는가에 대한 사실 여부는 아직 분명하지 않습니다. 〈예소는 한어로 음역하여 '野作(예소)'라 한다. 우리나라에서 말하는 '예조(蝦夷)'[293]를 가리킨다.〉

본국[294]에서 제작한 지도에는 예소 동남쪽 해구의 땅만 그려져 있

---

291 중국 송(宋)의 구양수(欧陽修, 1007-1072) 등이 저술한 사서 『신오대사(新五代史)』에는 실위(室韋)와 구국(狗国)에 대하여 다음과 같은 설명이 보인다. 「그 나라는 삼면(三面)이 모두 '실위(室韋)'로, 첫 번째는 이르기를 '실위(室韋)', 두 번째는 이르기를 '황두실위(黃頭室韋)', 세 번째는 이르기를 '수실위(獸室韋)'라 한다. 그 땅에는 구리, 철, 금, 은이 많은데, 그 나라 사람들은 재주가 뛰어나 구리와 철로 만드는 여러 기구들이 정교하며, 직조에 능하다. 땅은 무척 추워, 말 오줌이 땅에 닿으면 얼음이 되어 쌓인다. 또한 북쪽에는 '구국(狗国)'이 있어, 사람의 몸에 개의 머리를 가지고 있으며, 털이 길고 옷을 입지 않는다. 손으로 맹수를 잡는데, 그 언어는 개가 짖는 것이고, 그들의 아내는 모두 사람인데 한어(漢語)에 능하며, 아들을 낳으면 개, 딸을 낳으면 사람이 된다. 서로 혼인하면 굴에서 거주하고, 날것을 먹으나 아내와 딸은 사람처럼 먹는다.」

292 6세기 중엽부터 당나라 때까지 중국 둥베이(東北) 지방을 지배한 소수민족으로 몽골계와 퉁구스계의 혼혈이다. 몽고족의 조상으로 여겨지며 언어와 문화는 선비(鮮卑), 거란(契丹)과 가깝다. 수대(隋代)에는 남실위(南室韋), 북실위(北室韋), 발실위(鉢室韋), 심말달실위(深末怛室韋), 대실위(大室韋)로 분리되어 있었으며, 정관(貞観) 연간에 당과 조공 관계를 수립했다.

293 예조(蝦夷). 에미시 혹은 에비스라고도 한다. 야마토 조정(大和朝廷)을 계승한 일본의 역대 중앙 정권의 시각에서 일본 열도의 동쪽, 즉 현재의 간토(関東) 지방과 도호쿠(東北) 지방 및 홋카이도(北海道) 지역을 일컫는 호칭이다. 단, 중앙 정권의 세력권이 확대됨에 따라 이 단어가 지시하는 지리적 범위는 시대에 따라 변화했으며, 근세 이후로는 홋카이도, 사할린, 지시마 열도(千島列島), 캄차카반도 남부를 아우르는 지역의 선주민족, 즉 아이누어를 모어로 하는 아이누족을 지칭한다는 의견이 주류이다.

고, 이 해안에 도착했을 때 이곳에서 말하는 송어 비슷한 생선을 많이 먹었다는 내용이 기록되어 있습니다」라고 말했다. 〈'이곳'이란 우리나라(일본)를 가리킨다. 송어 비슷한 생선이란 우리가 말하는 연어를 의미할 것이다.〉

▼

유럽에서 아시아에 이르는 항로

다시 오오란도 사람이 이야기하기를 오오란도 땅에서 이곳까지 오려면, 그 북쪽 바다에서 출발하여 서항한 후, 아후리카 서쪽을 거쳐 카아프(희망봉) 지역에 이르러 동쪽으로 방향을 돌린다. 아지아 남쪽 바다를 지나 쟈가타라에 도착한 후, 이곳에서 다시 북상하여 스마아타라, 보르네오 등의 여러 섬들을 거쳐 북동쪽 방향으로 전진하면 우리나라에 도착한다고 한다.

그 항해의 거리를 계산하면 무려 1만 2천 9백 리에 이른다고 한다. 〈이 또한 우리나라의 거리 단위로 환산한 것이다.〉

「만일 오오란도 지역의 북쪽으로 출발한 후 동쪽으로 방향을 돌려, 북해를 거쳐 동쪽으로 향한 후 〈북해는 '타르타-리야 마-리야'라 부르며 '달단해'를 지칭한다고 한다.〉 남하하여 이곳에 도착한다면 그 거리는 고작 3, 4천 리에 불과할 터. 무슨 어려움이 있어 이 항로를 택하지 않는 것인가?」라고 질문하자, 그 사람이 다음과 같이 대답했다.

---

294 네덜란드를 가리킨다.

「실로 그렇사옵니다. 지금으로부터 3년 전, 앙게르아 사람으로 '웨-루므 담페이르(ウェールム ダンペイル)'[295]라는 자가 있어, 「자신이 북해를 지나 동양에 도착했다」고 주장했습니다.

우리 측 사람들이 그 일에 대하여 비난하기를, 「북쪽 지역은 햇빛이 도달하지 않아 바다는 항상 캄캄하며 파도가 무척이나 거세니 그 말을 믿을 수 없다」고 반박했습니다.

그 사람은 이에 분노하여 「글을 써서 세상에 알리겠다, 혹시 그 저술이 완성되어 나의 주장을 신뢰하게 된다면 이는 더할 나위 없는 당신들의 행운이다」라고 말했습니다.」 〈이는 쇼토쿠(正德) 2년(1712) 즉 임진년(壬辰年)의 일이다.〉

이후 다시 이 일에 대하여 묻자, 「그 사람은 작년에 사망했고 글도 결국 미완으로 끝났습니다」라고 답변했다. 〈이는 쇼토쿠(正德) 4년(1714) 즉 갑오년(甲午年)의 일이다.〉

이와 같은 설명에 근거할 때, 「만국곤여도」에 기술된 내용을 무조건 신뢰할 수는 없을 것이다.

---

295 윌리엄 댐피어(William Dampier, 1651-1715). 영국의 해적, 항해사이자 작가, 탐험가. 서머싯 출신. 오스트레일리아 대륙과 뉴기니섬을 탐험한 최초의 영국인이다. 그 탐험 보고는 훗날 영국의 오스트레일리아 식민 사업의 단서가 되었다. 세계 일주를 두 차례 달성한 최초의 인물이며, 세 번째 항해도 성공했다. 『새로운 세계 일주 항해(New Voyage Round the World)』등의 저술을 남겼다.

09

북아메리카 각국에 대하여

노오르토 아메리카 각국

1) 멕시코

노-와 이스파니야 〈한어로 '新伊西把你亜(시스인이시스이파니야아)'라고 음역한
다. 우리가 일반적으로 '노오바 이스파니야(ノヲバ イスパニヤ)' 또는 '노비스반야(ノビス
バンヤ)'라 부르는 것이 이 나라이다.〉[296]

　노오르토 아메리카의 남쪽 지역에 위치한다. 이곳을 지나 남하하면
바로 소이데 아메리카 지역으로 이어진다.

　이스파니야 사람이 병탄하여 새로운 나라를 건설한 곳이다.[297] 그

---

296 pp.86-87 본문 내용 및 각주 144 참조. 에도 초기에는 특히 스페인령 멕시코를 가리켜 '노비
　　스판(濃毘数般)', '신 이스파니야(新意斯巴尼亜)' 등으로 불렸으며, 도쿠가와 이에야스(德川
　　家康), 다테 마사무네(伊達政宗)가 교역을 시도했으나 실패로 끝났다.

297 1519년 멕시코에 상륙한 에르난 코르테스(Hernán Cortés)가 황제를 처형하고 1521년 마침
　　내 아즈텍 제국을 멸망시킨 후, 스페인은 이 땅에 '누에바 에스파냐(새로운 스페인) 부왕령
　　(Virreinato de Nueva España)'을 창설했다. 이후 약 300년간 스페인의 식민지 시대가 이어
　　지면서 스페인어와 기독교가 전파되고 인디오와 스페인인 사이에 혼혈이 진행되었으며, 스

항구가 아카푸-르코(アカプールコ)[298]라는 곳으로 외국 선박이 빈번하게 드나들고 인민이 풍요롭게 지내는 땅이라고 한다.

	원문 발음 표기	한자 음역 표기 한자 번역 표기	원어 표기	현대 한국어 표기
노-와 이스파니야	ノーワ イスパニヤ	新伊西把你亜	Nova Hispania (라) Nueva España (스)	누에바 에스파냐 -현재의 멕시코
아카푸-르코	アカプールコ		Acapulco (스)	아카풀코

▼

멕시코와 일본

기억해 보면 우리 연호로 게이초 15년(1610), 이 나라 선박이 역풍을 만나 표류하다가 우리나라로 들어왔는데, 그 배를 수리하고 정비시킨 후 돌려보냈다.[299] 게이초 17년(1612) 여름, 그 나라에서 정식으로 사절을 파견하여 그 은혜에 사례했다.[300] 이해에 우리나라 상선도 그 나라

페인 기원의 봉건적 대토지 소유 제도가 생겨났다.

298 아카풀코. 1531년 스페인 사람들이 최초로 내항한 것을 계기로 1550년 항구가 개설되었다. 남아메리카의 스페인 식민지 및 필리핀으로 향하는 항해의 기점이었으며, 은을 수출하고 비단과 향료를 수입하였다.

299 루손 총독 로드리고 데 비베로(Rodrigo de Vivero y Aberrucia)는 1609년 마닐라에서 아카풀코로 항해하던 도중 폭풍을 만나 일본에 표착했고, 막부는 서양의 선박 제조술 전수 및 일본 상인 다나카 쇼스케(田中勝介)를 동행시키는 조건을 내세워 이듬해 이들 일행을 귀환시켰다. 본문에는 비베로 일행의 상륙을 게이초 15년(1610)의 사건으로 서술하고 있으나, 이는 게이초 14년의 오류이다.

300 누에바 에스파냐 부왕(副王) 루이스 데 벨라스코(Luis de Velasco)가 파견한 답례 사절 세바스티안 비스카이노(Sebastián Vizcaíno)는 스페인 국왕 펠리페 3세의 친서를 가지고 1611년

로 향했으나,[301] 지금은 교류가 단절되었다.

2) 캐나다 및 아메리카 대륙의 유럽 식민지

노-와 후랑스야 〈한어로 음역하여 '新仏郎察'이라고 한다.〉[302]

노오르토 아메리카의 북동쪽 지역에 위치한다. 그 땅이 매우 광활하다. 이 또한 후랑스야 사람들이 병탄하여 새로운 나라를 건설한 곳이라 한다.

▼

아메리카 대륙의 유럽 식민지

생각해 보건대, 이들 지역은 극히 넓고 사람들은 돌과 나무 속에서 새, 짐승과 더불어 산다고 한다.

예우로파 각국에서 이 지역을 합병하여 새로이 세운 나라가 많다. 노-와 이스파니야, 노-와 후랑사(ノーワ フランサ)[303] 외에도,

---

3월 22일 아카풀코를 출발하여 동년 6월 10일에 사가미노쿠니(相模国) 우라가(浦賀)에 도착했다. 따라서 본문의 게이초 17년(1612)은 게이초 16년의 오류이다.

301 답례 사절로 내항한 비스카이노는 1612년 9월 본국으로의 귀항 도중 일본의 금은도(金銀島)를 탐색했으나 발견하지 못하고 11월 14일 폭풍우를 만나 난파하여 우라가로 되돌아왔다. 귀환 수단을 잃은 비스카이노는 이듬해 다테 마사무네가 파견한 루이스 소텔로(Luis Sotelo), 하세쿠라 쓰네나가(支倉常長) 등의 유럽 사절단 일행의 배에 동승하여 귀국했다. 따라서 본문에 서술된 내용은 게이초 18년(1613)의 사건이다.

302 p.89 본문 내용 및 각주 150 참조. '새로운 프랑스'라는 의미에서 명명된 것으로 현재의 미합중국 북동부로부터 캐나다 동부 대서양 연안에 이르는 지역. '가아리야(프랑스)' 항목의 해설에 의하면 '仏郎察'의 중국식 발음은 '훗랑찻'이다.

303 '노-와 후랑스야(ノーワ フランスヤ)'의 다른 표기.

노-와 카라나나타(ノーワ カラナ、タ),[304] 〈'카라나나타(カラナ、タ)'라는
한어 음역이 아직 확실치 않다. 그 본국[305]은 예우로파 지역 이스파니야 남쪽, 지중해상에
위치한다고 한다.〉

노-와 안타루시아(ノーワ アンタルシア)[306] 〈'안타루시아(アンタルシア)'는
한어로 '俺大魯西亜(아느타루시이야아)'라고 한다. 본국[307]은 예우로파 지역 카라나나타
서쪽에 위치한다.〉[308]

등등이 모두 이와 같다.

오오란도 사람이 설명하기를 아메리카 지역은 6, 7월 무렵 보리를
수확한다고 한다. 그러나 각국의 풍토, 산물 등에 대해서는 아직 그 대
부분이 불분명하다.

---

304 누에바 그라나다(Nueva Granada). 스페인이 중남미 식민지화 가운데 건설한 부왕령 중 하
나. 1717년 5월 27일 현재의 남아메리카 북부 콜롬비아, 에콰도르, 파나마, 베네수엘라에 해
당하는 지역의 스페인 제국 관할권에 부여된 이름이다. 1723년 일시적으로 폐지되었으나
1739년 다시 창설되었다. 식민지 행정 개혁의 일환 및 카리브해에서의 영국 세력에 대한 방
비 강화를 목적으로 페루 부왕령 영지에서 분할되었다. 18세기부터 상업상의 중요성이 강화
되어 인구가 증가하고 유럽의 식민지 상품에 대한 수요 증가에 수반하여 번영을 맞이했다.

305 그라나다. 스페인어로 '눈 덮인 산맥'이라는 의미의 험준한 산악 지역인 시에라네바다산맥
북쪽에 위치한다. 해발 738m의 고지대에 위치하며 세계적인 관광지로 유명하다.

306 누에바 안달루시아(Nueva Andalucía). 원래 현재의 베네수엘라 동부, 가이아나 서부, 브라
질 북부에 해당하는 지역으로 구성되었던 스페인 제국의 식민지. 주요 도시는 쿠마나
(Cumaná)와 누에바 바르셀로나(Nueva Barcelona)였으며, 이후의 관할 구역이 쿠마나 및
바르셀로나로 축소되었다.

307 안달루시아. 스페인 남부 지방. 북쪽으로 시에라모레나산맥이 위치하고 남쪽은 지중해와 대
서양에 면하며, 서쪽은 포르투갈에 접한다. 일조량이 풍부하고 토양이 비옥하여 올리브, 포
도, 오렌지 등의 재배가 활발하다.

308 저본에는 「이스파니야・포르토가루의 남서쪽이다(イスパニヤ・ポルトガルの西南なり)」
라는 주석이 첨부되어 있다.

	원문 발음 표기	한자 음역 표기 한자 번역 표기	원어 표기	현대 한국어 표기
노-와 후랑스야 노-와 후랑사	ノーワ フランスヤ ノーワ フランサ	新仏郎察	Nova Francia (라)	누벨 프랑스 -1763년까지 존재 한 북아메리카의 프랑스 식민지
노-와 카라나나타	ノーワ カラナヽタ		Nueva Granada (스)	누에바 그라나 다
카라나나타	カラナヽタ		Granada (스)	그라나다
노-와 안타루시아	ノーワ アンタルシア		Nueva Andalucía (스)	누에바 안달루 시아
안타루시아	アンタルシア	俺大魯西亜	Andalucía (스)	안달루시아

10
남아메리카 각국에 대하여

소이데 아메리카 각국

브라질

바라시리야 〈'파라시리야(パラシリヤ)'라고도 한다. 한어로 '伯西児(펫시이르)'라 음
역하는 것이 바로 이 나라이다.〉

소이데 아메리카의 동쪽 지역이다. 이 지역은 극히 황량하고 넓으
며, 동·남·북의 삼면이 모두 바다에 면하고 있다.

사람들은 나무 위에서 지내거나 동굴 속에서 거주하며 인육(人肉)을
즐겨 먹는다.

그 북쪽 해상에 '센토 헨센토(セント ヘンセント)'[309]라는 작은 섬이
있는데 탐바코(タンバコ)[310]를 생산하는 곳이라 한다. 〈'센토 헨센토'의 한

---

309 세인트 빈센트. 카리브해 서인도 제도의 윈드워드 제도 중부에 위치한 섬. 타원형의 화산섬
으로 산맥이 남북으로 길게 뻗어 있다. 1498년 1월 22일 성(聖) 빈센트의 날에 콜럼버스가 이
지역을 발견한 것을 기념하여 명명한 이름이다. 영유권을 둘러싸고 영국과 프랑스 간에 항쟁
이 지속되다가 1783년 베르사유 조약으로 영국에 귀속되었다.

어 음역은 미상이다. '탐바코'는 한어로 '淡把姑(다느파쿠-)', '淡婆姑(다느보오쿠-)', '淡芭菰(다느파쿠-)' 등의 음역이 존재한다. 이것은 곧 연초(烟草)를 말한다.〉

	원문 발음 표기	한자 음역 표기 한자 번역 표기	원어 표기	현대 한국어 표기
바라시리야 파라시리야	バラシリヤ パラシリヤ	伯西児	Brasilia (라)	브라질
센토 헨센토	セント ヘンセント		Saint Vincent (네)	세인트 빈센트

▼

네덜란드의 브라질 침략

생각해 보니 막부(幕府) 서고에 크란토(クラント)[311]가 소장되어 있다. 오오란도 사람들이 이 나라 사람들과 싸워 승리[312]한 일을 기록한 것이다. 〈'크란트'란 예우로파에서 무언가 사건이 일어났을 때에 그에 관련된 그림과 글을 인쇄하여 세상에 알리는 것을 말한다.〉

---

310 tabacco (이) / tabaco (포) (스) 타바코: 담배, 연초.

311 krant (네) 크란트: 신문, 관보. 언론. 신문사.

312 1630년 네덜란드 서인도 회사가 포르투갈령 브라질을 공격하여 올린다와 페르남부쿠를 점령하고 영토의 일부를 탈취했다.

※

기타 지역

「만국곤여도」에 의하면,

「남아묵리가(南阿墨利加)의 '파타운(巴大溫)' 지역은 거인국[313]이다」
라고 기술되어 있다.

오오란도 사람에게 이에 대하여 질문하자,

「과거 우리 본국 사람이 이 지역의 남쪽 바다를 통과할 때 그 파타
고-라스(パタゴーラス)[314] 땅에 이르러, 작은 배에 사람들을 옮겨 태우
고 하구로부터 거슬러 올라가 그 땅을 시찰하게 했습니다. 아무리 시
간이 흘러도 그들이 돌아오지 않아, 해안에 상륙하여 멀리 사방을 둘
러보았습니다.

대지가 황량하고 광대하여 눈에 들어오는 것도 없고, 오로지 모래밭
의 커다란 집 안에 불을 지핀 흔적이 있었습니다. 그 주변에 사람의 발
자국이 남아 있었는데, 보통 사람 발 크기의 두 배 정도 되고 그 보폭
또한 그에 걸맞게 엄청난 것이었습니다. 그런 연유로 이 지역 사람들
의 체격이 장대하다는 사실을 짐작하게 되었습니다.

---

313 원문에는 '장인국(長人国)'으로 표기되어 있다.

314 파타고니아. 남아메리카 대륙의 남위 38°선 이남 지역으로, 서부는 칠레의 영토, 동부는 아르
헨티나의 영토이다. 서쪽에서 남쪽으로는 안데스산맥, 동쪽으로는 고원과 낮은 평원을 포함
한다. 파타고니아라는 명칭은 마젤란과 그의 원정대가 거인족이라고 묘사했던 원주민들을
가리키는 '파타곤'이라는 말에서 비롯되었다. 당시 묘사된 파타곤이란 평균 키가 155㎝였던
스페인 사람에 비하여 평균 키가 180㎝에 이르는 테우엘체족(Tehuelches)이었던 것으로 추
정된다.

처음 보낸 사람들도 끝내 돌아오지 않았고, 결국 그 지역 사람들을 직접 볼 수는 없었습니다.」

라고 대답했다.

그 파타고-라스는 한어로 '巴大溫(파타운)'이라 음역하는 곳이다. 또한 「만국곤여도」에 이르기를,

「이 지역의 펫르우국(孛露国)에서는 '파르사모(巴尓娑摩)'[315]라는 이름의 향이 산출된다. 생장 초기에 칼로 나무에 상처를 내어 기름을 얻는다. 이것을 바르면 시신이 부패하지 않는다.」

라고 한다.

요컨대 이 향료는 서양 지역에서 산출되는 '파르사모(バルサモ)'라는 것으로, 수지(樹脂) 종류이다. 오오란도 사람에게 이것이 생산되는 지역에 대하여 묻자, '페-루이히야노므(ペールイヒャノム)'[316]라 대답했다. 한어로 '孛露(펫르우)'라 음역하는 곳으로, '巴尓娑摩'란 바로 '파르사모'를 가리키는 것이다.

	원문 발음 표기	한자 음역 표기 한자 번역 표기	원어 표기	현대 한국어 표기
파타고-라스	パタゴーラス	巴大溫	Patagonia (라)	파타고니아
페-루이히야 노므	ペールイヒヤ ノム	孛露	Peruvianum (라)	페루

---

315 페루 발삼. 천연수지의 일종으로 남부 멕시코로부터 엘살바도르에 걸쳐 태평양 연안 지역에서 생산되며, 주산지는 산살바도르 북서부이다. 과거 페루의 칼라오항에서 선적했기 때문에 이렇게 명명되었으나 정작 페루에서는 산출되지 않는다. 나무줄기에 상처를 내어 천을 대고 스며 나오는 발삼을 흡수하여 채취한다.

316 Peruvianum (라) 페루비아눔: '페루'를 뜻하는 라틴어 'Peruvia'의 형용사형.

▶ 그림 7

「곤여만국전도」에 나타난 '巴大溫'(우측 중앙)

「곤여만국전도(坤輿万国全図)」 교토대학부속도서관(京都大学附属図書館) 소장 (부분)

11
스페인 왕위 계승 전쟁, 대북방 전쟁 등 유럽의 전란

※ 추가 기록

당시 에우로파 지역이 분쟁을 겪게 된 원인은, 이스파니야의 군주[317]였던 이노센치우스 토-데-시무스(イノセンチウス トーデーシムス)[318]에게 후계자가 될 자식이 없었던 것에서 비롯되었다.

그 나라 사람들은 제르마아니야 군주[319]의 제2자인 카아로르스 테르치우스(カアロルス テルチウス)[320]라고 하는 자가 필시 왕위를 계승

―

317 인노첸시오 12세가 스페인의 군주였다는 본문의 내용은 사실과 다르다. 본문의 설명에 해당하는 스페인 국왕은 카를로스 2세(Carlos II, 재위 1661-1700)로, 펠리페 4세의 뒤를 이어 왕위에 올랐으나 후계를 남기지 못하고 사망하여 합스부르크 왕가의 마지막 왕이 되었다.

318 Innocentius XII (라) 인노첸티우스 12세: 교황 인노첸시오 12세(재위 1691-1700)의 라틴명. '뒤데치무스(duodecimus)'는 '12번째의'라는 의미의 라틴어.

319 신성 로마 제국 황제 레오폴트 1세(Leopold I, 재위 1658-1705)를 가리킨다. 자신의 조카딸이자 사촌 여동생인 스페인 왕 펠리페 4세의 왕녀 마르가리타 테레사와 결혼함으로써 스페인에 대한 관심을 대외적으로 드러냈다. 이러한 가운데 펠리페 4세의 아들인 스페인 왕 카를로스 2세의 건강이 악화되면서 왕위 계승권을 둘러싸고 프랑스와 대립했다.

하리라 여기고 있었다. 이는 제르마아니야가 이 지역의 강대국이자,
그 왕의 자식은 이스파니야 군주의 외조카였기 때문이다. 〈'이노센치우
스'란 이스파니야 군주의 이름이다. '토-데-시무스'는 우리가 '제12대'라고 말하는 것처럼
그 나라의 초대 국왕으로부터 12대에 해당하는 군주임을 이와 같이 나타내는 것이 이 지역
의 관습[321]이다. '카아로르스'는 제르마아니야 국왕의 아들 이름이다. '테르치우스'는 여기
서 제2자, 즉 차남이라는 의미[322]이다.〉

10년 전 이스파니야 군주가 서거하기에 이르렀으나 그때까지도 후
계자가 결정되지 않았다. 〈우리나라 연호로 겐로쿠(元祿) 13년(1700), 즉 경진년(庚
辰年)의 일이다.〉 친족 및 신하들에게 유언을 남기기를, 한 통의 글을 봉
하여 전하며

「내가 죽거든 이 글의 내용을 받들어 천주(天主)의 상(像) 앞에서 열
어 보라. 내 후계에 대하여 기록해 두었노라.」
라고 말했다.

그 나라 사람들이 유서를 받들고 로-만에 도착하여 천주의 상 앞에
서 펼쳐 보니,

「후랑스야 군주의 손자, 피리이후스 퀸토스(ピリイフス クイント

---

320 Carlos III (라) 카를로스 3세: 카를로스 3세(Carlos III, 재위 1759-1788)의 라틴명. '테르티우
      스(tertius)'는 '3번째의'라는 의미의 라틴어. 단 레오폴트 1세의 차남은 카를 6세(Karl VI, 재
      위 1711-1740)이므로 본문의 내용은 오류. 카를로스 2세가 1700년 사망하자 합스부르크 왕
      가에서는 카를로스 2세에 의하여 후계자로 지목된 펠리페 5세에 대항하여 카를이 적법한 계
      승자라고 주장했다.
321 하권에도 동일한 오류가 나타나지만 하쿠세키는 교황이나 국왕의 이름 뒤에 붙는 숫자를 단
      순히 즉위 순서로 이해하고 있다. p.234 본문 내용 및 각주 551 참조.
322 '테르티우스(tertius)'는 '3번째의'라는 뜻이며 '카아로르스 테르치우스'는 '카를로스 3세'를 가
      리키므로 '차남'을 의미한다는 본문의 내용은 오류.

ス)[323]로 후계를 삼는다.」

라고 적혀 있었다. 〈**퀸토스'는 제5자**[324]**라는 의미이다. 후랑스야 군주의 후손으로 다섯 번째 아들이라는 것이다.**〉

사람들이 모두 놀라서 차마 입을 열지 못했다. 그러나 그 국왕이 명하는 바이니 거스를 수 없는 일이었다. 후랑스야 국왕의 손자를 맞아들여 국왕으로 받들고 왕관을 건넸다. 〈**대를 이어 왕위에 오를 때에 선대 국왕으로부터 계승된 왕관을 머리에 쓰는 것이 이들 지역의 예식이라 한다.**〉

제르마아니야 국왕은 이를 기꺼워하지 않고, 예의 차남을 옹립하려 했다. 로-만의 혼테헤키스 마키스이무스(ホンテヘキス マキスイムス)[325] 토-데-시무스[326]는 제르마아니야 및 후랑스야 국왕에게 서로 화해하기를 권했으나, 제르마아니야 국왕은 그 제안을 받아들이지 않았다. 〈**'혼테헤키스 마키스이무스'는 더 이상 높을 수 없는 최고의 지위를 가리킨다. 이 지역에서 받드는 '교화(教化)의 수장'에 대한 호칭이다. '토-데-시무스'는 이 종교의 조사(祖師)로부터 12대에 해당한다는 것을 나타낸다.**〉

결국 레오포르-스(レヲポルース)를 장수로 삼아 수군 4만을 내려 자

---

323 Philippus V (라) 필리푸스 5세: 펠리페 5세(Felipe V, 재위 1700.11.1.-1724.1.14. / 1724. 9.6.-1746.7.9.)의 라틴명. '퀸투스(quintus)'는 '5번째의'라는 의미의 라틴어. 스페인 부르봉 왕가의 초대 국왕으로 루이 14세의 손자이자 루이 15세의 숙부에 해당한다. 카를로스 2세는 오스트리아와 바이에른의 비밀 협약에 분노하여 17세의 앙주 공 펠리페를 자신의 후계자로 임명했다. 이에 반발한 영국, 오스트리아 등의 유럽 각국은 스페인 왕위 계승 전쟁을 일으키게 된다.

324 '퀸투스(quintus)'는 '5번째의'라는 뜻이며 '피리이후스 퀸토스'는 '필리푸스 5세'를 가리키므로 '제5자'를 의미한다는 본문의 내용은 오류.

325 폰티펙스 막시무스. 로마 교황을 가리킨다. p.107 본문 내용 및 각주 192 참조.

326 당시의 교황 인노첸시오 12세. pp.159-160 본문 내용 및 각주 318 참조.

신의 차남을 이스파니야 국왕으로 삼으려 했다. 〈'레오포르-스'는 장수의 이름[327]이다.〉 그 나라의 호르토스(ホルトス)들은 모두 병사를 내어 이에 호응했다. 〈'호르토스'는 그 속국의 군주를 가리킨다.〉[328]

이스파니야에서는 병사 3만, 후랑스야 국왕은 원군 4만을 내어 총 수군 7만이 이를 방어했다. 오오란도, 앙게르아 사람들은 제르마아니야를 원조하여 군사를 보냈다. 이스파니야, 후랑스야 등의 동맹국도 재차 각각 군사를 내어 서로 지원했고, 혹은 육지에서, 혹은 바다에서 전투를 벌이며 싸움이 그치지 않았다.

그러한 와중에 시간이 흘러 6년 전, 제르마아니야 국왕이 사망했다. 〈우리 연호로 호에이(宝永) 원년(1704), 갑신년(甲申年)의 일이다.〉[329] 5년 전에는 포르토가루 국왕[330]도 사망했다. 〈이는 이스파니야의 동맹국이다.〉

바다 및 육지에서 싸우다 전사한 양군의 군사가 18만 명을 넘었다. 여기에 포로-니야 국왕이 사망하고 프란데부르코(ブランデブルコ), 리토아니야(リトアニヤ),[331] 제르마아니야 3국이 그 나라의 패권을 다투

---

327 신성 로마 제국 황제인 레오폴트 1세의 이름을 휘하 장수의 것으로 착각한 오기.

328 포르스트. 제후, 영주를 가리킨다. p.92 본문 내용 및 각주 157 참조.

329 레오폴트 1세의 사망은 1705년의 일이므로 호에이(宝永) 원년이 아닌 2년에 해당한다.

330 포르투갈 국왕 페드루 2세(Pedro II, 재위 1683-1706)를 가리킨다. 스페인 왕위 계승 전쟁 (1702-1715)에서 처음에는 프랑스를 지지했으나, 1703년 5월 16일 잉글랜드를 상대로 메슈엔 협약을 체결했다. 이는 포르투갈산 와인과 잉글랜드산 모직물의 수입을 상호 촉진하는 것으로, 이후 포르투갈 경제가 영국의 영향에 좌우되는 원인이 되었다. 이 조약에 따라 1703년 12월 포르투갈과 영국, 오스트리아의 군사 동맹이 체결되었다.

331 '포로-니야'는 폴란드, '프란데부르코'는 브란덴부르크, '리토아니야'는 리투아니아. 원문에는 프란데부르코 및 리토아니야에 「한어로 음역하여 '肥良的亜', '礼勿泥亜'이다(漢訳、肥良的亜、礼勿泥亜)」라는 주석이 달려 있다. '포로-니야'에 대해서는 중권 '제르마아니야(신성 로마 제국)' 항목에서 언급하고 있다.

어, 포로-니야군 전사자가 7천 명, 제르마아니야군 전사자가 2천 명에 이르렀다. 〈이 전쟁에 관해서는 설명이 확실치 않다.[332] '리토아니야'가 어떤 지역인지도 아직 분명하지 않다.〉

게다가 무스코-비야, 사크소-니야가 손을 잡고 스웨이치야와 전쟁을 벌였으며,[333] 무스코-비야는 다시 토르카와의 사이에 전쟁을 일으켰다.

이처럼 10년 동안 각국이 혼전을 벌이는 가운데 이들은 안심하고 지낼 수가 없었다. 자신[334]이 이곳으로 출발할 때, 〈이는 우리 연호로 호에이 4년(1707), 정해년(丁亥年)의 일이다.〉 후랑스야에서 배에 올라 카나아리야(カナアリヤ)[335]로 향하려 하는데 앙게르아, 오오란데야 등지의 병마 20만과 전함 180척이 치비리타이라(チビリタイラ)[336]를 가득 메워 도

---

332 폴란드 국왕 얀 3세 소비에스키(Jan III Sobieski, 재위 1674-1696)의 사망에 따른 폴란드-리투아니아 연방의 국왕 선출 선거 및 이에 대한 열강의 개입, 몰락 과정을 서술하고 있는 것으로 추측된다.

333 '무스코-비야(러시아)', '사크소-니야(작센)', '스웨이치야(스웨덴)'는 모두 중권에서 언급된 국명이다. 30년 전쟁과 이후의 덴마크-노르웨이와의 전쟁으로 스웨덴이 급성장하자 발트해의 주도권을 장악하기 위하여 폴란드 왕 겸 작센 선제후 아우구스트 2세와 러시아 황제 표트르 1세는 동맹을 체결, 1700년 대북방 전쟁을 일으켰다. 그러나 스웨덴 왕 칼 12세의 반격을 받아 러시아군은 대패했고, 이어진 폴란드에 대한 집중 공격에 아우구스트 2세는 폐위되어 작센으로 쫓겨났다. 한편 러시아군은 그 사이에 해군력을 증강하고 군사력을 재정비하는 데 성공하여, 1709년 폴타바 전투에서 스웨덴군을 궤멸시키고 일약 유럽의 강자로 부상하게 되었다. 전쟁은 1721년 뉘스타드 조약으로 종결되었으며, 스웨덴은 17세기에 획득한 발트 해안 지방의 대부분을 상실하고 몰락의 길을 걷게 되었다.

334 해당 문장은 시도티의 입장에서 기술하고 있다.

335 카나리아 제도. 스페인 본토 카디스항으로부터 1,050km 떨어져 있고, 아프리카 서안 모로코로부터 115km 떨어진 대서양에 위치한 스페인령 제도이다.

336 지브롤터. 스페인의 이베리아반도 남단에서 지브롤터 해협을 향하여 남북으로 뻗어 있는 영국령 반도. 지브롤터 해협은 대서양에서 지중해로 들어가는 유일한 통로로, 이곳을 두고 유럽, 아시아, 아프리카의 여러 민족이 쟁탈전을 벌였다.

저히 지나갈 수가 없었다. 제르마아니야 사람을 설득한 끝에 겨우 허락을 얻어 이곳을 통과했다고 한다. 〈'카나아리야'란 섬의 이름이다. 예우로파 서쪽 해상에 위치하며 후랑스야에 속한다.[337] '치비리타이라'는 포르토가루, 토르카 등의 해협에 위치한다.〉

---

337 카나리아 제도는 스페인령으로, 스페인은 1479년 알카소바스 협정에 의하여 카나리아 제도를 차지했다.

12
전쟁의 종결

※ 계속 〈전술한 내용은 경진년(1700)에서 정해년(1707)에 이르는, 약 10년간에 해당하는 사건에 대한 설명이다. 그 이후의 사건은 오오란도 사람의 설명을 근거로 기록했다.〉

기축년(己丑年) 4월, 〈우리나라 연호로 호에이 6년(1709)이다.〉 오오란도 사람들이 후랑스야, 이스파니야 등지와 전쟁을 벌여 1만여 명을 베고 후랑스야의 소유인 레이세르(レイセル)[338] · 바르게(バルゲ)[339] · 타우르네기(タウルネキ)[340] 등 3개 성을 획득했다. 오오란도군 전사자도 1만

---

[338] 레이설(Rijsel). 프랑스 북부의 도시 릴(Lille)의 네덜란드 표기. 스페인 왕위 계승 전쟁 당시 1708년부터 5년간 네덜란드에 점령되었으나 위트레흐트 조약으로 프랑스에 반환되었다.

[339] 베르그(Bergues). 프랑스 북부 플랑드르 평야에 위치한 도시. 벨기에 국경에서 남쪽으로 15㎞ 정도 떨어진 곳에 위치한다. 혹은 몽스(Mons)의 네덜란드 표기인 베르헌(Bergen)을 지칭할 가능성도 있다. p.166 본문 내용 및 각주 344 참조.

[340] 도르니크(Doornik). 벨기에 왈롱에 위치한 도시 투르네(Tournai)의 네덜란드 표기. 15세기 직물 무역의 진척과 더불어 성장한 태피스트리 생산으로 크게 발전했다. 1667년 루이 14세의 지배하에 있었던 프랑스의 소유가 되었으나 스페인 왕위 계승 전쟁 중에 오스트리아가 탈환했다. 프랑스 혁명 당시 다시 프랑스에 점령되었으며, 이후 성립된 네덜란드 연합 왕국에 귀

여 명에 이르렀다.

경인년(庚寅年) 4월, 〈우리나라 연호로 호에이 7년(1710)이다.〉 오오란도 사
람들이 이스파니야와 싸워 5천여 명을 베고 3천 명을 포로로 삼았
다. 6월, 오오란도 사람들이 후랑스야를 침공하여 1만 3천 명을 베고
4천여 명을 포로로 삼았으며 물자를 약탈했다. 오오란도군 전사자도
1만 1천여 명에 달했으나, 결국 도-와이(ドーワイ)³⁴¹・베토-네(ベトー
ネ)³⁴²・센타망(センタマン)³⁴³・몽스(モンス)³⁴⁴의 4개 성을 함락시
켰다.

신묘년(辛卯年) 7월, 〈우리나라 연호로 쇼토쿠 원년(1711)이다.〉 오오란도 사
람들은 후랑스야를 침공하여 그 나라 수도인 파레이스(パレイス)³⁴⁵에
서 40리 떨어진 부쇼므(ブショム)³⁴⁶ 지역을 탈취하고 항상 제르마아

속되었으나 1830년 벨기에의 독립과 함께 벨기에에 편입되었다.

341 도바이(Dowaai). 프랑스 북부의 도시 두에(Douai)의 네덜란드 표기. 파리 북동쪽 196km 지
   점에 위치하며 스카르프강과 인접한다. 중세에는 플랑드르 백작의 영지였으나 1713년 위트
   레흐트 조약에 의하여 최종적으로 프랑스령이 되었다.

342 베튄(Béthune). 프랑스 북부의 도시. 16세기 스페인 지배하에서 곡물 수출과 직물 산업으로
   번영했다. 1659년 피레네 조약에 의하여 다시 프랑스 영토로 복귀했으나, 1710년 네덜란드
   가 주도한 동맹군의 공격을 받고 3년 가까이 포위 상태가 지속되었다.

343 생타망(Saint-Amand). 프랑스 북부의 도시. 릴에서 남동쪽으로 35km, 발랑시엔에서 북서쪽
   으로 13km 지점에 위치한다. 통그르의 주교로 이 지역에 수도원을 세운 성(聖) 아망의 이름
   을 따서 명명되었으며, 1667년 프랑스에 의하여 점령되었다.

344 몽스(Mons). 헨네강 주변을 둘러싸고 있는 다섯 개의 큰 언덕이 도시를 이루었기 때문에 '산'
   이라는 의미의 '몽스'라는 이름이 붙게 되었다. 네덜란드에서는 이를 직역하여 '베르헌
   (Bergen)'이라는 지명으로 불린다. 14세기부터 직물 산업으로 번영했으나 지정학적 위치 때
   문에 16세기 이후 네덜란드・스페인・프랑스・영국・오스트리아의 침공과 지배를 받다가
   벨기에의 독립과 함께 벨기에에 편입되었다.

345 파레이스(Parijs). 프랑스 수도 파리(Paris)의 네덜란드 표기.

니야군과 더불어 이스파니야군을 상대로 전투를 벌였다.

동년 8월, 토르카 및 타르타-리야 군대가 무스코-비야와 전투를 벌여 이전의 전쟁에서 점령당한 지역을 탈환했다.[347] 또한 당년 가을, 스웨이데와 데이느마르카(デイヌマルカ)[348] 사이에 전투가 벌어졌다. 이는 과거 양국의 영토 분쟁에서 데이느마르카가 아무런 이득을 얻지 못하고 이곳저곳의 영토를 잃었기 때문이다. 당시 오오란도군은 데이느마르카를 지원하여 양국을 설득한 끝에 강화를 맺도록 했다. 이해 데이느마르카는 과거 빼앗긴 영토를 탈환하기 위하여 다시 전쟁을 일으킨 것이다.[349]

---

346 부생(Bouchain). 프랑스 북부의 도시. 캉브레와 발랑시엔 사이에 위치한다. 스페인 왕위 계승 전쟁 중 1711년 8월 9일에 포위되어 동년 9월 12일 동맹군 세력에 점령되었다.

347 러시아와 스웨덴 사이에 벌어진 대북방 전쟁의 일부로, 폴타바 전투에서 결정적인 패배를 당한 스웨덴 왕 칼 12세가 오스만에 망명하여 러시아를 공격할 것을 종용함으로써 벌어졌다. 표트르 1세가 친정했으나 1711년 프루트강 전투에서 패배하여 오스만의 승리로 돌아갔다. 전후 처리를 위하여 체결된 프루트 조약의 결과, 오스만 제국은 러시아가 1700년 콘스탄티노플 조약으로 획득한 아조프의 영유권을 되찾고 몰다비아 일대의 러시아 요새들을 점거하게 되었다.

348 Denemarken (네) 데이너마르컨 / Danimarca (이) 다니마르카: 덴마크. 저본에는 「한어로 음역하여 '第那瑪尔加'이다(漢訳第那瑪尔加)」라는 주석이 달려 있다.

349 루스 차르국(러시아)과 작센, 덴마크 동맹군은 1700년 일제히 스웨덴에 대한 공격을 개시했다. 또한 처음에는 주저하던 폴란드-리투아니아도 결국 원군을 보내어 사방에서 스웨덴을 압박하는 형세를 취했다. 그러나 스웨덴의 칼 12세는 당황하지 않고 동년 8월 영국 해군의 도움을 얻어 코펜하겐 북부에 상륙, 순식간에 덴마크 군대를 패퇴시키고 코펜하겐을 포위하였다. 이에 덴마크는 더 이상 버티지 못하고 스웨덴과 평화 조약을 맺어 동맹에서 탈퇴하게 된다. 그러나 이후 1709년 폴타바에서 칼 12세가 러시아에 대패하고 오스만 제국으로 망명했다는 소식이 알려지자 일시 붕괴했던 반 스웨덴 동맹은 재결성되었다. 우선 폐위되어 작센으로 추방된 아우구스트 2세가 다시 폴란드 국왕으로 복위하여 전쟁을 재개하였고, 덴마크 역시 재차 스웨덴에 선전포고하고 공세를 강화하였다.

임진년(壬辰年) 봄, 〈우리나라 연호로 쇼토쿠 2년(1712)이다.〉 앙게르아 및 오 오란도군이 토르코와 무스코-비야를 설득하여 화친을 맺도록 했다.

4월, 오오란도군이 제르마아니야군과 손을 잡고 이스파니야 · 후랑스 야군과 전투를 벌였다. 그 군사가 각각 10만으로, 쓰러뜨린 적군의 수 는 1만여 명에 달했다. 오오란도 · 제르마아니야군의 전사자는 9,570명 이었으며, 각국은 군을 철수시켰다.

7월, 오오란도군이 후랑스야 영토 퀴노(クイノ)[350]를 공격하여 탈취 했으며, 이어 마르세네(マルセネ)[351] 땅에 들어가 싸웠다. 적군의 항전 도 만만치 않아 결국 승리를 차지하지 못하고 군을 거두었다.

이리하여 제르마아니야와 후랑스야 사이의 원한으로 전쟁에 참가 한 각 동맹국들도 전쟁에 지쳐, 당년을 끝으로 양국을 설득하여 서로 강화하도록 했다.[352] 양국은 각자의 주장을 내세우며 응하려 하지 않

---

350 르 케누아(Le Quesnoy). 프랑스 북부의 도시. 릴에서 70km 거리에 있으며, 발랑시엔, 캉브 레, 모뵈주 세 도시를 잇는 삼각형의 중심부 근처에 위치한다. 1712년 6월 4일 동맹군의 포위 공격에 함락되었으나 10월 8일 다시 프랑스가 탈환에 성공했다.

351 마르세네(Marsenne). 프랑스 북부의 도시 마르시엔(Marchiennes)의 네덜란드 표기. 동맹군 이 프랑스 공격의 보급로로 삼은 지역이었다. 7월 25일의 공격 후 5일간의 전투 끝에 프랑스 에 탈환되었다.

352 위트레흐트 조약. 네덜란드 위트레흐트에서 1713년 3-5월 중에 체결된 다양한 조약들의 결합 으로, 스페인 왕위 계승 전쟁을 종결시킨 협약이다. 이는 프랑스 · 스페인이 교전국인 영국 · 네덜란드 · 프로이센 · 포르투갈 · 사부아와 개별적으로 체결한 4개의 조약으로 구성되어 있다.

그 내용을 보면, ① 펠리페 5세의 스페인 왕위 및 여왕 앤의 영국 왕위를 승인한다. ② 영국 은 프랑스로부터 미국 식민지 일부를 할양받고, 스페인으로부터 지브롤터 · 메노르카섬을 획득한다. ③ 프랑스 · 스페인은 네덜란드의 상업상 특권을 승인한다. ④ 프로이센은 프랑스 로부터 헬데를란트 및 스위스 영토 일부를 할양받는다. ⑤ 식민지 브라질에 대한 포르투갈의 권리를 승인한다. ⑥ 사부아는 시칠리아를 획득한다.

루이 14세는 스페인의 왕좌와 더불어 스페인 지배하의 막대한 유럽 내외의 영토를 노리고

았으나,[353] 계사년(癸巳年) 9월, 〈<u>우리나라 연호로 쇼토쿠 3년(1713)의 일이다.</u>〉 결국 서로 화친을 맺고 각각 침공한 지역의 영토 및 포로로 삼은 자들을 반환했다.

▼

전쟁 당시의 일본

헤아려 보건대 제르마아니야 및 후랑스야가 전쟁을 개시한 것은 우리나라 연호로 겐로쿠 13년(1700) 경진년에 해당한다. 그로부터 전쟁은 14년간 계속되었으며, 전란이 종식된 해가 우리 연호로 쇼토쿠 3년(1713) 계사년이었던 것이다.

있었으므로 손자인 펠리페 5세의 계승권을 주장했으며, 훗날 양국의 병합을 통하여 프랑스가 유럽 대륙을 지배하려는 야심을 품고 있었다. 하지만 다양한 세력이 엇비슷한 힘을 구축한 유럽에서 독보적인 강대국이 나타나는 것은 불가능해졌다. 루이 14세의 야망은 이 계승전쟁에 참여한 여러 나라의 견제 앞에 좌절되었고, 위트레흐트 조약으로 유럽 여러 국가들은 적절한 세력 균형을 이루게 된다.

353 위트레흐트 조약이 체결된 후에도 그 내용에 불만을 품고 있었던 프랑스와 신성 로마 제국은 1714년 9월 영국의 중재로 라슈타트 조약이 체결될 때까지 전쟁을 계속했다.

III

『서양기문』
하권

01
시도티의 신상

───

대서인(大西人)에게 그 성명, 고향, 부모 등에 대하여 질문했다. 그자
가 대답하건대 자신의 이름은 요완 밧티스타 시로-테,[354] 로-만(ローマ
ン)의 파라이르모(パライルモ)[355] 사람이라 했다. 〈전부 그 나라의 말로 이야
기하니 발음을 옮기기 어렵다. 그 이름을 말할 때에도 '요완'이라고도, '요안'이라고도, '교
안'이라고도 들리는 듯하다. 가장 근접한 발음으로 기록하는 것이다. 이후로는 전부 이와
같은 방식을 취한다. '요완'이란 라텐 말(라틴어) 발음이라 한다. 포르토가루 말(포르투갈어)
로는 '죠안'이라 하며, 오오란도 말(네덜란드어)로는 '요얀'이라 발음한다고 한다. 파라이르
모는 로-만에 예속된 지역의 지명이라 한다.〉

───

354 조반니 바티스타 시도티(Giovanni Battista Sidotti, 1668-1714). 이탈리아 출신의 가톨릭 사
    제. 에도 시대(江戸時代) 중기, 일본 선교를 위하여 파견되었으나 체포되어 이후 에도에서 옥
    사한다. 본서 『서양기문(西洋紀聞)』은 이 시도티에 대한 심문을 기반으로 저술되었다.
355 Palermo (이) 팔레르모: 이탈리아 남부 시칠리아섬에 위치한 도시. 기원전 8세기경 페니키아
    의 식민 도시로 건설되어 이후 카르타고의 요새가 되었으며, 그 후에는 로마, 비잔틴의 지배를
    받았다. 9세기 이슬람 세력의 지배하에서 번영하기 시작하였고, 12세기 시칠리아 왕국이 성
    립된 후 그 수도로 발전하여 유럽 문화의 중심지 중 하나가 되었다.

부친은 요완니 시로-테(조반니 시도티), 사망하여 이미 11년이 흘렀으며, 모친은 에레요노후라(엘레오노라), 현재 생존해 있다면 금년 65세이다. 〈그와 부친의 이름이 유사하고, 오직 '니'와 '밧티스타'라는 부분만 다르다. 이에 대하여 질문하니 과거 에이즈스(예수)의 대표적 제자 12인 중 요완니스(ヨワンニス)[356]라는 자가 있었다고 한다. 일반적으로 키리스테얀(キリステヤン)[357]은 각자 그 가르침을 계승한 조사(祖師)의 이름을 자신의 이름에 더하여 부른다고 한다.[358] '니'와 '밧티스타'라는 것은 전부 이름이며, '시로-테'는 성이라고 한다.〉

형제는 4인. 맏이는 누이이며 어린 나이로 사망했다. 그다음은 형으로, 피리프스(필리푸스)라 한다. 그다음이 본인이며 금년 41세. 막내로 남동생이 있으나 11세로 사망하여 이미 20년이 흘렀다.

자신은 어릴 적부터 천주교에 입교하여 그 가르침에 따르기를 22년, 스승으로 삼은 자가 16인이다. 〈서양의 학문은 그 분야가 다양하다고 한다. 스승이 16인이라 함은 그 학과에 따라 각기 스승을 삼았기 때문이다.〉

로-만에서 사체르도스(サチェルドス)[359]가 되어, 6년 전 일국(一国)의 천거에 의하여 멧쇼나나리우스(メッショナ丶リウス)[360]가 되었다. 〈'사체르도스'는 그들 종교의 우두머리로부터 제4등급의 위치에 해당하는 직위의 명칭이며, '멧쇼나나리우스'는 그들이 교세를 확장하기 위하여 사제로 삼은 자를 가리키는 호칭이라 한다.〉

---

356 Joannes (라) 요아네스: 복음사가 요한.
357 p.124 본문 내용 및 각주 233 참조.
358 가톨릭의 세례명에 대한 설명이다.
359 sacerdos (라) 사체르도스: 사제.
360 missionarius (라) 미시오나리우스: 선교사.

처음 선교의 명을 받아 이 땅으로 가라는 임무를 배령하게 된 이후로 현지의 풍속을 익히고 언어를 배우기를 3년, 그와 함께 토-마스 테토르논(토마 드 투르농)이라는 자도 선교의 명을 받아 펫켕(ペッケン)[361]으로 출발하게 되었다. 3년 전 두 사람은 각자 카레이(カレイ)[362] 1척씩에 나누어 승선하여, 야네와(ヤネワ)[363]를 거쳐 카나아리야(カナアリヤ)[364]에 이르러, 여기서 다시 각각 후랑스야(フランスヤ)의 배 1척에 올라 드디어 록손(ロクソン)에 이르렀다.

이후로 토-마스 테토르논은 펫켕으로 향하고, 그는 이곳으로 출발했다. 해상에 돌연 강풍이 덮치고 파도가 사나워 배가 전복될 위기를 넘기기를 세 차례, 비로소 이 땅에 상륙할 수 있었다고 한다.

〈토-마스 테토르논은 같은 종파에 몸담은 사람의 이름이다. 펫켕은 곧 대청국의 '베이징(北京)'을 가리킨다. 오오란도 사람은 '펫킹(ペッキン)'[365]이라 발음한다. 카레이는 작은 배를 의미한다. 야네와, 카나아리야는 모두 서양 바다에 위치한 섬의 이름이다.〉

---

361 Pékin (프) 페캥: 베이징.

362 galea (이) 갈레아: 갤리선. 중세로부터 18세기에 이르기까지 노예나 죄수들에게 젓도록 한 범선.

363 Janua (라) 야누아: 제노바. 이탈리아 북부의 항구 도시. 로마 시대부터 무역의 중심지로 번영했으며, 13세기에 이르러 지중해의 지배권을 확립하였다. 1805년 프랑스에 합병되었다가 사르데냐 왕국의 영토가 되었고, 1861년 이탈리아에 병합되었다.

364 pp.163-164 본문 내용 및 각주 335 참조.

365 Peking (네) 페킹: 베이징.

02
일본 선교를 위한 준비

「남아가 그 나라의 명을 받아 만리 여정에 나서 스스로를 돌아보지 않음은 말할 나위도 없는 일이라. 허나 그대의 자당은 이미 연로하였고, 그대의 형 또한 나이가 이미 적지 않을 터. 그대는 내심 어찌 생각하는가.」

이와 같이 질문하자 그는 한동안 대답도 없이 얼굴에 근심 어린 빛을 띠우다가 자신의 몸을 어루만지며 말했다.

「처음 일국의 천거에 의하여 선교의 명을 받았을 때부터 어떻게든 이 땅에서 그 사명을 달성하고자 하는 생각뿐이었습니다. 노모와 형님 역시 저의 이 길은 도리를 위하여, 나라를 위하여 더 이상 다행스러울 수 없는 일이라 서로 기뻐하였나이다. 그러나 이 몸이 아예 부모와 형제에 대한 미련을 끊었다는 말씀은 아니옵니다. 이 몸이 살아 있는 한, 어찌 이를 잊을 수 있겠나이까.」

「우리나라의 풍속과 언어는 어떤 사람에게 배우고 익혔는가」라고 질문하자, 그는 품에 간직했던 두 권의 소책자를 꺼냈다.

「이것들은 이곳의 사정을 기록한 책이옵니다. 또 록손에 도착한 후

머물면서 이 나라 사람과 만나 배우고 익힌 것들도 있사옵니다.」

그 소책자 중 한 권의 제목은 『히이타 산토-루므(ヒイタ サントール ム)』[366]라 한다. 이것은 우리나라의 사정을 기록한 책이다. 나머지 한 권은 『데키쇼나아리요므(デキショナアリヨム)』[367]라 한다. 이는 우리 나라 말을 기록하고 그들의 언어로 번역한 것이다. 〈두 책자 모두 길이 5촌 정도, 너비 4촌 정도이며 야마토토지(大和綴じ)[368]라 부르는 방식처럼 엮은 것으로, 그 두께가 각각 1촌 이상이었다. 우리나라의 사정을 기록했다는 서물에는 삽화가 포함되어 있 었다.〉

로손(ロソン)에서 우리나라 사람과 만났다[369]는 일에 대해서는「이 전부터 그 땅에 거주했던 일본 사람들은 이미 많은 자손을 두고 있습 니다. 게다가 3년 전 풍랑으로 로손에 표착한 일본인 열너덧 명을 만 나, 이 나라에 대하여 물어보기도 했습니다」라고 말했다.

그가 소지하고 있었다는 행낭 속에 황금 세 종류가 들어 있었다. 탄 환처럼 작고 둥근 모양도 있었고, 납작한 판금(板金) 모양의 황금도 있 었다. 그리고 우리나라에서 겐로쿠(元禄) 연간에 주조된 금화도 있었 다. 〈여기서 말하는 고쓰부반(小粒判)[370]이다.〉 또한 우리나라에서 새로 발행한

---

366 Vita Sanctorum (라) 비타 상토룸: 성인전. 기독교 성인이나 순교자의 전기, 사적 등을 기록 한 서적의 총칭.
367 dictionarium (라) 딕티오나리움: 사전, 자전.
368 원문에는 'やまととぢ'로 표기되어 있다. 일본 고유의 제책 방식 중 하나. 여러 장의 종이를 겹쳐 노끈 등으로 중철하고 앞뒤로 표지를 붙인 후 상하로 구멍을 하나, 혹은 두 개씩 뚫고 끈 을 꿰어 철하는 방식.
369 p.142 본문 내용 참조.
370 이치부킨(一分金)의 속칭. 고쓰부(小粒)라 불리며 고반(小判)과 더불어 에도 시대 널리 유통

동전도 있었다.

「이런 것들은 어디서 손에 넣었는가?」

하고 물으니,

「모름지기 여행을 떠나는 자가 노잣돈이 없어서야 어찌하오리까. 처음 로-만을 출발할 때 스쿠우타 아르센테야(スクウタ アルセンテヤ)[371]라는 은화를 가지고 떠났사오나, 카아데이키스(カアデイキス)[372]라는 곳에서 이스파니야(イスパニヤ) 은화로 환금하고, 마르바르(マルバル)[373]에 도착한 후 혼테치리(ホンテチリ)[374]라는 곳에서 다시 그것을 그 나라 은화로 바꾸었습니다. 이는 지역에 따라 각국에서 사용되는 화폐의 형태와 가치가 다르고, 그 지역에서 유통되는

▶ 그림 8
게이초 이치부킨(慶長一分金)

된 장방형의 금화. 고반 1냥의 4분의 1에 해당한다. 게이초(慶長) 6년(1601) 최초로 주조된 후 겐로쿠(元禄)·호에이(宝永)·쇼토쿠(正徳)·겐분(元文)·분세이(文政)·덴포(天保)·안세이(安政)·만엔(万延)의 여러 시기에 걸쳐 개주 발행되었다.

371 scudo d'argento (이) 스쿠도 다르젠토: 스쿠도(scudo)는 이탈리아에서 유통되었던 은화의 단위로, 복수형은 스쿠디(scudi).

372 Cadice (이) / Cadiz (네) 카디스: 스페인 남서부의 항구 도시.

373 Malabar (이) (네) 말라바르: 인도 남서 해안 지역. 좁고 긴 해안 평야로 고온 다우 지역이다. 대항해 시대의 유럽인들은 후추와 향료를 얻기 위하여 이 지역의 캘리컷, 코친 등의 항구와 거래하였다.

374 Pondicherry (이) (네) 폰디체리: 퐁디셰리. 인도 동부 첸나이 남쪽에 위치한 항구 도시. 1674년 프랑스에 점령된 후 네덜란드, 영국, 프랑스 3국 사이에 영유권 쟁탈이 되풀이되다가 1816년 이후 프랑스령이 되었다. 1954년 프랑스로부터 인도 정부에 이양되었고, 2006년 푸두체리 (Puducherry)로 개칭되었다.

화폐가 아니면 사용할 수 없기 때문입니다.

〈'스쿠우타'는 그 은화의 형태를 나타내는 명칭이며, '아르센테야'란 은(銀)이라는 의미의 번어(番語)이다. 카아데이키스는 이스파니야의 지명이다. 마르바르는 인데야(インデヤ)의 지명으로 고아(ゴア)의 남쪽에 위치한다. 혼테치리는 마르바르의 시가지 이름으로 인구가 많고 물류가 풍부한 곳이라 한다.〉

록손에 이르러 이를 다시 황금으로 교환했습니다. 이곳 일본에서는 황금이 주요 통화로 사용되기 때문입니다. 탄환 모양의 금과 판금 모양의 금이 바로 그것입니다. 일본에서 주조된 금전은 3년 전 록손에 표착한 사람들이 지니고 있었던 것과 교환한 것입니다」라고 대답했다.

그가 걸친 법의(法衣)의 명칭을 묻자 루리죠(ルリヂョ)[375]라 대답했다. 이 옷에 사용된 피류은 우리나라에서 생산된 것이었다. 「어디에서 손에 넣었는가」라는 질문에 「이 옷감도 마르바르의 혼테치리에서 구입하여 록손에 도착한 후 법의로 만든 것입니다」라고 답했다.

〈그 법의는 포르토가루(ポルトガル) 말로 캇파(カッパ)[376]라 한다. 과거 우리나라에서도 그 모양새를 모방하여 우비를 만들었다. 지금 그 형태를 보건대 속칭 마루갓파(マルガッパ)[377]라 부르는 외투와 비슷하고, 목 윗부분이 조금 다르다. 이것을 몸에 두르고 앞섶에 달린 보탄(ボタン)[378]이라는 물건으로 좌우를 여민다. 그 기장을 길게 지어 땅에 끌리는

---

375 religio (라) 렐리지오: 신성함, 신성성. 신성한 물건이나 장소. 숭배의 대상, 신상(神像).

376 capa (포) / cappa (라) 카파: 수사 등이 걸쳐 입는 소매 없는 외투.

377 갓파(合羽)는 에도 시대에 유행한 우비 겸 방한용의 소매 없는 외투. 포르투갈어 'capa'에서 유래한 명칭으로, 15세기 후반 남만 문화와 함께 유입되었다. 펼치면 둥근 모양이 되었으므로 마루갓파(丸合羽)라 불렸다.

378 botão (포) 보탕: 단추, 버튼.

부분이 3, 4척에 이른다.

「본사(本師)³⁷⁹로부터 그 아래로 각 계급의 고하에 따라 그에 해당하는 길이가 있습니다. 본사께서 입는 법의는 특히 길어서 땅에 끌리는 부분이 수 척에 달합니다. 시자(侍者)들이 그 옷자락을 추스르며 뒤를 따릅니다」라고 말했다.〉

---

379 자신이 믿는 종파의 조사(祖師)라는 의미로, 일반적으로는 불교의 석가모니를 의미한다. 본문에서는 로마 교황을 가리킨다.

03
아시아 각 지역 선교 상황

「동문[380]이라는 사람은 펫킹으로 향했다고 했는데, 그대의 나라 사람이 중국 땅을 방문하는 일은 이번이 처음인가」라고 묻자,

「그렇지 않습니다. 치이나(チイナ)[381]에서도 〈치이나란 즉 지나(支那)를 말한다.〉 처음에는 우리 종교를 믿는 것을 금했으나, 이미 80년 전[382] 금령이 해제되어 우리 종교가 다시 그 땅에서 신앙의 자유를 얻게 되었습니다. 뿐만 아니라 작금의 천자[383]께서는 우리 본국으로 사절을 파견하여 선물을 보내신 것이 적지 않습니다. 그중 마르카리이타(マルカ

---

380 시도티와 함께 출발하여 중국으로 향한 토마 드 투르농을 가리킨다.

381 Cina (이) 치나: 중국.

382 하쿠세키에 의한 시도티의 심문은 1709년의 일이므로 80년 전은 1630년, 숭정(崇禎) 3년에 해당한다. 1622년 명나라에 건너간 아담 샬(Adam Schall)이 천문·역학·포술 등의 분야에서 활약하며 황제의 신임을 얻고 환관과 궁녀들 일부가 천주교로 개종하는 성과를 올렸다.

383 강희제(康熙帝, 1654-1722). 중국 청(淸)의 제4대 황제(재위 1662-1722). 시호는 인황제(仁皇帝), 묘호는 성조(聖祖). 대만과 몽골을 정복하고 러시아와 네르친스크 조약을 맺어 국경을 안정시키는 한편 이민족들에 대한 차별을 철폐하고 만주족과 한족의 동화를 위해 노력하여 내외적으로 청조 융성의 기틀을 확립했다.

リイタ)[384]가 7개나 있었습니다. 그 크기란 우리 지역에서도 아직 본 적이 없을 정도입니다. 그에 대한 답례로 한 번에 철탄환 30발을 발포하는 토르멘쓰토무(トルメンツトム)[385]를 보내셨습니다.

〈「마르카리이타는 진주를 말합니다. 그 크기가 주먹만큼 커다란 것들이었습니다. 토르멘쓰토무는 대포를 뜻합니다」라고 말했다.〉

말하자면 당시에도 제 본국 사람 산 죠르죠(산 조르지오)라는 사람은 난켕(ナンケン)에서 이미 10년을 머물렀으며, 아밧토 코르테르(아바토 코르테르) 역시 10년 전부터 캉탕(カンタン)에 주재하고 있었습니다.

그리고 스이야므(スイヤム)에서도 18년 전 우리 종교를 금지했던 적이 있습니다. 지금은 그 금제가 풀려, 2년 전 후란시스쿠스(프란치스쿠스)가 그곳으로 향했습니다. 이 밖에도 통킹(トンキン)에 있는 자가 3인, 쿠친치이나(クチンチイナ)[386]에 있는 자가 2인인데 이들의 이름은 잊어버렸습니다」라고 말했다.

〈산 죠르죠, 아밧토 코르테르, 후란시스쿠스는 모두 그 사제의 이름이다. 난켕은 난징(南京)이다. 캉탕은 광둥(広東)이다. 통킹은 안남(安南)의 지역이다. 쿠친치이나는 캄포사이(柬埔寨)[387] 동쪽에 위치하며 한어 음역은 알 수 없다.〉

---

384 margarita (이) 마르가리타: 진주.

385 tormentum (라) 토르멘툼: 둥근 기둥에 밧줄을 감고 그것이 풀리는 힘으로 활이나 창을 쏘는 무기. 대포, 투석기. 탄환.

386 Cocincina (이) 코친치나: 코친차이나(Cochinchina). 베트남 남부 메콩강 삼각주를 중심으로 하는 지역. 베트남을 북부·중부·남부로 분류할 경우 남부 지방을 가리켜 유럽인들이 부른 명칭이다.

387 캄보디아를 가리킨다. p.133 본문 및 각주 263 참조.

04
최초의 일본 선교와 프란치스코 하비에르

과거 우리나라를 찾아 최초로 그들의 종교를 전파한 사건에 대하여 물었다.

「지금으로부터 120-30년 전, 우리의 성인(聖人)[388]으로 후란시스쿠스 사베이리우스(프란치스쿠스 사베리우스)라는 분이 이 땅에 도달하여 우리 종교를 설파했습니다. 분고(豊後)의 한 귀인[389]께서 최초로 이 교리를 받아들이셨고, 나아가 관할 내의 다이묘(大名)로 하여금 아득히 먼 저희 본국에 사자를 파견[390]케 하여 많은 선물을 보내셨나이다. 그

---

388 원문에는 '게닌(化人)'으로 기술되어 있다. 게닌이란 부처, 보살이 중생을 구제하기 위하여 인간의 모습으로 화신(化身)한 것을 의미한다. 참고로 사베리우스, 즉 하비에르는 1622년 3월 12일 교황 그레고리오 15세에 의하여 시성(諡聖)되었다.

389 오토모 소린(大友宗麟, 1530-1587). 센고쿠 시대(戰国時代)의 무장으로 본명은 요시시게(義鎭). 분고(豊後) 우스키성(臼杵城)의 성주를 지내고 기타큐슈(北九州) 6개 지역을 지배했다. 기독교에 입신하여 프란치스코라는 세례명을 받았으며 로마 교황에게 사절을 파견하기도 했다. 관위는 정4위하(正四位下) 사에몬노카미(左衛門督).

390 덴쇼(天正) 10년(1582) 기독교에 귀의한 다이묘(大名)들이 로마 교황에게 파견한 소년 사절단을 가리킨다. 오무라 스미타다(大村純忠)·오토모 소린·아리마 하루노부(有馬晴信)의 세 다이묘가 선교사 알렉산드로 발리냐노(Alexandro Valignano)의 권유에 응하여 이토 만

사자는 순수한 소년들을 데려가 신의 사도로 삼고 이제 귀국하려던 차에 그만 사망하였습니다. 그분의 유체를 매장한 장소가 지금도 로-만에 남아 있습니다.

저 후란시스쿠스 사베이리우스는 카스테-리야(カステーリヤ) 사람으로 포르토가루 국왕의 스승[391]이었으나 우리 종교를 널리 전하기 위하여 동쪽으로 향했고, 이 나라를 방문한 일도 두 차례에 달합니다. 다시 서방으로 귀환하려 했을 때 상챤(サンチャン)[392]에서 사망했습니다. 상챤은 치이나, 캉탕 남쪽 바다에 위치한 섬입니다」라고 대답했다.

〈캉탕은 광둥을 말한다. 상챤은 곧 향샨현(香山県)[393]이다. 번어 발음은 원래의 발음이 다소 변화한 듯하다.〉

시오(伊東マンショ)·지지와 미겔(千々石ミゲル)·하라 마르티노(原マルチノ)·나카우라 줄리안(中浦ジュリアン)의 4인을 파견했으며, 이들은 덴쇼 18년(1590) 귀국했다.

391 포르투갈 국왕 주앙 3세는 동양 식민지 선교를 위하여 1539년 교황청에 인선을 요청했으나 천거를 받은 니콜라스 보바디야(Nicloas Bobadilla)의 열병으로 인하여 하비에르가 대신 파견되어 국왕의 신임을 얻었다.

392 상챤(上川). 중국 광둥성(広東省) 타이산(台山)에 속한 섬. 남중국해에 위치하는 중국 남쪽 해안의 섬으로 광둥성에서 가장 크다.

393 샹산현(香山県). 원문에는 '향샨(ヒャンシャン)'이라는 중국어 발음이 가나로 병기되어 있다. 현재의 광둥성 중산시(中山市)의 일부에 해당한다.

하비에르와 종교의 기적

생각하건대 '후란시스쿠스'란 중국에서 말하는 호오로토오캬루(波羅多伽児) 사람 후라이시잇쿠체(仏来釈古者)[394]라는 자가 바로 이 사람일 것이다. 분고의 귀인은 오토모 사에몬노카미 뉴도 소린(大友左衛門督入道宗麟)을 가리킨다. 그가 파견한 사자라 함은 우에다 뉴도 겐스케(植田入道玄佐)[395]이며 본디 미노노쿠니(美濃国)[396]의 사이토(斎藤) 가문 일족이었다. 텐쇼(天正) 12년(1584), 소린의 명에 따라 사절로 떠나 로-마(ローマ)에서 사망했다.

서인(西人)은 품에 간직한 책자에서 한 도인(道人)이 병을 들고 동자의 정수리에 물을 붓는 모습을 그림으로 그린 장면을 가리키며,

「이것은 분고의 다이묘의 자제(子弟)가 세례를 받는 그림입니다」라고 말했다. 단, 분고의 귀인이며 그 사자 등의 성명을 묻자 「그들의 성명은 전해지지 않습니다」라고 답했다.

〈콤파니야 죠세후[397]의 설명에 의하면,

---

394 p.85 본문 내용 및 각주 137 참조.

395 저본의 두주에 「겐스케(玄佐)는 본디 세이와 겐지(清和源氏)로 와타나베(渡辺) 가문의 후예이자 사이토(斎藤) 가문의 후손이다. 가문(家紋)은 도모에(巴)이다. 그 자식의 이름은 도라마쓰(虎松)라 하며 당시 3세였다고 한다」라는 내용이 첨부되어 있다. 세이와 겐지란 세이와천황(清和天皇)의 후예로 미나모토(源) 성을 받은 일족을 지칭하며, 일본 최고의 무문(武門)으로 이름을 날린 가문이다.

396 현재의 기후현(岐阜県) 남부에 해당하는 지역의 옛 지명.

397 주세페 키아라(Giuseppe Chiara), p.80 본문 내용 및 각주 124 참조.

「과거 분고노쿠니에 괴이한 사건이 발생하는 집이 있었다. 포르토가루 사람이 나타났을 때 그 집에 머무르도록 했다. 포르토가루 사람이 그 벽 위에 크루스(クルス)398를 그리자 이후로는 이상한 일이 일어나지 않았다. 그 지방의 관리가 이 일을 듣고 신기하다 여겼다. 1년이 지난 후 후란시스코 샤히예르399가 찾아오자 관리는 바로 그 교의를 받아들였다.」라고 한다. 그 '후란시스코 샤히예르'란 포르토가루 말이다. 라텐 말로 '후란시스쿠스 사베이리우스'라고 칭하는 자이다. 크루스는 십자(十字)를 의미한다.

또한 죠세후의 설명에 이 사제400의 신통한 능력에 대하여 기술한 내용이 많다. 서인의 이야기에도 그와 비슷한 내용이 포함되어 있었다. 그 이야기는 하나같이 옛날 옛적 법력이 높은 고승에 대한 전설과도 유사한 것으로 전부를 믿을 수는 없었다. 따라서 여기에 기록하지는 않겠다.

그 가운데 이 사제의 시신을 갈무리한 관이 고아에 안치되어 있다401는 이야기가 나왔다. 수정으로 만들어 형체가 그대로 보이는데 아직도 살아 있는 사람 같다고 한다.

이 일에 대하여 오오란도 사람에게 질문하니,

「사람이 이미 죽었다면 그 시신은 부패하지 않을 수 없습니다. 만일 그 이야기처럼 형체가 온전하다면 이는 필시 약물의 효과일 것입니다」라고 대답했다.

이 설명은 실로 이치에 합당하다.

「만국곤여도(万国坤輿図)」를 근거로 추측하건대, 카라히야아(曷剌比亜)402 지역에서

---

398 cruz (포) 크루스: 십자, 십자가.
399 Francisco Xavier (포) 프란시스쿠 샤비에르: '프란치스코 하비에르'의 포르투갈식 표기.
400 하비에르를 가리킨다.
401 하비에르의 유체는 1553년 3월 22일 플라카에 이장되었다가 동년 12월 11일 인도의 고아로 옮겨졌다. 1637년 12월 2일, 부패하지 않은 상태로 은과 유리로 만들어진 관에 안치되었다.
402 '아라비아'의 한어 음역.

파르라(巴尔剌)403라는 이름의 약이 산출되며, 이것을 도포하면 시신은 부패하지 않는다고 한다. 그리고 페루우(孛露)404 지역에서는 파르사모(巴尔娑摩)405라는 나무가 산출되는데, 그 기름을 도포하면 시신이 부패하지 않는다고 한다. 따라서 그들 지역에서는 예로부터 시신에 도포하여 부패를 방지하는 약품이 있었던 것이다.

또한 대서인에게 「예우로파 지방에는 환술(幻術)이 존재하여 각종 신들이 괴이한 표적을 나타낸다고 들었는데, 사실인가」라고 질문하자,

「그런 사술이 있다는 말은 듣지 못했습니다. 데우스(천주)께서 때때로 인간에게 강림하는 일이 있습니다. 그리고 옛 성인들이 갖가지 신통력을 발휘한 사건도 적지 않습니다. 또한 성물의 가호406가 있어 그 효험이 나타나는 경우가 많습니다. 제가 이곳에 오기 위하여 카나아리야에 이르렀을 때, 그곳에서 기괴한 사건이 일어나 제게 도움을 청한 이들이 있었습니다. 저는 그때 성물을 건네어 즉시 상황을 안정시켰습니다. 만일 지금도 그처럼 기이한 현상이 발생하여 제게 그것을 해결하도록 시험해 보신다면 제 말이 거짓이 아님을 알게 되실 것이옵니다」라고 말했다.〉

다시 이 일에 대하여 오오란도 사람에게 묻자,

「예우로파 지역에서 그들의 종교를 신봉하는 곳에서는 반드시 나무로 크루스를 만들어 마을 어귀의 문에 세웁니다. 더불어 크루스를 자그마하게 만들어 각자의 집 위에 세웁니다. 그리고 안니에스(アンニエス)407라 하는데 어린양 따위가 오른손에 크루스를 그린 깃

403 아라비아, 아프리카 등지에 자생하는 감람과의 소교목 콤미포라 미르라(C. myrrha)에서 채취하는 수지(樹脂), 즉 몰약을 가리키는 것으로 추측된다.

404 '페루'의 한어 음역.

405 발삼 수지(樹脂), 향유. p.157 본문 내용 및 각주 315 참조.

406 원문에는 '부주(符呪)', 즉 부적을 활용하는 주술이라고 서술되어 있다.

407 agnus (라) 아뉴스: 어린양. 십자가에 희생된 그리스도의 상징.

발을 가지고 있는 성상을 백랍으로 만들어 항상 몸에 간직하며, 다른 사람과 만날 때에는 오른손 엄지손가락으로 자신의 이마와 입술과 가슴에 크루스를 그립니다. 이것이 천둥, 귀신, 각종 재난을 피할 수 있는 방법이라 합니다.

그들의 설명과 같이 데우스가 모든 만물을 창조하고 인간을 이롭게 하려 했다면 이처럼 재난을 피하는 법을 인간에게 전수하기에 앞서 천둥, 귀신 따위를 만들지 않아야 했을 것입니다. 또한 그 카나아리야의 사건은 섬에 사는 자들이 전부 악귀 같은 놈들이라 일어난 것입니다. 이유를 말씀드리자면 후랑스야에서 흉악한 범죄를 저질렀으나 사형을 면한 자들을 유형에 처하는 장소이기 때문입니다. 요얀이 만일 악귀를 퇴치하는 능력을 가지고 있다면 옥중에서 괴로움에 처한 자기 자신을 구하는 것이 가장 바람직하지 않겠나이까」 하고 말하며 비웃었다.

예로부터 키리스테얀 교도들은 그들의 교리를 설명할 때에 귀신에 관련된 것을 덴구 (天狗)[408]라 칭한다. 서인의 이야기에서도 마찬가지였다. 이것은 우리가 일반적으로 사용하는 단어를 통하여 이해를 쉽게 하기 위한 것이리라 생각된다.

---

408 얼굴이 붉고 코가 높으며 등에 날개가 달린, 깊은 산속에 서식한다는 요괴. 산악에서 수행하는 승려인 야마부시(山伏)의 차림을 하고 있으며 신통력이 높고 자유로이 날아다닌다고 한다. 일본 각지에는 덴구와 관련된 괴이한 이야기가 전승되고 있으며, 산중에서 발생하는 각종 신비한 현상은 덴구의 소행이라 여겨졌다. 하쿠세키의 추측과 같이 일본의 기독교 전파 과정에서 '악마'의 역어로 사용되었다.

05
마테오 리치와 중국 선교

대명 만력(万歷) 연간,[409] 최초로 천주의 교의를 중국에 전한 대서양 (大西洋) 사람, 리메토우(利瑪竇)[410]에 대하여 물었으나 아무것도 대답 하지 않았다. 재차 질문하자

「저는 아직 그 사람과 관련된 사정에 대하여 잘 모릅니다」[411]라고 답했다.

---

409 1573-1620년. 중국 명(明)의 제13대 황제 신종(神宗) 만력제(万歷帝) 주익균(朱翊鈞) 치세 의 연호.

410 리마두(利瑪竇). '마테오 리치(Matteo Ricci)'의 중국명. pp.85-86 본문 내용 및 각주 142 참조.

411 예수회 소속 사제였던 마테오 리치는 중국 특유의 유교 문화에서 비롯된 제사 및 조상 숭배 전통을 중국인의 문화적 특성으로 인정하고 가톨릭으로 개종한 중국인이 이 의식을 존속할 수 있도록 조처하여 괄목할 만한 선교 성과를 달성했다. 그러나 교황청에서 후발주자로 파송 한 도미니크 수도회와 프란치스코 수도회 선교사들의 보고로 인하여 이러한 예수회의 현지 화 정책에 대한 논쟁이 시작되었는데, 이를 '중국 전례 논쟁(Chines Rites Controversy)'이라 한다. 이러한 긴장과 갈등 속에서 1742년 교황 베네딕토 14세는 이 문제가 완벽히 우상 숭배 임을 선언했고, 이로 인하여 중국은 선교사를 추방하고 가톨릭에 배타적인 입장으로 돌아서 게 된다. 이와 같은 배경하에서 시도티는 마테오 리치에 대한 언급을 회피한 것이리라 추측 된다.

마테오 리치에 대한 추측

생각하건대, 후란시스쿠스 사베이리우스처럼 예로부터 지금까지 이곳을 찾은 대서인들 중 종교를 설파하지 않는 이가 없었다. 저 리자(利子)[412]로 말하자면 중국 명조 말 뭇 유학자들의 언설에 오르내렸으므로,[413] 모름지기 대서인이라면 그 사람을 모르는 자가 없을 것이다. 그럼에도 불구하

▶ 그림 9
마테오 리치(Matteo Ricci, 1552-1610)

---

412 마테오 리치. 공자(孔子), 맹자(孟子) 등과 같이 마테오 리치의 중국명 '리마두'에 '자(子)'를 붙여 부른 존칭.

413 마테오 리치는 중국 선교를 개시하고 1603년 한역서학서(漢訳西学書) 『천주실의(天主実義)』를 간행하여 중국 사상계에 큰 파문을 던졌다. 이는 빠른 속도로 동북아시아 각국으로 유포되어 출간 이듬해인 1604년에는 이미 일본에 전해졌고, 조선에서도 『어우야담(於于野談)』이나 『지봉유설(芝峰類説)』을 통하여 그 편목이 소개되었다. 건륭제(乾隆帝)가 본서를 사고전서(四庫全書)에 수록하게 할 정도로 열렬한 반응을 얻었으며, 중국을 비롯한 동아시아 한자문화권의 기독교 전파에 막대한 영향을 미쳤다. 그러나 명조 말기의 기독교 세력 확장에 위기를 느낀 중국 지식인들은 『천주실의』를 위시한 기독교 교리의 허점을 격렬하게 논박하여, 지욱(智旭)이 저술한 『천학초징(天学初徵)』, 『천학재징(天学再徵)』 등의 척사론(斥邪論)이 쏟아져 나왔고, 1643년 이러한 문헌을 수합한 『벽사집(闢邪集)』이 간행되었다.

고 그의 사적(事績)을 언급하려는 이는 없으니 납득이 가지 않는다.

이후 『벽사집(闢邪集)』[414]을 보건대 리자는 향산아우(香山嶴) 근방의 소국에서 태어났다고 하며, 그 사적에 대해서도 상세하게 기술하고 있다.

그리고 오오란도 사람의 설명을 듣자면

「예이즈스(예수)의 사제들은 각국으로 포교를 떠나 그 나라에서 어리고 총명한 아이들을 발견하면 각자의 본국으로 데려가 이들을 교육합니다. 학업이 충분한 경지에 이르면 그들을 각기 자신의 나라로 돌려보내어 교의를 설파하게끔 합니다. 이는 종교적 이치를 수월하게 전달하도록 하기 위함입니다」라고 한다.

과거 우리나라에서 이 종교의 사제로 활동하던 사람의 반수는 저들의 학문을 익힌 이들이었다. 그렇다면 리자와 같은 자도 향산에 근접한 지역에서 태어났고, 그 총명함이 탁월하여 서구에 건너가 그들의 학문을 익힌 후 다시 중국 땅으로 들어와 비로소 전교 활동을 시작했다는 말이다.[415] 결과적으로 관리와 식자들은 이에 현혹되어, 대서인들은 자신들의 성음(声音)[416]에 능통하고 유(儒)·불(仏)·선(仙)의 3대

---

414 학승 지욱(智旭, 1599-1655)은 유생 종시성(鍾始声)의 이름으로 불교의 입장에서 기독교를 비판하는 『천학초징』, 『천학재징』을 저술하고, 여기에 종진지(鍾振之)와 제명선사(際明禅師)가 주고받은 서신 및 정지용(程智用)의 평어(評語)와 발어(跋語)를 첨부하여 1643년 『벽사집』이라는 이름으로 간행하였다. 일본에서는 당시 금서(禁書)로 간주되었으며, 기독교에 대한 하쿠세키의 비판적 시각에 상당한 영향을 미쳤다.

415 마테오 리치는 이탈리아의 마체라타(Macerata) 출신으로 샹산, 즉 중국 광동 근처에서 태어났다는 본문의 서술은 『벽사집』을 근거로 한 하쿠세키의 오해이다.

416 언어를 의미한다.

가르침[417]을 논한 서적을 곧잘 읽으며, 그들의 교리가 유학에 합치되는 바가 있다고 여긴 것이다.[418] 그가 본디 동토(東土)[419] 사람과 연관된 출신이라면, 대서인들이 모두 그에 대하여 모른다 해도 기묘한 일은 아니다.

---

417 원문에서는 삼교(三教)로 서술하고 있다. 유교(儒教)·불교(仏教)·도교(道教)의 3대 가르침.

418 마테오 리치는 『천주실의』에서 중사(中土), 즉 중국의 학자와 서사(西土), 즉 서양의 학자가 토론하는 형식을 취하여, 전자는 전통 유학의 사상 및 불교와 도교를 논하게 하고 후자는 스콜라 철학과 선진공맹(先秦孔孟)의 고전을 들어 기독교 교리를 설명하도록 했다. 동아시아에 대한 전교를 목적으로 사서오경과 기타 경전을 적절하게 인용하여 유교적 교양을 바탕으로 기독교 교리를 이해하도록 유도하고 있다.

419 서양에 대하여 동쪽 땅, 즉 중국을 가리킨다.

06
서양 각국의 군사력

그들 나라의 전쟁에 관한 이야기를 듣고 「어느 나라의 병력이 가장 강한가」 하고 묻자,

「육전(陸戰)에서는 토르카(튀르크, 오스만 제국)에 대적할 상대가 없습니다. 수전(水戰)이라면 과거에는 후랑스야(프랑스)의 병력을 높이 쳤고, 그 후로는 앙게르아(잉글랜드)에 대항할 나라가 없었습니다. 지금 와서는 오오란데야(네덜란드)가 최강이라 합니다. 앙게르아가 그 뒤를 따르고 있습니다.

그 전함이 높고 거대한 것이 산악과 같으며, 선체에 3층으로 창을 설치했는데 각 층마다 8, 9개나 달려 있습니다. 각 층에 대포를 걸고 적선(敵船)의 크기, 높이, 거리에 따라 그에 적합한 포를 발사합니다. 사정거리가 가장 길며 견고한 물체를 부수는 파괴력으로는 오오란데야 대포에 맞설 것이 없습니다.

저는 예전에 후랑스야에 가서 해안과 가깝고 인구와 물자가 풍부한 땅들을 본 적이 있습니다. 일본으로 오는 도중 그곳을 지나게 되었는데, 하나같이 모조리 황무지가 되어 풀포기조차도 보이지 않았습니다.

어찌 된 일인가를 묻자, 「오오란도 사람의 대포에 당하여 사방 몇 리(里)의 땅이 순식간에 이리 되었습니다」라고 답하더이다」라고 말했다.

▼

서양식 대포의 위력

오오란도 사람에게 그 대포의 만듦새에 대하여 질문하니, 「스랑가(スランガ)[420]라고 하면 철탄의 무게가 8근, 카논(カノン)[421]이라 함은 철탄의 무게 40근, 반 리[422] 밖까지 도달합니다. 〈우리나라의 거리 단위로 환산한 것이다.〉 그 포신이 짧으면 멀리 날아가지 않습니다. 본(ボン)[423]이라는 것은 철탄의 둘레가 한 아름이나 되고, 그 속을 비워 화약을 채운 후 허공을 향하여 발포합니다. 땅에 떨어질 때에 부딪혀

---

420 veldslang (네) 벨트슬랑: '슬랑(slang)'은 네덜란드어로 '뱀'을 의미하며 15-17세기 유럽에서 사용된 대포 컬버린(culverin)을 가리키는 것으로 추측된다. '뱀 모양의'라는 의미를 가진 라틴어 형용사 'colubrinus'에서 유래한 명명으로, 구경이 작고 가늘며 포신이 길다는 특징에 대한 호칭이다. 영국 해군에 의하여 16세기 선박용으로 개조되었다. 1604년 명과 네덜란드가 교전할 때 중국에서는 네덜란드인을 붉은 머리의 오랑캐라는 의미로 '홍모이(紅毛夷)'라 칭했고, 당시 네덜란드군이 사용한 컬버린을 '홍이포(紅夷砲)'라 불렀다. 중국인들은 그 파괴력에 감탄하여 1618년 이를 수입하였고, 1621년에는 복제할 수 있는 단계에 이르렀다. 우리나라에서는 병자호란 때 청군이 사용한 것이 최초이며, 인조 때 정식으로 도입하게 되었다.

421 kanon (네) 카논: 캐넌. 길고 큰 포신을 가진, 원거리 사격용 대포. 17세기 이전의 구식 대포를 분류하는 여러 기준 중 하나에 속한다. 가장 널리 사용되었으며 17세기 이후로는 직사포를 일컫는 대명사로 정착되었다.

422 율령제(律令制) 붕괴 이후 시대나 지역에 따라 다르게 사용되었으나, 1리(里)는 일반적으로 5정(町)(약 545m) 내지 6정(약 655m)의 거리를 가리킨다. 따라서 반 리는 약 300m에 해당한다.

423 bom (네) 봄: 폭탄.

폭발하며 흙 속에 5, 6척가량 파묻혀 박힙니다. 사방 1리 정도는 전부 재가 되며, 이 무기가 가장 멀리까지 날아갈 수 있습니다」라고 답했다.

▼
총포의 기원

그들이 사용하는 화기(火器)의 시초에 대하여 질문하자,

「쥬데요라(ジュデヨラ)의 툿파르카인(ドゥッパルカイン)[424] 사람이 처음 만들었습니다. 그 땅은 다마스쿠스(ダマスクス)[425]라는 지역과 인접하고 있습니다. 스코르페이투므(スコルペイドゥム)[426]의 기원은 지금으로부터 이미 2천여 년 전입니다」라고 대답했다.

<u>〈쥬데요라는 '유데요라(ユデヨラ)'라고도 하는 듯하다. 한어로 '如德亞(뉴이테야아)'[427] 라 음역하는 것이 바로 이곳이다. 툿파르카인, 다마스쿠스는 모두 지명이다. 한어 음역은 미상이다. 스코르페이투므는 이곳에서 말하는 총(銃)이다.〉</u>

오오란도 사람에게 총포 등의 기원에 대하여 묻자 「그 연원에 대해서는 알 수 없습니다」라고 답했다.

---

424 투발 카인. 구약성서의 기술(《창세기》 4:22)에 의하면 카인의 자손 라멕이 두 아내 중 하나인 칠라에게서 얻은 아들이다. 구리와 쇠를 재료로 하는 온갖 도구를 만드는 자로, 대장장이의 조상이라 간주된다. 이하 본문에서도 언급되지만 하쿠세키는 이를 지명으로 착각하고 있다.

425 Damascus (라) 다마스쿠스: 다마스쿠스. 시리아 사막 중앙부에 위치한 도시. 기원전부터 오리엔트 정치 · 문화의 중심지로 그 이름이 이집트와 아시리아의 비문(碑文) 등에 기록되어 있다. 제1차 세계대전 후 오스만 제국의 지배를 벗어나 1918년 한때 파이살의 아랍 왕국의 수도가 되었으나 프랑스의 위임통치를 거쳐 1946년 독립한 이후 시리아의 수도가 되었다.

426 scorpio (라) 스코르피오: 투석기(投石機), 투사기(投射機).

427 pp.111-112 본문 내용 참조.

07
서양 각국의 식민지 건설

———

이스파니야, 후랑스야와 같이 해외 각국을 병탄하고 국토를 넓히는 행위에 대하여 묻자,

「예를 들면 노-와 이스파니야(ノ—ワ イスパニヤ)[428] 등은 애당초 그 나라를 다스리는 이도 없이 사람들이 이리저리 무리를 지어 모여 서로 다투며, 약한 자는 강한 자의 먹이가 되고 사람 시체를 뜯는 지경에까지 이르렀습니다. 풍랑을 만나 이 땅에 표착하게 된 이스파니야 사람들이 의식(衣食)에 대하여 가르치고 재물의 용도를 알려 주며 데우스의 교의로 그들을 이끌었습니다. 이 지역 사람들은 비로소 살아가는 방법을 터득하고 기꺼이 복종했으며, 결국에는 그 땅을 바치며 본국의 국왕에게 다스림을 받기를 바라고 청하게 되었습니다.

록손 등지도 사람들은 모두 나체로 생활하며 나무껍질로 간신히 앞뒤를 가리는 정도였습니다. 그자들 또한 금수나 다름이 없었습니다.

———

428 pp.86-87 본문 및 주석 144 참조.

이스파니야 사람들이 여기에 도착한 이후에야 생활 방식을 익히게 되었을 뿐만 아니라 우리 종교의 존재에 대하여 깨우쳤던 것입니다. 그 나라 사람들은 일제히 본국에 복속되기를 청원했습니다. 어떤 사람이 이에 대하여 간언하기를,

「본국으로부터 만 리나 떨어져 있으니 그 나라를 통치하고자 하면 비용과 물자 공급이 여의치 않을 것입니다. 내버려 두는 것이 좋지 않을는지요.」

라는 의견을 올렸습니다. 본국의 국왕은,

「바다 밖 사람들로 하여금 살아서는 그 생활을 편케 하고 죽어서는 그 고난을 면하게 한다면 우리 데우스의 은혜에 보답하는 바 적지 않으리라.」

라고 주장하시며 종국에는 그들의 청을 받아들이셨나이다.[429]

기타 고아, 아마카와(アマカワ) 등지에서는 그 토지를 빌려 해상 무역에 활용하고 있는 것입니다. 이 모두가 그 나라를 침략하여 빼앗은 것과는 다릅니다」라고 해명했다.

〈노-와 이스파니야와 록손은 모두 국명이다. 고아는 인데야의 지명이다. 아마카와는 '아마아카우(阿媽港)'로 광둥에 위치한다. 모두 앞에서 상세히 설명한 바 있다.〉

---

429 아메리카 대륙, 동남아시아 지역에 대한 침략 및 식민지 건설에 대한 시도터의 설명은 사실을 크게 왜곡하고 있어, 이하 신교 국가인 네덜란드의 식민지 정책에 대한 비판적 서술과 대조적으로 유럽을 대표하는 가톨릭 국가인 스페인에 대하여 일방적으로 호의적인 시각이 엿보인다.

08
일본 선교의 목적

「우리나라는 동방에 치우쳐 있으며 극히 작은 나라이다. 또한 우리나라에 종교에 대하여 엄격한 금령이 존재한다는 사실은 예우로파 지역 사람들이라면 모두들 알고 있을 것이니라. 이제 와서 무엇을 목적으로 이곳을 찾아온 것인지 이해할 수 없구나」 하고 힐문하자,

「먼저 이 나라가 동방에 치우쳐 있으며 국토가 작다고 말씀하신 것은 온당치 않사옵니다. 무릇 한 나라에 대하여 논하고자 한다면 땅덩이의 크기나 그에 이르는 거리를 따지는 것이 아니외다. 만국 중에서 그 영토가 광대한 것으로 말하자면 타르타-리야나 토르카에 비할 나라가 없습니다. 그러나 그 나라 사람들로 말하자면 금수보다도 못하다고 할 것입니다. 예우로파 각국의 사람일지라도 만일 우리 종교의 도리에 귀의하지 않는다면 그 역시 타르타-리야 혹은 토르카 사람과 다를 이유가 없습니다.[430]

430 시도티는 이슬람교를 신봉하는 지역, 기독교 비신자에 대하여 철저한 멸시의 시각을 보이고 있다.

우리 로-만을 예로 들면 겨우 사방 18리에 지나지 않습니다. 그러나 우리 교의의 중심이 되는 곳이니 서쪽과 남쪽의 각국에서 공경하고 받들지 않는 나라가 없습니다. 이는 머리의 크기가 작을지라도 사지 위에 있는 것과 비견할 수 있습니다.

그리고 생각해 보건대, 그 시작은 모두 선하지 않은 것이 없습니다. 하늘과 땅의 기운, 해와 달의 움직임, 만물의 생장 전부가 동쪽에서 시작되며, 만국 중 동방에 위치한 나라를 보면 이 나라[431] 바깥으로는 작은 점 정도의 국토도 없습니다. 따라서 이 나라가 어느 나라보다도 빼어나다는 사실은 제가 군이 여러 말로 설명할 필요도 없을 것입니다.

그리고 우리 종교가 현재 이 땅에서 신봉되지 않는다는 사실에 대해서는 멀리 전대의 일을 논할 것도 없습니다.

〈그가 품에 간직했던 소책자에는 도요토미 다이코(豊臣太閤)[432]에 대하여 '테이란(テイラン)'[433]이라 기술되어 있고, 이들의 종교를 금지한 사건[434]에 관하여 씌어 있다고 했다. 테이란이란 번어로 사람을 다수 살해한 포악한 사람을 의미한다고 한다.〉

---

431 일본을 가리킨다.

432 도요토미 히데요시(豊臣秀吉, 1536-1598). 아즈치모모야마 시대(安土桃山時代)의 무장. 오와리(尾張) 출신으로 아명은 히요시마루(日吉丸), 초명(初名)은 기노시타 도키치로(木下藤吉郎). 오다 노부나가(織田信長)를 섬기며 전공을 세우고 하시바 히데요시(羽柴秀吉)라 칭했다. 노부나가 사후 아케치 미쓰히데(明智光秀)와 시바타 가쓰이에(柴田勝家)를 물리치고 시코쿠(四国), 규슈(九州), 간토(関東), 오슈(奥州)를 평정함으로써 전국을 통일했다. 다이코(太閤)는 천황의 직무를 보좌하는 간파쿠(関白)의 직위에서 물러난 사람에 대한 경칭으로, 일반적으로 히데요시를 가리킨다.

433 tiranno (이) 티란노 / tyrannus (라) 티란누스: 폭군, 참주, 독재자.

434 덴쇼 15년(1587) 히데요시가 내린 금령은 '바테렌 추방령(バテレン追放令)', 즉 선교사 추방 및 남만 무역에 관한 금제였다. 전면적인 기독교 신앙 금지령이 내려진 것은 게이초 18년(1613) 도쿠가와 이에야스(徳川家康)에 의해서였다. p.82 본문 내용 및 각주 128 참조.

작금에 이르러 우리 종교를 금지하게 된 것은 애당초 오오란도 사람
이 우리의 포교가 「세상을 어지럽히고 나라를 빼앗으려는 소행이다」
라고 밀고한 일[435] 때문입니다. 이에 대해서는 제가 일일이 변명할 필
요도 없다고 생각합니다. 우리 로-만이 건국한 이래 대략 1380여 년이
흘렀으나[436] 한 치의 땅, 한 뼘의 영토일지라도 다른 나라를 침략하여
탈취한 적이 있는가에 대한 여부는 오오란도 사람에게 심문하시면 필
시 명백히 밝혀지지 않겠습니까.

저 오오란도의 루테이루스(루터)파 등은 〈루테이루스[437]란 오오란도 사람들
이 신봉하는 종파의 교조(教祖) 이름이다. 요컨대 이는 그들 종교의 이단(異端)이라 한다.
관련 내용은 이후에 상술한다.〉 영토를 침략하고 나라를 빼앗는 짓을 수 세대
에 걸쳐 일삼으며, 현재 그들이 병탄한 지역에 대해서는 이전에 말씀
드린 바 있나이다.[438] 하오니 인간이 나라를 망치는 것은 그 종교가 원
인이 아니라, 오로지 그 사람 자신의 책임이라 하겠습니다.

그리고 이스파니야, 후랑스야 등이 해외 영토를 소유하고 있는 이유

---

435 게이초 17년(1612) 10월 8일, 네덜란드의 사절 헨드릭 브라우어(Hendrick Brouwer)는 슨푸
(駿府)로 이에야스를 방문하여 「선교사들은 포교를 구실로 일본 국민을 혼란시키고 내란으
로 이끌 저의를 품고 있다」는 요지의 국서를 바쳤다. 일본에서의 포르투갈 및 스페인의 세력
확장을 경계한 네덜란드 측의 의도가 엿보인다.

436 313년 밀라노 칙령(Edictum Mediolanense)에 의하여 종교적인 예배나 제의에 대하여 로마
제국이 중립적 입장을 취한다는 내용이 발표되었고, 콘스탄티누스 1세가 라테라노의 성 요한
대성당과 성 베드로 대성당을 건축하도록 하여 로마에 기독교가 유입된 이래 최초로 신자들을
위한 공공건설이 시작되었다. 시도티는 당시의 교황이었던 실베스테르 1세(재위 314-335)
시대를 로마 교회의 시작으로 간주하여 그 역사를 헤아리고 있다. pp.227-231 본문 내용 참조.

437 Martinus Lutherus (라) 마르티누스 루테루스: '마르틴 루터(Martin Luther)'의 라틴식 표기.
pp.239-240 본문 내용 참조.

438 pp.193-194 본문 내용 참조.

에 대해서도 앞에서 말씀드린 바와 같습니다만, 그들 나라는 본국 국왕의 의도에서가 아니라 백성들 스스로 의탁할 데가 없어 복종한 것입니다. 만일 이 나라[439]와 같았더라면 백성들이 무슨 고생을 사서 하겠다고 자신들의 주군을 만 리 밖에서 구하겠나이까. 제가 지금 이곳을 찾아온 까닭은 이 억울함을 씻고, 부디 나라의 금령을 풀어 치이나, 스이야므처럼 포교를 허락해 주시기를 간청 드리기 위함이옵니다」라고 말했다.[440]

▼
무군무부(無君無父)의 종교

생각하건대「무릇 한 나라에 대하여 논하고자 한다면 땅덩이의 크기나 그에 이르는 거리를 따지는 것이 아니다」라는 의견은 탁견(卓見)이라 할 수 있다. 더불어「인간이 나라를 망치는 것은 그 종교가 원인이 아니라, 오로지 그 사람 자신의 책임이다」라는 발언도 마찬가지로 이치에 합당한 의견이다.

그러나 한편 그 종교의 가르침은 천주(天主)가 하늘을 생성하고, 땅을 생성하고, 만물을 생성한 만유의 주인이며 아버지라 한다. 자식에

---

439 일본을 가리킨다.
440 하쿠세키는 쇼군(将軍) 이에노부(家宣)에게 올리는 글에 기독교 국가들이 일본을 침략하고자 하는 책모를 꾸미고 있다는 것은 네덜란드의 중상에 의한 오해이며, 오카모토 산에몬(岡本三右衛門)의 저서를 참고했으나 그와 같은 모략이 엿보이지 않는다는 의견을 제시하고 있다.

게 어버이가 계심에도 사모하지 않고, 신하에게 주군이 계심에도 공경하지 않는다면 이것을 불효, 불충이라 일컫는다. 하물며 그 만물의 주, 아버지에 대하여 사모와 공경을 다하지 않을 수 있겠느냐고 주장한다.

예(礼)로 보자면 천자에게는 상제(上帝)[441]를 제사할 의무가 있으나 제후(諸侯) 아래로는 굳이 하늘에 제사를 드리지 않는다.[442] 이는 존귀함과 비천함의 위계질서가 흐트러지면 아니 되기 때문이다. 하지만 신하가 주군을 하늘처럼 섬기고, 자식은 어버이를 하늘처럼 모시고, 아내는 남편을 하늘처럼 따른다. 그렇게 하면 주군에게 충성을 바치는 것은 결국 하늘을 섬기는 것이 되고, 부친을 효도로 모시는 것은 결국 하늘을 섬기는 것이 되며, 남편에게 의리를 다하는 것도 결국 하늘을 섬기는 것이 된다. 삼강(三綱)의 도리[443] 외에는 하늘을 섬길 방법이 없는 것이다.

만일 자신의 주군 외에 섬겨야 할 위대한 주군이 존재하거나 자신의 어버이 외에 섬겨야 할 더더욱 큰 어버이가 존재하여 그 존귀하심이 자신의 주군과 어버이에 비할 바 아니라 한다면, 가정에서는 기둥이 둘, 나라에서는 주인이 둘이라는 지경에 이를 뿐 아니라 걸핏하면 주

---

441 동양 사상에서 절대적 위상을 지닌 만물의 주재자, 또는 그러한 관념을 표상하여 이르는 말.

442 「천자는 천지에 제사를 지내고 제후는 사직에 제사를 드린다(天子祭天地、諸侯祭社稷)」『예기(礼記)』.
「천자는 상제에게 제사를 드리고 제후들은 모여서 천자의 명을 받는다(天子祀上帝、諸侯会之受命焉)」『국어(国語)』〈노어(魯語)〉.

443 유교 도덕의 기본이 되는 임금과 신하(君臣), 어버이와 자식(父子), 남편과 아내(夫婦) 사이에 지켜야 할 세 가지 도리. 임금은 신하의 근본이고(君為臣綱), 어버이는 자식의 근본이며(父為子綱), 남편은 아내의 근본이다(夫為婦綱).

군을 경시하고 어버이를 업신여기게 될 것이다. 설령 그들의 가르침이 어버이를 업신여기고 주군을 경시하는 것까지야 아닐지라도 그 폐해가 심대할 것이라, 필시 그 주군을 시해하고 그 어버이를 죽이기에 이를지라도 무관한 논리 구조로 보인다.[444]

---

444 하쿠세키는 쇼군에게 올리는 글에서 유럽 국가들의 야욕에 대해서는 회의적인 입장을 보였으나, 나라에 기독교가 번성하면 역신(逆臣)이 나타날 것이 필연적 이치이며, 명조 멸망의 원인 중 하나가 기독교라는 유가적 입장에서의 견해를 보이고 있다.

09
일본과 중국의 차이

⎯

「우리나라만이 외따로 동쪽에 떨어져 있는 것이 아니다. 치이나 역시 동쪽에 위치한 나라이고, 예로부터 그 문물과 성교(声教)[445]가 세상의 중심(中土)이라 한다. 그 나라에 대해서는 어떻게 생각하는가」라고 물었다.

「예를 들자면 이곳 사람들은 사물을 둥글게 보고, 치이나 사람들은 사물을 모나게 본다고 하겠습니다. 더불어 이곳 사람들은 따뜻하고 부드럽기가 이 옷과 같습니다」라고 말하며 자신의 손으로 입고 있는 옷을 들어 보였다. 이어서 앉아 있는 걸상을 쓰다듬더니 「치이나 사람은 딱딱하고 거칠어, 이것과 비슷합니다. 가까이 있는 것을 우습게 여기면서 멀리 있는 것을 우러르지 말아야 합니다」라고 답했다.

⎯

445 제왕의 명성(名声)과 교화(教化), 또는 제왕이나 성인이 백성을 감화시키는 덕.

일본인과 중국인의 종교관

추측하건대 모나고 둥근 것에 대한 예시는 그렇게 생각하게 된 계기가 있었을 것이다. 한인(漢人)의 경우 소위 요순(堯舜) 이래 이어지는 성인의 도(道)[446]가 있고, 이단(異端)적 사상에 대해서는 노자(老子)나 부처의 심오한 말일지라도 수용되기 어려웠던 일면이 있다.

우리나라의 경우 예로부터 불교 관련 학문이 융성하고 갖가지 종파를 세우며 각 분파의 승려들이 자신의 주장을 내세우나, 천하 사람이 그에 귀의하여 따르며 다른 종파의 가르침을 접하면서도 의혹을 품으려 하지 않는다.

따라서 저 가르침을 떠나 이 가르침으로 옮기도록 인도하고자 한다면 한인들이 정도(正道)를 지키며 요지부동하는 태도와 달리 상당히 수월할 것이다.

---

446 중국 고대의 성천자(聖天子)인 요(堯)임금과 순(舜)임금의 태평성대 이래, 우(禹), 탕(湯), 문왕(文王), 무왕(武王), 주공(周公), 공자(孔子)로 이어지는 유학 사상의 계보.

10
시도티의 파견 및 그의 사명

「그대가 이곳에 파견되기로 결정되었을 당시 본사(本師)[447]가 지시한 임무와 그 밖에 들은 이야기는 대략 어떤 것이었는가」 하고 질문했다.

「과거 후란시스쿠스 사베이리우스가 최초로 이 땅을 방문하여 우리 종교가 이곳에 전파된 이래 70여 년, 타이카후사메(タイカフサメ)[448]의 치세가 되자 처음으로 우리 사제들을 추방하기에 이르렀습니다.

〈'타이카후사메'란 여기서 말하는 다이코 님(太閤樣)이다. 이 설명은 히데요시(秀吉)가 규슈(九州)를 평정했을 당시 나가사키(長崎)에 주재하던 파아테레(パアテレ)[449]를 축출한 사건[450]을 가리킨다.〉

이후로 우리 종교의 사제들은 나라의 주벌을 면한 자가 없고, 결국 에우로파 각국의 사람들은 이곳과 통교할 수 없게 되었습니다.

---

447 로마 교황을 가리킨다. p.180 본문 내용 및 각주 379 참조.

448 다이코 님(太閤樣; たいこうさま), 즉 도요토미 히데요시를 가리킨다. p.199 본문 내용 및 각주 432 참조.

449 padre (포) (스) (이) 파드레: 신부, 사제, 수도사, 수사, 아버지.

450 히데요시가 내린 '바테렌 추방령'에 대한 설명이다. p.199 각주 434 참조.

선대 혼테헤키스 마키스이무스(ホンテヘキス マキスイムス)[451]이신 이노센치우스 운데이시무스(イノセンチウス ウンデイシムス)[452]께서는 〈'혼테헤키스 마키스이무스'란 가장 높은 지위를 말하는 듯하다. 로-만의 교의를 가르치고 이끄는 수장에 대한 칭호이다. '이노센치우스'는 이름이다. '운데이시무스'는 우리말의 '11대'라는 뜻이다. 제1대로부터 11번째에 해당하기 때문이다. '운'은 '하나'를 의미한다. '데이시'는 '10'이다. '무스'는 '대(代)'라는 뜻이라 한다.〉[453] 이 일에 대하여 깊이 탄식하셨으나, 그 뜻도 헛되이 10년 전에 돌아가셨습니다.[454]

지금의 혼테헤키스 마키스이무스이신 키레이멘스 돗오데이시무스(キレイメンス ドッヲデイシムス)[455]께서는 〈'키레이멘스'는 이름이다. '돗오데이시무스'란 '12대'라는 뜻이다. '돗오'는 '둘'을 의미한다. '데이시'는 '10'이다. '무스'는 '대'라는 뜻이라 한다.〉 선대의 유지를 계승하사 이 문제에 대하여 논의하도록 하셨으나 좀처럼 결론이 나지 않아 세월만 흐르던 차에, 카르데나아르(カルデナアル)[456]가 상의하기를, 〈'카르데나아르'는 본사 다음가는 직위로 72인이 있다고 한다.〉

---

451 로마 교황. p.107 본문 내용 및 각주 192 참조.

452 Innocentius XI (라) 인노첸티우스 11세: 교황 인노첸시오 11세(재위 1676-1689). '운데치무스(undecimus)'는 '11번째의'라는 의미의 라틴어.

453 해당 설명은 오류이다. '데치무스(decimus)' 자체가 '10번째의'라는 의미의 라틴어 수사.

454 하쿠세키에 의한 시도티의 심문은 1709년의 일이므로 10년 전에 선종한 로마 교황이라면 인노첸시오 11세가 아닌 인노첸시오 12세(Innocentius XII, 재위 1691-1700)에 해당할 가능성이 있다.

455 Clemens XII (라) 클레멘스 12세: 교황 클레멘스 12세(재위 1730-1740). '뒤데치무스(duodecimus)'는 '12번째의'라는 의미의 라틴어. 단 이 심문이 이루어진 시기를 생각하면 클레멘스 11세(Clemens XI, 재위 1700-1721)의 오기로 판단된다.

456 cardinale (이) 카르디날레: 추기경. 가톨릭 교계 제도에서 교황 다음가는 고위 성직자.

「과거 치이나에서도 우리 종교를 금지했으나 지금은 그 금령이 해제되었을 뿐 아니라 그 천자의 사절이 이곳을 방문했나이다. 더불어 스이야므 등지에서도 우리 종교를 금지했으나 이곳 또한 그 금령이 풀렸습니다. 현재 치이나와 스이야므 모두 이와 같은 상황입니다. 〈이에 대해서는 앞에서 서술한 바 있다.〉

따라서 야아판니야(ヤアパンニヤ)에도 일단 멧쇼나나리우스를 임명하여 의견을 전달한 연후에 카르데나아르를 눈시우스(ヌンシウス)457로 파견하여 우호관계를 수립하고 우리 종교를 재차 동쪽 땅에 전파해야 하지 않겠나이까」라는 의견이 나왔습니다.

〈'야아판니야'는 일본이다. 멧쇼나나리우스에 대해서는 앞에 설명을 달았다. 카르데나아르는 진술한 비와 같다. '눈시우스'는 우리말로 '사절'이라는 의미라고 한다.〉

여럿의 의견이 드디어 일치되어 멧쇼나나리우스로 적당한 자를 선출하는데, 모든 분께서 이구동성으로 저를 천거해 주셨으므로 명을 받자와 이곳을 찾아왔다는 것은 이전에 말씀드린 바와 같습니다. 연로하신 모친과 형을 내버려 두고 만 리 길을 건넌 까닭은 교의를 위함이고 임무를 위함이며 다른 이유는 없다고 하겠습니다.

처음 이 지시를 받은 날로부터 제가 결심한 일이 세 가지 있습니다. 첫 번째, 제 본국의 간청이 수락되어 우리 종교가 다시 이 땅에 전파된다면 어떤 행복이 이보다 더할 수 있겠나이까. 두 번째, 이 땅의 국법에 따라 그 어떤 극형에 처해질지언정 처음부터 교의를 위하여, 임무를 위하여 이 한 몸을 아낄 리 없으나, 타국을 넘보는 간첩마냥 처분된

---

457 nuntius (라) 눈티우스: 사자, 사절, 전령. 교황 대사.

다면 여한이 없을 수 없습니다. 그럼에도 본사께서 지시하시기를,

「그 나라에 들어가면 그 나라에 따라야 하느니라. 부디 그 나라의 법을 어기는 일이 없을지어다」라고 하셨으니, 살과 뼈, 몸뚱이 따위는 어찌 되든 국법에 맡길 것이옵니다. 세 번째, 저를 곧장 본국으로 송환하신다면 임무를 다하지 못하고 자신의 포부도 펼치지 못한 채 만 리 길을 헛되이 오가며 세상의 비난을 받게 될 터이니 어떤 치욕이 이보다 더하리이까.[458] 그러나 아직까지도 동방에 우리의 가르침이 도달하지 못한 이 시대적 불행과 맞닥뜨린 것이니 이 또한 누구를 탓할 수 있겠습니까. 더 이상 드릴 말씀이 없나이다」라고 말했다.

___

458 하쿠세키는 시도티 자신이 최대의 치욕으로 여기고 있는 본국 송환을 결과적으로 가장 적절한 처분 방법이라 생각했다. 12월 9일, 하쿠세키는 시도티 처리 의견을 기술한 「로마인처치헌의(羅馬人処置献議)」를 이에노부에게 바친다. 그 내용을 발췌하면 다음과 같다. 「이 외국인을 다스리는 방법으로 상·중·하 3개의 방책이 있을 것입니다. 첫 번째로, 그를 본국으로 송환한다. 이는 상책입니다. 어려운 듯 보이나 뒤탈이 없는 방책입니다. 두 번째로, 그를 죄인으로 취급하여 살려 둔다. 이는 중책입니다. 수월한 듯 보이나 문제가 생길 수 있는 방책입니다. 세 번째로, 그를 주벌한다. 이는 하책입니다. 실행은 쉬우나 안이한 방책입니다.」

11
일본 상륙의 이유

처음 우리나라에 도착했을 때 나가사키로 호송하는 것을 원치 않고 곧
장 이곳으로 오기를 바란 이유[459]에 대하여 물었다.

「제가 만 리 길을 무릅쓰고 이 나라에 온 까닭은 본국의 명령을 전
달하기 위해서입니다. 그러한 연유로 즉시 이곳으로 향하기를 간청했
습니다. 게다가 나가사키 등지에는 오오란도 사람들이 드나들고 있어
저는 그리로 가기를 원치 않았습니다」라고 대답했다.

「그대의 말을 듣기로 자국의 사명을 받아 방문했다고 하는데, 모름
지기 이웃나라의 사자라 할지라도 반드시 국서를 상신하는 법이오. 우
리나라는 본디 그대의 나라와 친교를 맺고 있지 않소. 만일 그 국서라
할 물건이 없다면 무엇을 증거로 사절이라는 주장을 믿을 수 있겠소.
하물며 그대가 이곳에 왔을 때 우리나라 옷을 입고, 우리나라 말을 사
용했소. 이는 우리 서쪽 변방[460] 사람들을 현혹하기 위하여 이 나라 사

---

459 pp.58-59 본문 참조.

람처럼 꾸미고 은밀히 그대들의 종교를 전파하기 위해서일 터.[461] 그 계획이 가로막히자 이제 자신을 본국의 사절이라고 하니, 그간의 행적을 헤아려 보건대 그대의 말을 믿을 수 있겠는가」 하고 재차 질문했다.

「이 나라에서 우리 종교가 금지된 이래 우리 측 사람들이 나가사키에 상륙하면 어떤 이는 살해되고 어떤 이는 강제로 송환되는 등 아직한 사람도 나라의 임무를 완수한 이가 없습니다. 이것이 제가 단신으로 서쪽 변방의 땅에 상륙한 이유입니다. 이 나라 의복을 입거나 한 일에 대해서는 나가사키에서 이미 충분히 설명을 올린 바 있사옵니다. 그리고 본국의 사절 건에 관해서라면 말씀드린 바와 같이 우리 측 청원을 너그러이 가납하신다면 다시 사절을 임명하여 그 은혜에 사례를 올리고 우리 종교를 이 땅에 전파하려 했던 것입니다.

타국에 들어갈 때 먼저 그들의 금령을 파악하는 것이 예의라 할 수 있으니, 어느 나라에서든 마찬가지입니다. 하물며 나라의 금령을 풀어 주시기를 청원하는 사자로서 어찌 그 나라에 들어서자마자 법을 어기고 죄를 쌓으며 스스로 본국의 명령에 누를 끼치는 짓을 저지르겠나이까. 무엇보다도 자명한 이치가 아니옵니까」라고 반론했다.

---

460 시도티가 처음 상륙한 야쿠시마(屋久島) 부근을 가리킨다.
461 야쿠시마에서도, 사쓰마(薩摩)에서 나가사키(長崎)로 호송되는 도중에도 시도티가 기독교에 관하여 언급했다는 사실이 나가사키 부교쇼(長崎奉行所)의 보고에 기록되어 있다. 하쿠세키는 그것을 염두에 두고 이와 같은 질문을 하고 있다.

12
천지창조와 원죄론

「내 지금껏 천주의 교리에 대하여 들어 본 적이 없소. 대략적인 내용을 들려주시오」라고 청했다.

「무릇 만물이 스스로 생성되는 것은 불가능합니다. 반드시 이를 창조한 이가 존재하기에 가능한 것입니다. 한 채의 건물을 예로 들자면, 그것이 저절로 세워질 수 있을 리 없습니다. 반드시 목수의 작업이 필요한 것입니다. 한 가문의 체계를 보더라도 그 질서가 저절로 세워진 것이 아닙니다. 반드시 일가의 주인이 이를 바로잡아야 합니다.

천지 만물은 이를 주재하는 이가 없이는 생성될 수 없습니다. 그 주재자를 일컬어 '데우스'라 합니다. 〈'데우스'란 한어로 '천주(天主)'라 번역한다.〉

태초에 데우스께서 천지 만물을 창조하실 당시, 먼저 선한 이들이 거하도록 하기 위하여 제천(諸天)[462] 위에 하라이소(ハライソ)[463]를 만

---

[462] 불교의 세계관을 나타내는 용어. 욕계육천(欲界六天)·색계십팔천(色界十八天)·무색계 사천(無色界四天)을 아우르는 삼계이십팔천(三界二十八天)의 총칭.

[463] paraiso (포) 파라이주: 낙원. 천국.

들어, 〈'하라이소'란 한어로 번역하여 '천당(天堂)'이라 한다. 말하자면 불교에서의 극락세계와 같다.〉 헤아릴 수 없이 많은 수의 안제루스(アンゼルス)⁴⁶⁴를 지으셨습니다. 〈'안제루스'는 불교에서 말하는 광음천인(光音天人)⁴⁶⁵과 유사하며, 포르토가루 말로 '안죠(アンジョ)'⁴⁶⁶라고 한다.〉

　그 후 대지(大地)의 세계를 만들어 타마세이나(タマセイナ)⁴⁶⁷를 두고, 〈'타마세이나'는 '청정토(清浄土)'⁴⁶⁸와 비슷하다.〉 남자를 만들어 '아단(アダン)'⁴⁶⁹이라 하고, 그 오른쪽 옆구리에서 뼈 하나를 취하여 여자를 만들어 '예와(エワ)'⁴⁷⁰라 불렀습니다. 말하자면 이들은 인류의 시조입니다.

　그 남녀를 부부로 삼아 테리아리(テリアリ)⁴⁷¹ 땅에 거주하게 하고, 기타 나머지 지역을 새와 짐승이 서식하는 곳으로 정했습니다. 무릇 인간을 비롯한 생물의 아니마(アニマ)⁴⁷²에는 세 가지 단계가 있습니다.

────

464　angelus (라) 앙젤루스: 천사. 사자.

465　광음천(光音天)에 거하는 중생. 광음천은 색계(色界) 제이선천(第二禅天)에 속하는 하늘. 이곳에 사는 중생은 음성이 없고, 말할 때에는 입에서 청정한 빛을 발하여 의사를 소통하므로 광음천이라 한다.

466　anjo (포) 앙주: 천사. 수호신.

467　Damascena (라) 다마세나: '다마스쿠스(Damascus)'의 형용사형. 다마스쿠스 동쪽에는 '구타(Ghouta)'라 불리는 바라다강 등의 내륙 하천을 따라 생겨난 숲이나 논밭이 모인 커다란 오아시스가 있어, 이것이 에덴동산의 모델이 되었다고도 한다.

468　극락정토. 아미타불이 거하는 정토(浄土)로, 괴로움이 없으며 지극히 안락하고 자유로운 세상. 본문에서는 야훼가 최초의 사람인 아담과 그의 아내 하와를 거주하게 했다는 이상향, 즉 에덴동산에 대하여 설명하기 위하여 사용한 단어이다.

469　Adam (라) (이) 아담: 아담. 구약성서 《창세기》에 등장하는 인류의 시조. 최초의 남성.

470　Eva (라) (이) 에바: 하와. 구약성서 《창세기》에 등장하는 인류의 시조. 최초의 여성.

471　terreal (포) 테헤아우: 토지의, 땅의, 대지의, 지구(상)의. 지상의, 현세의, 속세의. 'paraiso terreal'는 지상 낙원이라는 의미로 에덴동산을 나타낸다.

472　anima (라) 아니마: 혼, 영혼. 생기, 생명. 숨결. 바람. 공기.

〈'아니마'란 '혼(魂)'을 말한다.〉 풀과 나무 따위는 생(生), 즉 살아 있을 뿐이고 〈무성하고 시드는 것만이 있음을 말한다.〉 새와 짐승 따위는 동(動), 즉 움직이고 있을 뿐이며 〈날고 뛰는 것만이 있음을 말한다.〉 이 두 종류의 생물은 형체가 소멸하면 아니마 역시 사라지게 됩니다. 따라서 처음과 마지막이 존재한다고 하겠습니다.

인간의 경우 지고의 영(靈)으로 그 아니마는 천지와 더불어 소멸하는 일이 없으니, 〈인간은 영혼(靈魂)이 있어 풀과 나무, 새나 짐승과 다르다고 한다.〉 이는 처음이 있으나 마지막은 없다고 하겠습니다.

이에 데우스께서 아담과 예와에게 이르시기를 '마상(マサン)'[473]을 먹는 일이 없도록 하라는 금계를 내리셨습니다. 만일 이를 먹는다면 금수들 속에 떨어져 영구히 괴로움에서 벗어날 수 없기 때문입니다. 〈'마상'은 과일의 이름이라고 한다. 불교에서 말하는 지병(地餠)[474] 등과 비슷한 것일까. 괴로움이란 생로병사의 고통을 가리킨다고 한다.〉

여기에 루우치헤르(ルウチヘル)[475]라는 안제루스가 스스로 지혜롭다고 자만하여 자신을 가리켜 데우스라 칭하고, 더불어 이를 믿는 안제루스도 적지 않았습니다. 데우스가 이를 가증스럽게 여겨 인페르노(インペルノ)[476]를 만들고, 이에 가담한 자들을 하나도 남김없이 모두

---

473 maçã (포) 마상: 사과, 능금.

474 세상이 이루어질 때 지상에 나타난 음식. 맛이 꿀과 같이 달며 향기롭고 좋아서 사람들이 이 것을 먹고 오래도록 양식으로 삼았으나, 탐하여 많이 먹은 자가 여위어 약해지고, 이에 대하여 다른 이가 업신여기는 마음을 품게 되어 지상에서 사라져 버렸다고 한다.

475 Lucifer (라) 루치페르: 금성, 샛별. 반역한 천사, 마왕.

476 inferno (포) 인페르누 / inferno (이) 인페르노: 저승, 황천, 명부(冥府). 지옥, 나락(奈落). 마굴, 마계(魔界).

하계(下界)로 추방하여 인페르노에서 거하도록 하였습니다. 〈'루우치헤르'는 안제루스의 이름이다. '인페르노'는 여기서 말하는 화갱지옥(火坑地獄)[477]이라고 한다.〉

루우치헤르는 자신의 무리들만 인페르노에서 고통당하는 것에 원한을 품고, 테리아리로 날아가 먼저 예와를 부추겨 마상을 먹게 만들었습니다. 아단 또한 예와의 종용에 응하여 이를 먹고 말았습니다. 이리하여 아단과 예와는 함께 천계(天戒)를 어기고 테리아리에서 추방되었으니, 그 자손들이 인간으로서 괴로움을 겪게 된 것입니다.

이렇게 되자 아단과 예와에게 콘치리상[478]의 마음이 생겨 〈'콘치리상'이란 참회를 뜻한다고 한다.〉 깊이 자신의 죄에 대하여 용서를 구했습니다. 데우스는 그 죄가 무거워 그들 자신이 감당할 길이 없음을 가련히 여겨, 스스로 인간의 몸으로 태어나 두 사람을 대신하여 그들의 죄를 대신할 것을 서약했습니다. 두 사람은 결국 930세의 수명을 다하고 드디어 하라이소에 들어가게 되었습니다.」

---

477 사방이 불로 둘러싸인 불구덩이의 지옥.

478 contrição (포) 콘트리상: 후회, 회개, 참회, 통회(痛悔).

13
노아의 홍수

—

「아단 시대로부터 2천여 년이 흘러, 〈지금으로부터 4천 년 전이라고 한다.〉 노예(ノ 그)[479]라는 자가 있었습니다. 그에게는 아들이 셋 있었고, 부부와 아들, 며느리를 합쳐 이들 가족 여덟 사람만이 데우스의 가르침을 따르고 순종했습니다. 세상 사람들은 이를 믿지 않았습니다.

　데우스께서 강림하사 노예에게 배를 만들도록 명하셨습니다. 120년이 지나 배가 완성되었습니다. 데우스께서 다시 내려와 그들에게 말씀하시기를, 곡식과 채소, 닭과 돼지 등까지 하나하나 모두 배에 싣도록 명하셨습니다.

　그리고 큰 비가 내리기를 40일, 엄청난 물이 산처럼 퍼부어 인간을 비롯한 대지의 모든 사물이 물에 잠기고 말았습니다. 노예의 자식들과 부부만이 죽음을 면한 것입니다.

—

479 Noé (포) (이) 노예: 노아. 구약성서 《창세기》에 기록되어 있는 홍수 설화의 주인공. 아담의 10세손으로 라멕의 아들이다. 홍수에서 살아남은 노아의 세 아들 셈, 함, 야펫은 세계 각 민족의 조상이 되었다고 전한다.

그 배는 지금도 아르메니야(アルメニヤ)[480]에 있는 산봉우리[481]에 현존하며, 그 물로 흘러 들어온 조개껍질 따위가 예우로파 지역에 소재하는 산 위에 남아 있는 경우도 있습니다.」

---

480 아르메니아. 서남아시아 캅카스산맥의 고원 지대에 위치하며, 4세기 초 세계 최초로 기독교를 국교로 선언한 나라이다.

481 노아의 방주가 대홍수 끝에 표류하다가 도착했다는 아라라트산은 터키와 아제르바이잔의 중간 지대인 아르메니아고원에 형성된 아라라트산맥의 한 봉우리로 추정된다. 현재 아라라트산이라 불리는 휴화산은 터키 동부, 이란 북부, 아르메니아 중서부 국경에 위치한 산으로, 아르메니아의 국장(国章) 중심에는 아라라트산과 노아의 방주가 그려져 있다.

14
이집트 탈출의 지도자 모세

──

「노예의 시대에서 1천여 년이 지나, 〈지금으로부터 3천 년 전이라고 한다.〉 데 우스께서 쥬데요라의 스이나이(スイナイ)[482]에 강림하시어 모이세스 (モイセス)[483]라는 자에게 만다멘도(マンダメンド)[484]를 내리사 세상 사람들에게 가르치도록 하셨습니다. 〈'쥬데요라'는 나라 이름으로 이전에 설명 한 바 있다. '스이나이'는 산의 이름이며, '모이세스'는 인명, '만다멘도'는 불교에서 말하는 계율이다. 10개 항목이 있다고 한다.〉

　에집프토(エヂップト)[485]의 군주는 그 계시를 받아들이지 않았고,

──

482　시나이산. 야훼가 모세에게 이스라엘 민족 해방의 소명과 십계명을 내렸다는 곳으로 유대교 와 기독교, 이슬람교의 성지로 유명하다. 시나이반도는 수에즈만과 아카바만 사이에 위치한 삼각형 모양의 반도로, 남부는 예의 시나이산으로 추정되는 험한 산악 지대이고 북부는 황량 한 광야이다.

483　Moisés (포) 모이세스: 모세. 이스라엘의 종교적 지도자이자 민족적 영웅이다. 이집트에서 노예로 지내던 히브리 민족을 인도하여 탈출에 성공하고 시나이산에서 십계명을 받았다. 이 스라엘 백성의 지도자로서 '약속의 땅'으로 들어가기 위하여 40여 년 동안 광야를 유랑했다.

484　mandamento (포) 만다멘투: 명령, 호령. 계명, 계율(戒律). 성훈(聖訓), 천주의 십계(十戒).

485　Egito (포) / Egitto (이) 이지토: 이집트.

심지어 모이세스를 죽이려 했습니다. 〈'에집프토'는 나라 이름으로, 오오란도 말로는 '에깁프토(エギップト)'[486]라 한다. 한어 음역은 확실치 않다.〉 모이세스를 따라 나라에서 탈출한 수만 명의 사람들을 왕 스스로 병사를 이끌고 마-레 브로프(マーレ ブロム)[487]까지 추격했습니다. 그때 돌연 바닷물이 갈라지고 길이 드러나 달아날 수 있었습니다. 그리고 그 바닷물이 갑자기 차오르더니, 추격하던 자들은 모두 물에 빠져 죽었습니다.」〈'마-레'는 '바다'를 의미한다. '브로프'는 '브루우토(ブルウト)'[488]라고도 한다. 여기서 말하는 '피'를 의미한다.[489] 사람들이 죽어 바다가 온통 피로 물들었다고 한다. 한어로 '西紅海'라 번역함이 이를 가리킨다.〉

---

486 Egypte (네) 이힙트: 이집트.

487 Mare Rubrum (라) 마레 루브룸: 홍해. 중권에 언급된 '마-레 루-브로프(マーレ ルーブロム)'의 오기. pp.68-69 본문 내용 참고.

488 Bloed (네) 블루트: 피, 혈액.

489 라틴어 'Rubrum'은 '붉은', '적색의'라는 의미이며, 네덜란드어 'Bloed'는 '피', '혈액'을 의미한다.

15
예수의 탄생

「모이세스 시대로부터 시간이 흘러 약 1천 8백 년, 〈지금으로부터 1천 7백

여 년 전이라고 한다.〉 쥬데요라국 나자레쓰(ナザレツ)[490]에 산토스 마리야

(サントス マリヤ)[491]라는 성녀(聖女)가 있었습니다. 헤-테레아므(ヘー

テレアム)[492]의 왕 다아힛토(ダアヒット)[493]의 후손입니다. 〈'나자레쓰'는

지명이다. 한어 음역은 미상이다. '산토스'란 존칭(尊称)이라고 한다.[494] 이후 서술할 경우

---

490 Nazareth (라) (이) 나자레트: 나자렛. 요르단강 서안 지구에 위치한 고대 도시. 신약성서에
의하면 마리아가 이곳에서 그리스도의 수태고지를 받았으며, 마리아와 요셉이 헤로데의 유
아 대학살을 피해 이집트로 떠난 후 돌아와 이곳에 거주하였다고 한다. 복음서와《사도행전》
에는 예수 그리스도를 '나자렛 사람 예수'라고 지칭하는 표현이 보인다.

491 Sanctus Maria (라) 상투스 마리아: 성 마리아, 성모 마리아. 단 본문에서는 여성형인 '상타
(Sancta)'를 사용하는 것이 옳다.

492 Betlemme (이) 베틀렘메: 베들레헴. 요르단 서부, 예루살렘 남방 9km 지점 이스라엘과의 국
경에 위치한 팔레스타인의 소도시. 구약성서에서 일컫는 다윗의 출신지라는 점에서 유대교
의 성지, 신약성서에 의하면 예수 그리스도의 탄생지라는 점에서 기독교의 성지로 유명하다.

493 David (라) (포) (이) 다비드: 다윗. 고대 이스라엘의 제2대 왕. 이스라엘-유다의 으뜸가는 영
웅이자 왕으로, 수백 년 후 그 혈통이 예수로 전해져 사람들은 예수를 다윗의 자손이라 일컬
었다.

494 라틴어 'santus'는 가톨릭의 성인, 교회, 지명 등의 명사 앞에 붙어 성스러움을 나타낸다. 포

동일한 의미로 사용된다. '마리야'는 한어로 '瑪利亞'라 음역한다고 한다. '헤-테레아므'는 지명이다. '다아힛토'는 그 군주의 이름으로 한어 음역은 미상이다.〉

그녀의 나이 16세 때 꿈을 꾸었는데, 안제루스가 내려와 데우스의 명을 전하기를 「데우스께서 그대의 아들이 되리니, 이름을 '예이즈스 키리스토스(エイズス キリストス)'[495]라고 하라. 그리고 산토스 죠세후 (サントス ジョセフ)[496]를 부친으로 삼아 베이테레웬(ベイテレウェン)[497]에서 탄생케 한 후 일단 에집프토로 향했다가 다시 돌아올지어다」라고 말했습니다. 〈'안제루스'는 전술한 바 있다. '예이즈스 키리스토스'는 한어로 '耶蘇(세-스)'라 음역한다. 우리가 보통 '제스(ゼス)'라 부르는 것은 한역의 음이 변화한 것이다. '산토스 죠세후'는 사람 이름이다. '베이테레웬'은 지명이다. 한어 음역은 미상이다. '에집프토'는 앞에서 언급한 바 있다.〉

명에 따라 죠세후와 더불어 나자레쓰를 떠나 베이테레웬의 한 마구간에 이르러, 남녀 간의 관계를 가지지 않은 채 그 안에서 사내아이를 낳았습니다. 꿈의 계시를 따라 예이즈스 키리스토스라고 이름을 지었습니다. 〈예이즈스가 탄생한 것은 올해 을축년(乙丑年)[498]으로부터 1709년 전, 12월 25일

르투갈어의 'são', 이탈리아어의 'san', 영어의 'saint' 등도 동일한 의미로 사용된다.

495 Jesus Christus (라) 예수스 크리스투스: 예수 그리스도.

496 Sanctus Joseph (라) 상투스 요세프: 성 요셉. 성모 마리아의 남편이며 예수를 양육한 아버지. '의로운 사람'으로 표현되며, 다윗의 자손으로 나자렛에 거주했으나 헤로데 치세에 예수 그리스도의 탄생을 위하여 베들레헴으로 향한다.

497 Bethlehem (라) 베틀레엠: 베들레헴. p.220 각주 492 참조.

498 을축년(乙丑年)은 하쿠세키의 생존 시기를 고려할 때 1685년에 해당하나, 이는 본서의 집필 시기와 일치하지 않는다. 시도티의 심문이 이루어진 해가 1709년, 즉 기축년(己丑年)에 해당하며 성탄절에 대한 본문의 서술과도 일치하므로 을축년이라는 것은 기축년의 오기로 추측된다.

밤이라고 한다. 그렇다면 우리나라 제10대 인황(人皇)⁴⁹⁹인 스진 천황(崇神天皇)⁵⁰⁰ 30년,

즉 신유년(辛酉年)으로 한(漢)의 평제(平帝) 원시(元始) 원년⁵⁰¹에 해당한다.〉

아라비아(アラビア)⁵⁰² · 타르소(タルソ)⁵⁰³ · 사바(サバ)⁵⁰⁴ 세 나라

의 왕⁵⁰⁵은 예이즈스가 탄생한 밤에 객성(客星)⁵⁰⁶이 나타난 것을 보고

---

499 일본 신화에서 신들이 다스리던 시대, 즉 가미요(神代)의 신들에 대하여 진무 천황(神武天皇) 이후의 역대 천황을 일컫는 호칭.

500 『고지키(古事記)』 및 『니혼쇼키(日本書紀)』에 전하는 일본 10대 천황. 가이카 천황(開化天皇)의 황자이며 이름은 미마키이리히코이니에(御間城入彦五十瓊殖). 하쓰쿠니시라스스메라미코토(御肇国天皇)라고도 불린다.

501 중국 한(漢) 평제(平帝) 유연(劉衍) 치세의 연호인 원시(元始) 원년은 서력 1년에 해당한다.

502 Arabia (라) (이) 아라비아: 아시아 3대 반도(인도차이나, 인도, 아라비아) 중 하나로, 서남아시아에 위치하며 홍해와 페르시아만, 인도양으로 둘러싸인 반도 전체를 일컫는 표현이다. 성서에서는 때로 반도의 일부분을 일컬어 아라비아라 부르기도 한다.

503 Tharsis (라) 타르시스: 성서에서 지명이 확인되는 고대 국가로, 그 위치는 미상. 지중해 서쪽 끝, 현재의 스페인 남부 해안의 요새 도시 타르테수스(Tartessus)로 추정되고 있다. 금속이 풍부하게 산출되어 금속 가공업이 성행했다고 한다. 혹은 이탈리아 남부 사르데냐(Sardegna) 섬으로 보기도 한다.

504 Saba (라) 사바: 아라비아 서남부 지방(현재의 예멘 지역)의 고대 국가 및 그 수도의 이름. 이 지방 남부에서 금, 향료 등이 풍부하게 산출되었기 때문에 '아라비아 펠릭스(Arabia Felix; 풍요로운 아라비아. 아라비아반도 남부를 지칭하며, 아라비아에서 가장 번영했던 지역)'라고도 불렸다.

505 신약성서에 등장하는 동방 박사에 대한 설명이다. 대부분의 가톨릭 영어 성서의 시초라 할 수 있는 두에-랭스 성서(Douay-Rheims Bible)의 영역에 의하면 구약성서의 《시편》 71장에서 다음과 같은 내용을 확인할 수 있다.

  [10] The kings of **Tharsis** and the islands shall offer presents: the kings of the **Arabians** and of **Saba** shall bring gifts:

  [11] And all kings of the earth shall adore him: all nations shall serve him.

  동방 박사를 왕으로 간주하는 것은 3세기 초의 교부 테르툴리아누스(Tertullianus)로부터 시작되었고, 이는 6세기부터 위에 인용한 《시편》의 내용을 근거로 널리 받아들여졌다. 그러나 《시편》의 언급을 예수에 대한 경배와 관련시켜 일종의 예언으로 해석하는 것은 가능하지만 그들이 실제로 타르시스, 아라비아, 사바 출신이라는 기록은 보이지 않는다.

506 동아시아의 전통 천문학에서 갑자기 나타난 별(천체)을 지칭한다. 현대 천문학 지식으로 해

성인(聖人)이 태어나신 사실을 알게 되어, 각자 자신의 나라를 떠나 그 장소를 찾아 나섰습니다. 〈'아라비아'는 현재의 아지아 지방에 위치한다. '타르소', '사바'는 양쪽 모두 그 위치를 알 수 없다. 한어 음역도 미상이다.〉

세 나라의 군주는 같은 장소에서 만나게 되어, 함께 쥬데요라의 왕 에로-데스(エローデス)[507]를 찾아가 이 일에 대하여 물었습니다. 에로-데스는 이 사건에 관하여 아는 바가 없어, 「그 사람을 찾아내면 반드시 나에게도 알려달라」라고 부탁했습니다.

그곳을 떠나 13일 동안 여행이 계속되었는데, 헤이테레웬(ヘイテレウェン)[508]에 도달하자 별이 바로 그 위에 머물러 있었습니다. 드디어 예의 마구간에서 예이즈스께 경배를 올렸습니다.

안제루스가 내려와 삼국의 군주에게, 「예이즈스에 대하여 쥬데요라의 왕에게 고하지 말라」라고 경고했습니다. 이는 그가 내심 사악한 일을 꾸미고 있었기 때문입니다. 마리야는 결국 그곳을 떠나 에집프토로 향했습니다. 쥬데요라의 왕은 삼국의 군주가 이 사건에 대하여 보고하지 않는 것을 수상쩍게 여겨, 이듬해 온 나라의 유아 중 태어나서 2세가 되는 아이들 수만 명을 수색한 후 베이테레웬에서 살해했습니다.

7년이 지난 후 그 왕이 죽었습니다. 안제루스가 다시 내려와 마리야에게 이 일을 알려 나자레쓰로 돌아가도록 명했습니다.」

석하면 항성(恒星)이 아니라 일시적으로 보이는 혜성(彗星), 신성(新星) 등.

507 Herodes (라) 에로데스: 헤로데(재위 BC 37-BC 4). 아우구스투스 황제 시대 유대의 왕. 친로마 정책과 전제정치로 유대 왕국을 발전시켰고, 에루살렘 성전을 재건하였다. 그리스도의 탄생을 두려워하여 베들레헴의 두 살 이하 유아를 모조리 살해했다고 한다.

508 앞에서 기술된 베이테레웬(ベイテレウェン), 즉 베들레헴을 가리킨다.

16
예수의 부활과 속죄

「예이즈스가 태어난 후 여러 상서로운 징조가 있었고, 어릴 때부터 스스로를 천주의 아들이라 칭하더니 12세의 나이에 처음으로 예루-자레므(エルーザレム)[509]에서 설법하기를 3년, 그 가르침을 받아들인 자가 5천 명이었습니다. 〈'예루-자레므'는 쥬데요라의 지명이라고 한다. 한어 음역은 미상이다.〉

쥬데요라의 군주 세이자르(セイザル)[510]는 이를 못마땅하게 여겨, 그에게 죄를 물어 카르와-리에(カルワーリエ)[511]에서 책형(磔刑)에 처했

---

509 Jerusalem (라) 예루살렘 / Jeruzalem (네) 예루잘렘: 예루살렘. 유대교와 기독교, 이슬람교의 성지이자 서구 역사에서 매우 중요한 장소로 신성시되는 곳이다. 기원전 2000년대 중엽부터 이집트의 세력하에 들어갔으며, 지금으로부터 약 3000년 전 이스라엘 왕 다윗은 여부스 부족을 몰아내고 예루살렘을 수도로 정했다.

510 Caesar (라) 체사르 / Caesar (네) 세이자르: (로마의) 황제. 제왕.

511 Calvaria (라) 칼바리아: 갈바리아. 해골, 두개골. 예수가 처형된 예루살렘 교외 언덕의 지명이다. '골고타(Golgotha)'라고도 하며 이는 해골을 의미하는 아람어 '굴갈타(Gulgalta)'를 음역한 그리스어이다. 이름의 유래는 언덕의 지형이 두개골과 비슷하기 때문이라고도 하고, 혹은 근처에 묘지가 있었기 때문이라고도 한다.

습니다. 〈'카르와-리에'는 산의 이름이다. 이타리야 말로는 '카르와리요(カルワリョ)'[512] 라 한다고 들었다. 양쪽 모두 한어 음역은 미상이다. 번어(番語)로는 책형을 '크루스에 매달 았다'고 표현한다. '크루스'는 한어로 번역하여 '십자가(十字架)'라는 것이다. 그리고 황금으 로 그 형상을 제작한 것을 '이마젱(イマゼン)'[513]이라고 한다. 이는 예이즈스가 끌려가는 도중 땅에 쓰러졌을 때에 한 여인이 얼굴을 닦아 준 손수건에 그 형상이 그대로 남은 것에 서 비롯되었다고 한다. 또한 예이즈스의 성상을 보니[514] 십자가 위에서 책형에 처해진 형 상을 구리로 제작한 것이었다.〉

사후 사흘이 지나 소생하시어 그 모친 마리야에게 모습을 보이고 제 자들을 위하여 가르침을 베풀기를 40일, 결국 하늘로 올라가셨습니 다. 이처럼 데우스께서는 최초의 서약을 지켜 인간으로 태어나, 아단 과 예와를 대신하여 그 죄를 짊어지신 것입니다.

얼마 지나지 않아 쥬데요라의 왕은 그의 적 아르테우스(アルテウス)[515] 의 공격으로 패망하여 온 나라의 사람 및 성곽이 모조리 불길에 휩싸 였고, 현재의 토르카 지역에 그 폐허의 일부가 남아 있습니다. 〈'카르테 우스(カルテウス)'는 지명인지 인명인지 확실치 않다. 한어 음역도 미상이다.〉

예이즈스께서 승천하실 당시의 나이는 33세였으며, 그 모친 마리야

---

512 Calvario (이) 칼바리오: 갈바리아. 그리스도가 처형당한 골고타의 언덕.

513 imagem (포) 이마젱: 상, 영상. 표상, 심상, 환영. 화상, 초상. 우상, 성상.

514 시도티가 소지하고 있던 성상을 가리킨다. 「나가사키에서 상신한 로마 사람에 관한 보고 (長崎注進邏馬人事)」의 기록을 통하여 그 형태를 확인할 수 있다.

515 본문에는 '아르테우스(アルテウス)'와 '카르테우스(カルテウス)'가 혼용되고 있어 어느 쪽이 옳은 표기이며 어떠한 인물을 지칭하는지 알 수 없다. 발음으로 추측하면 4대 로마 황제 클라 우디우스(Tiberius Claudius Nero Germanicus, 재위 41-54)로 여겨지나, 기원후 70년 예루 살렘을 함락시키고 성전을 불태운 유대 전쟁의 최고 지휘자는 이후 10대 황제로 즉위하게 되 는 티투스(Titus Flavius Vespasianus, 재위 79-81)이다.

는 63세로 승천하셨습니다.」〈이들 교도들이 사용하는 염주를 '콘다쓰(コンダ ツ)'[516]라고 한다. 구슬의 개수가 33개인 것은 예이즈스의 나이에서 유래한 것이며, 63개인 것은 마리야의 나이에서 유래한 것이라 한다.〉

---

516 contas (포) 콘타스: 구슬.

17
콘스탄티누스 황제의 기독교 공인

「예이즈스의 제자 72인[517] 중 12명의 뛰어난 제자[518]가 있었습니다.
산토스 페-토로스(サントス ペートロス),[519] 산토스 파우루스(サントス
パウルス)[520] 두 사람이 〈12인 중에 포함된다고 한다.〉[521] 예루-자렌(エルー

---

517 신약성서의《루카 복음서》10장에 기록된 이하의 구절에 의거한다.
     [1] 그 뒤에 주님께서는 다른 제자 일흔두 명을 지명하시어, 몸소 가시려는 모든 고을과 고
     장으로 당신에 앞서 둘씩 보내시며,
     [2] 그들에게 말씀하셨다. 수확할 것은 많은데 일꾼은 적다. 그러니 수확할 밭의 주인님께
     일꾼들을 보내 주십사고 청하여라.
518 12사도. 예수 그리스도가 교회를 세우고 가르침(복음)을 전파하고자 택한 열두 명의 제자를
     일컫는 말.
519 Sanctus Petrus (라) 상투스 페트루스: 성 베드로. 12사도의 으뜸으로 예수의 수제자이자 초
     기 그리스도 교회의 중심적 지도자. '천국의 열쇠'를 계승한 로마 교회의 초대 교황으로 간주
     된다.
520 Sanctus Paulus (라) 상투스 파울루스: 성 바오로. 무려 20,000㎞에 이르는 전도 여행과 신약
     성서 27개 문서 가운데 13편에 달하는 서신서는 초대 교회사의 기념비적인 업적이다. 전도
     여행을 통한 '이방인(異邦人)의 사도'로서의 사명에 진력했으며, 탁월한 학식을 바탕으로 기
     독교 사상 형성의 토대를 마련했다.
521 사도 바오로의 경우 예수가 택한 기존의 사도 12명에 포함되지 않는다.

ザレン)[522]을 떠나 이타리야 땅 로-만에 이르렀습니다. 이들 또한 로-
만의 군주 세-자르 아우구스토스(セーザル アウグストス)[523]에게 처형
당합니다.

그 후 3백여 년이 흘러, 로-만의 군주 코-스탄치이노스(コースタン
チイノス)[524]가 나병(癩病)을 앓고 있었습니다. 여러 의사들이 입을 모
아 말하기를, 많은 수의 어린아이를 죽여 그 피로 목욕을 할 것을 권했
습니다. 왕은 「자신의 질병을 치료하자고 사람의 목숨을 빼앗을 수는
없다」고 말하며 그 의견을 받아들이지 않았습니다.

그날 밤 두 명의 신인(神人)이 꿈속에 나타나 「시르웨스테르(シル
ウェステル)[525]라는 사제가 쓰랏테(ツラッテ)[526]에 있으니 그를 찾아가

---

522 예루살렘. 앞에서는 '예루-자레므(エルーザレム)'로 표기하고 있다.

523 Caesar Augustus (라) 체사르 아우구스투스: 카이사르 아우구스투스. 로마 제국의 초대 황제
인 옥타비아누스(Gaius Julius Caesar Octavianus, 재위 BC 27-AD 14) 이래 역대 로마 황제
들의 별호가 되었다. 베드로와 바오로는 5대 황제 네로(Nero Claudius Caesar Drusus
Germanicus, 재위 54-68)의 박해 당시 순교했다고 전한다.

524 Constantinus (라) 콘스탄티누스: 콘스탄티누스 1세(Constantinus Ⅰ, 재위 306-337). 디오클
레티아누스의 퇴위 후 로마 제국의 혼란을 수습하고 제국을 다시 통일했으며, 수도를 콘스탄
티노플로 옮겼다. 313년 밀라노에서 리키니우스와 함께 밀라노 칙령으로 기독교를 공인하
고, 325년 니케아 공의회를 열어 아리우스파를 이단으로 지목했다.

525 Silvester (라) 실베스테르: 교황 실베스테르 1세(Silvester Ⅰ, 재위 314-335). 제33대 교황. 그의
즉위 직전 공표된 밀라노 칙령으로 인하여 로마에 기독교 신앙의 자유가 허락되었다. 재위
기간 중 콘스탄티누스 황제의 주도로 라테라노의 성 요한 대성당과 성 베드로 대성당이 건축
되었다.

526 Soratte (이) 소라테: 몬테 소라테(Monte Soratte). 고대 로마 시대에는 '소락테(Soracte)'라고
불렸다. 길이 5.5km, 6개의 봉우리가 있는 석회암 능선으로 최고봉은 해발 691m이다. 부근
에서 순교한 성 오레스테스(Orestes)의 이름에 유래하여 명명되었다. 정상 바로 아래 위치한
성 실베스테르 수도원은 콘스탄티누스 1세의 박해를 피하기 위하여 몸을 숨긴 교황 실베스
테르가 세웠다고 전해진다.

만나면 그대의 병이 나으리라」고 전했습니다. 왕이 몸소 그 사제를 찾아가자 그곳에는 꿈에서 보았던 두 신인의 상(像)이 있었으니, 바로 페-토로스와 파우루스의 모습이었습니다.

과거 페-토로스가 로-만에서 처형된 이후로 그때까지 교의를 계승한 32대의 지도자가 모두 나라의 주벌을 면할 수 없었습니다. 그 34대[527]가 시르웨스테르입니다. 국왕의 간청을 받아들여 그의 정수리에 성수(聖水)를 부으니 순식간에 병이 치유되었습니다. 〈이들 사제는 계(戒)를 내릴 때 반드시 물을 사용하는 의식[528]을 치른다. 이는 예이즈스가 처형당할 때 흘린 피로 일체의 죄악을 씻어 낸다는 의미라고 한다. 단, 이것은 불교에서 행하는 관정(灌頂)[529] 의식과 유사하지 않은가 싶다. '쓰랏테'는 시르웨스테르가 숨어 지내던 산 이름이라고 한다.〉

그 군주는 크게 기뻐하며 자신의 거처를 다른 곳으로 옮기고, 스스로 쇠스랑을 손에 들고 12개의 훈다멘토(フンダメント)[530]를 설치하여 산토스 페-토루스 엣케레이쟈(サントス ペートルス エッケレイジャ)[531]를 세웠습니다. 〈'훈다멘토'는 주춧돌을 의미한다. '산토스 페-토루스 엣케레이쟈'란 여기서 말하는 정사(精舍)[532]의 명칭인 듯하다. 번역으로 '템프루스(テンプルス)[533]라 함은

---

527 실베스테르 1세는 제33대 교황에 해당하므로 본문의 서술은 오류.

528 기독교의 세례에 대한 설명이다.

529 계(戒)를 받거나 일정한 지위에 오른 수도자의 정수리에 물이나 향수를 붓는 것. 또는 그 의식.

530 fondamento (이) 폰다멘토 / fundamento (포) 푼다멘투: 기초, 토대, 기반. 기본, 근본. 근거.

531 Sanctus Petrus Ecclesia (라) 상투스 페트루스 에클레시아: 성 베드로 대성당. 4세기 무렵 콘스탄티누스 1세 때 세워진 바실리카식 성당에서 기원하며, 326년 11월 18일 실베스테르 1세가 정초식을 거행한 후 완공에 이르기까지 약 30년이 걸렸다. 현 대성당의 건설은 1506년 4월 18일에 시작되어 1626년 완료되었다.

532 산스크리트어 'Vihāra'의 한역(漢訳)으로 정련행자(情練行者), 즉 불가에서 수행하는 사람들

여기서 말하는 사찰(寺刹)과 같다. 이타리야 말[534]로는 '카이르키케(カイルキケ)'[535]라 한다고 들었다.〉

그리고 로-만, 시스치이리야(シスチイリヤ),[536] 네아포리스(ネアポリス),[537] 노우르비이나(ノウルビイナ),[538] 보노-니야(ボノーニヤ),[539] 페라아라(ペラアラ),[540] 스타아토스 혼테히이치우스(スタアトス ホンテヒイチウス)[541] 등지의 땅을 시주하고,[542] 〈7개 지명의 한어 음역은 미상이

이 머무르는 곳이라는 의미. 승려가 불도를 닦는 장소인 사원, 절 등을 의미한다.

533 templo (포) 템플루: 신전. 사원. (기독교의) 교회, 예배당, 성당. (불교 등의) 절, 사찰.

534 이탈리아어와 네덜란드어를 착각하여 기술한 듯하다.

535 kerk (네) 케르크: (예배, 미사 장소로서의) 교회, 성당. (독립된 교단을 이루는 교파를 의미하는) 교회.

536 Sicilia (라) (이) 시칠리아: 시칠리아. 이탈리아 서남단에 위치한 지중해 최대의 섬.

537 Neapolis (라) 네아폴리스: 나폴리. 이탈리아 남부 나폴리만 연안의 도시. 역사적 유적이 많고 풍광이 수려하여 관광지로 유명하다.

538 Urbino (이) 우르비노: 우르비노. 이탈리아 중부의 도시. 이탈리아의 고대 종족인 움브리인이 세운 도시로, 에트루리아인, 켈트족, 갈리아인의 지배를 차례로 받다가 기원전 3세기에 로마에 정복되었다.

539 Bologna (이) 볼로냐: 볼로냐. 이탈리아 중북부에 위치한 도시. 세계 최초의 대학이 설립된 도시이자 중세 이래로 학문과 예술의 중심지로서 유명하다.

540 Ferrara (이) 페라라: 페라라. 베네치아 남서쪽, 포강 하류 유역의 농업 지대에 위치한 이탈리아 북부의 도시. 16세기 초에는 르네상스 미술의 중심지로 번영했다.

541 Status Pontificius (라) 스타투스 폰티피치우스: 교황령(教皇領). 중세 초기부터 근대에 이르기까지 교황이 다스리던 영지로 현 바티칸 시국의 전신. 앞서 열거한 여러 지역을 교황에게 바쳐 교황령으로 삼았다는 서술인 듯하나 하쿠세키는 이를 지명으로 착각하여 나열하고 있다.

542 5세기 무렵 성립된 「실베스테르 행전(Actus Silvestri)」에 의하면, 나병에 걸린 콘스탄티누스 1세가 꿈속에 나타난 성 베드로와 성 바오로에게서 실베스테르 1세를 찾아가라는 계시를 받고 라테라노에서 그에게 세례를 받은 후 치유되었다고 전한다. 이는 위조된 문서로 밝혀진 「콘스탄티누스 기진장(Constitutum Constantini)」과 관련된 전설로, 해당 문서에는 315년 콘스탄티누스 1세의 나병이 치유되고 개심하여 실베스테르 1세에게서 세례를 받은 것으로 기록되어 있으나, 황제가 세례를 받은 것은 사망 직전인 337년의 일이었다. 또한 315년 콘스

다.〉 나라에서 수백 리 떨어진 코-스탄치이(コースタンチイ)[543] 지역으로 이전했습니다.」〈현재 토르카의 수도가 바로 이 지역이다.〉

탄티노플로 제국의 수도를 옮기면서 로마를 포함한 제국의 서반부를 교황에게 봉헌했다고 기술되어 있으나, 비잔티움에 신도시를 건설하여 완성한 후 이를 콘스탄티노플이라 부르기로 한 것은 330년의 일이다. 8세기 무렵 작성된 이 문서는 줄곧 황제에 대한 교황의 우위를 주장하는 근거로 사용되었으나, 르네상스 시대 인문주의자들에 의하여 조작된 것으로 판명되었다.

543 Constantinopolis (라) 콘스탄티노폴리스: 콘스탄티노플(Constantinople). 도시가 형성된 기원전 660년 그리스 시대에는 비잔티움(Byzantium)이라고 불렸으며 서력 330년 콘스탄티누스 1세가 동로마 제국의 수도로 삼으면서 콘스탄티노플로 개칭했다. 이후 1453년 오스만 제국의 수도가 되어 '이스탄불(Istanbul)'이라 불리게 되었으며, 이슬람 제국 최고의 도시로 번영했다.

18
로마 교회의 권세

—

「이후로 지금까지 예우로파 지역 각 나라의 군주, 대신을 비롯하여 가장 신분이 천한 자에 이르기까지 어느 누구도 이 교의를 받들어 믿지 않는다는 자가 없고, 로-만 땅은 사면을 모두 돌로 깔아 기반을 세운 그 주변 18리에 이르는 도시인데, 예의 엣케레이쟈(エッケレイジャ)[544]를 처음 건축할 때부터 이곳은 아직 화재가 일어난 일이 없습니다. 대대로 금은과 주옥으로 장엄하게 장식되어 천하의 그 어떤 사원과도 비할 수 없는 장소이며, 이곳에 거주하는 사람들이 대략 70만여 명입니다.」

〈이 지역에는 8개의 산이 있다고 한다. 오오란도 사람이 말하기를 「로-마는 사방 24리 정도이고, 그 지세가 험준하며 7개의 산[545]이 솟아 있고, 누각과 전당이 화려한 색채로 빛

—

544 Ecclesia (라) 에클레시아: 교회, 성당. 앞에서 언급한 산토스 페-토루스 엣케레이쟈(サント ス ペートルス エッケレイジャ), 즉 성 베드로 대성당을 가리킨다.

545 로마의 일곱 언덕(Sette colli di Roma). 티베르강 동쪽, 세르비아누스 성벽으로 둘러싸인 고대 로마 도시의 중심에 위치한 일곱 언덕을 말한다. 이 언덕의 명칭은 이하와 같다.
   Aventinus (라) / Aventino (이) 아벤티노 언덕
   Caelius (라) / Celio (이) 첼리오 언덕
   Capitolinus (라) / Capitolino (이) 카피톨리노 언덕

을 발하는 것이 형용할 수 없는 장관입니다. 그 사제들을 제외하면 나머지는 대부분 장인과

기술자들이며, 그 솜씨의 교묘함은 천하에 제일입니다. 다른 나라의 기술자들이 찾아와 배

우는 경우도 많습니다」라고 설명했다.〉

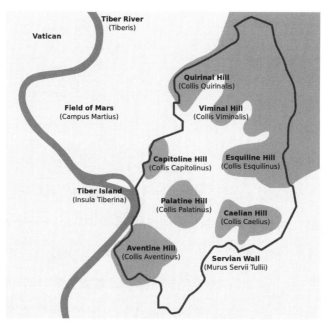

▶ 그림 10

로마의 일곱 언덕(Sette colli di Roma)의 위치 및 명칭

(The Seven Rome's hills)

Credit: Renata3(Wikipedia)

License: Creative Commons Attribution-Share Alike 3.0 Unported (CC BY-SA 3.0)

Esquilinus (라) / Esquilino (이) 에스퀼리노 언덕

Palatinus (라) / Palatino (이) 팔라티노 언덕

Quirinalis (라) / Quirinale (이) 퀴리날레 언덕

Viminalis (라) / Viminale (이) 비미날레 언덕

신화 속 영웅 로물루스가 로마를 건설한 장소가 팔라티노 언덕이었다는 전설이 전해진다. 고대 로마 시대에는 이 언덕들을 중심으로 도시가 성장했고, 이후 세르비아누스 성벽이 건설되어 시가지의 중심지가 되었다.

19
로마 가톨릭의 직제

「시르웨스테르가 최초로 이 땅을 본거지로 삼은 이후로 지금의 키레이멘스(キレイメンス)[546]에 이르기까지 240여 대,[547] 대략 1380여 년이 흘렀습니다. 이들 교화의 수장은 대대로 '파아파(パアパ)'[548]라 부르며, '혼테헤키스 마키스이무스'로 칭합니다. 〈오오란도 사람은 이 수장을 가리켜 '파우스(パウス)'[549]라고 한다. '파아파'라는 음이 변화한 것일까. 생각해 보건대, 현재의 수장은 시르웨스테르로부터 240여 대에 해당한다고 하면서, 동시에 12세[550]라고도 한다. 이는 혼테헤키스 마키스이무스라는 칭호가 생긴 이후로 12대가 된다는 뜻인가.〉[551]

---

546 Clemens (라) 클레멘스: 클레멘스 11세(Clemens XI, 재위 1700-1721). 제243대 교황. 속명은 조반니 프란체스코 알바니(Giovanni Francesco Albani)로 1649년 7월 23일 이탈리아 우르비노에서 태어났다. 해외 선교에 지대한 관심을 가지고 세계 각지에 선교사들을 파견하였으나, 청나라 전례 문제에 대하여 단호하게 이를 금하는 회칙을 내려 반발을 초래하기도 했다.

547 당시의 교황 클레멘스 11세는 243대 교황이지만 이는 초대 교황인 베드로부터 헤아렸을 경우이며, 33대 교황 실베스테르 1세부터 헤아리면 본문의 내용은 잘못된 서술이다.

548 Papa (라) (이) 파파: 로마 교황, 로마 법왕.

549 Paus (네) 파우스: 로마 교황, 로마 법왕.

550 12세는 (클레멘스) 11세의 오기. p.207 본문 내용 및 각주 455 참조.

이들 사제에게는 각자의 위계를 나타내는 칭호가 있습니다.

최고위는 스무테 혼테헤키스(スムテ ホンテヘキス)[552]이며, 교화의 수장을 가리킵니다.

그다음은 카르데나아리스(カルデナアリス)[553]이고, 이 자리에 임명된 자가 72인[554]입니다. 〈이는 예이즈스의 제자 72인에서 유래한다. 파아파의 직위가 계승되는 규칙은 72인 중 적합한 자를 선택하여 각자 그 이름을 종이에 적은 후 이를 봉하여 예이즈스 상(像) 앞에서 공개하는 것이다. 그 이름이 적힌 수가 가장 많은 자를 선출한다고 한다.〉[555]

그다음은 예피이스코푸스(ユピイスコプス),[556]

그다음은 사체르도스(サチェルドス),[557]

그다음은 리야아코노스(リヤアコノス),[558]

그다음은 수브테아아코노스(スブテア丶コノス),[559]

---

551 하쿠세키는 교황의 이름 뒤에 붙는 숫자가 단순히 즉위 순서가 아니라 동일한 이름을 가진 교황의 순서를 나타낸다는 사실을 이해하지 못한 채 'Papa'와 'Pontifex Maximus'라는 호칭에서 오는 차이일 것이라고 추측하고 있다.

552 Summus Pontifex (라) 숨무스 폰티펙스: 교황. 최고 사제장.

553 cardinalis (라) 카르디날리스: 추기경. 가톨릭 교계 제도에서 교황 다음가는 고위 성직자.

554 13세기까지 불과 7명에 불과했던 추기경단은 16세기에 들어서면서 급격히 증가하여, 이를 우려한 교황 식스토 5세는 주교급 추기경 6명, 사제급 추기경 50명, 부제급 추기경 14명, 총 70명으로 제한을 두었다. 20세기까지 이 관례가 지켜졌으나, 교황 요한 23세가 이 제한을 철폐했다.

555 교황 선출 방식인 '콘클라베(conclave)', 즉 선거권을 가진 추기경단의 선거회에 대하여 서술하고 있다. 라틴어 'conclave'는 본래 '잠글 수 있는 방'이라는 의미로, 교황 선거가 시행되는 동안 추기경들이 외부와의 접촉이 차단된 채 유폐되었던 것에서 유래한다.

556 episcopus (라) 에피스코푸스: 주교. 사제의 사목을 감독하고 교구를 대표, 총괄하는 성직자.

557 sacerdos (라) 사체르도스: 사제. 주교 아래의 성직자. 의식과 전례를 담당한다.

558 diaconus (라) 디아코누스: 부제(副祭). 사제를 보좌하여 강론, 성체 분배 등을 집행한다.

그다음은 에키소르치이스타(エキソルチイスタ),[560]

그다음은 아코-리토스(アコーリトス),[561]

그다음은 오스테아-우스(ヲステアーウス),[562]

그다음은 레키토라토스(レキトラトス),[563]

이 아래로도 그 직무에 대한 칭호가 많습니다. 에피이스코푸스 이하
로는 그 수에 제한을 두지 않습니다.

파아테레(パアテレ),[564] 〈한어로는 '巴礼(파아레)'라고 음역한다. 우리가 일반적으
로 '파테렌(パテレン)'이나 '바테렌(バテレン)'[565]이라고 말하는 것이 이를 의미한다.〉 이
르망(イルマン)[566] 등의 호칭은 위계를 나타내는 것이 아닙니다. 예우
로파 말로 부친을 '파아테레'라 하고, 모친을 '마아테레(マアテレ)'[567]라

---

559 subdiaconus (라) 수브디아코누스: 차부제(次副祭). 1972년 바오로 6세의 전례 개혁 이전의
   대품(Ordines majores) 중 최하급. 이때부터 소속된 교구 혹은 수도회에서 해당자의 생활을
   감독하고 관리하게 된다.

560 exorcista (라) 엑소르치스타: 구마사. 전례 개혁 이전의 소품(Ordines minores) 중 하나인 구
   마품(駆魔品)을 받은 자. 단 실제로 이들에게 악마를 퇴치하는 권한을 부여한 적은 없다.

561 acolythus (라) 아콜리투스: 전례 개혁 이전의 소품 중 하나인 시종품(侍従品)을 받은 자. 본
   래 이 직분을 받아야 미사에 봉사할 수 있었으나, 성품이 폐지된 이후 시종직(侍従職)으로
   평신도인 복사가 해당 직무를 담당하게 되었다.

562 ostiarius (라) 오스티아리우스: 전례 개혁 이전의 소품 중 하나인 수문품(守門品)을 받은 자.

563 lectoratus (라) 렉토라투스: 전례 개혁 이전의 소품 중 하나인 독경품(読経品)을 받은 자. 성
   품이 폐지된 이후 시종직과 더불어 부제품을 받기 전의 한 직무로 규정되었으며, 평신도에게
   도 수여할 수 있다.

564 padre (포) (스) (이) 파드레: 신부, 사제. 아버지, 부친.

565 기독교가 일본에 전래된 당시 외국의 가톨릭 선교사들을 가리켜 포르투갈어 'padre'에서 유
   래한 'バテレン', 'パテレン' 등으로 불렀다.

566 irmão (포) 이르망: (남자) 형제. 형. 아우. 동료. 동포. 일본에서 외국인 사제를 따라 선교에
   임하는 수사(修士)에 대한 호칭으로 사용되었다.

567 madre (포) (스) (이) 마드레: 수녀, 수녀원장. 어머니, 모친.

하며, 형제를 '이르망'이라고 합니다.

　그리고 자신이 존경하는 상대 또한 파아테레라 하며, 자신과 친밀한 상대 또한 이르망이라 하는 것입니다. 과거 이 땅에서 그들 종교의 사우(師友)를 가리켜 파아테레, 이르망 등으로 칭한 것은 이와 같은 의미에서입니다.」

20
기타 종교 및 이단

─

「이 세계 각처에는 각자 신봉하는 교의가 있습니다. 이들 종교를 구분
해 보면 사실 세 종류에 불과합니다.

첫 번째로는 키리스테얀(キリステヤン)[568]입니다. 〈이는 예이즈스의 가르
침이다. 우리가 일반적으로 '키리시탄(キリシタン)'이라 부르는 것은 포르토가루 말이다.〉

두 번째로는 헤이덴(ヘイデン),[569] 혹은 젠테이라(ゼンテイラ)[570]라
고도 합니다. 〈그 교의에 대하여 질문하자 해당 종교에서는 부처를 다수 모시고 이를
숭배한다고 했다. 가르침 자체에 관해서는 상세히 알 수 없었다.〉

세 번째로는 마아고메탄(マアゴメタン)[571]입니다. 〈이는 한어로 '위위교

─

568 기독교인, 기독교도, 기독교 신자. 본문에서는 종교로서의 기독교, 그중에서도 가톨릭을 가
리킨다. p.124 본문 내용 및 각주 233 참조.
569 이교도, 비신앙인. 본문에서는 기독교를 제외한 기타 종교, 특히 다신교 신앙을 가리킨다.
p.125 본문 내용 및 각주 235 참조.
570 이방인, 이교도. p.125 본문 내용 및 각주 236 참조.
571 회교도, 무슬림. 본문에서는 종교로서의 이슬람교를 가리킨다. p.125 본문 내용 및 각주 237
참조.

(回回教)'라 부르는 것이다.〉

예우로파 지역에서 신봉하는 것은 모두 이 키리스테얀이며, 여기에 각각의 종파(宗派)가 존재합니다. 제가 그 믿음을 받아 전교하고 있는 것은 카토-리쿠스(カトーリクス)[572]파입니다.

이 키리스테얀에서 분리되어 별개의 독립된 교파를 세우는 것을 통틀어 예레제스(ユレゼス)[573]라고 합니다. 〈이는 그들 교리의 이단(異端)이라고 한다.〉 루테-루스(ルテールス),[574] 아르리요(アルリヨ),[575] 카르피노(カルピノ),[576] 마니케오(マニケヲ)[577] 등의 부류는 모두 이 예레제스라 하

---

572 catholicus (라) 카톨리쿠스: 가톨릭, 천주교. 가톨릭 신자, 천주교 신자.

573 haeresis (라) 에레시스: 이단(異端). 이교(異敎). 사교(邪敎).

574 루터파. 종교개혁가 루터의 사상을 따르는 교회로, 개신교의 효시. 중권, 하권에서 두 차례에 걸쳐 언급된 '루테이루스(ルテイルス)'와 같다. p.109, p.200 본문 내용 참조.

575 Ario (이) 아리오: 아리우스(Arius, 250?/256?~336?). 그리스의 신학자. 리비아 출생. 고대 기독교에서 이단시된 아리우스파의 주창자. 알렉산드리아의 사제. 313년 신과 그리스도의 신적(神的) 동일성을 부정하고 그리스도는 신의 최초이자 최고의 피조물이지만 신 및 영원적 실재는 아니라고 주장하여 이집트·시리아·소아시아 등지에서 많은 신봉자를 얻었다. 그러나 이는 삼위일체를 핵심적 교리로 삼는 대다수의 기독교 종파로부터 강력한 비판의 대상이 되어 325년 콘스탄티누스 1세의 주재하에 열린 니케아 공의회에서 '성부와 성자는 동일한 본질(homoousion)'로서 삼위일체가 정통임을 천명하였고, 아리우스파는 이단으로 탄핵되었다.

576 Calvino (이) 칼비노: 장 칼뱅(Jean Calvin, 1509-1564). 프랑스의 신학자이자 종교개혁가. 신학적으로는 루터와 같이 엄격한 성서주의의 입장에서 가톨릭의 교계 제도와 그 행위주의를 비판하였다. 엄격한 신앙 생활과 신의 절대 주권, 예정설을 주장하면서 검약, 근로를 강조하여 일반 시민들의 직업에 대한 자긍심을 긍정하고 자본주의의 태동에 영향을 미쳤다.

577 manicheo (이) 마니케오: 마니교도. 마니교는 3세기에 번영한 페르시아의 종교로, 창시자인 마니(Mani)의 이름을 따서 마니교라고 한다. 조로아스터교를 교의의 모체로 삼아 기독교, 메소포타미아의 영지주의와 전통적 토착신앙, 여기에 불교적 요소까지 흡수한 혼합 종교로, 기독교를 비롯한 기존의 종교들은 이를 이단으로 간주하여 박해했다. 한때는 중앙아시아를 비롯하여 로마 제국에까지 영향이 확대되는 등 교세가 막강했으나 1209년 유럽에서 일어난 이단 박멸 운동으로 서서히 쇠퇴하기 시작하여 13세기 중반에는 거의 소멸되었다.

는 것입니다. 오오란데야에서 신봉하는 루테-루스가 바로 이런 종류입니다. 〈'루테-루스'는 사람의 이름이다. 포르토가루 말로는 '루테로(ルテロ)'[578]라고 한다. 이 사람은 본디 키리스테얀이었으나 이후 스스로의 종파를 세웠다. 오오란도 사람의 설명을 듣기로는 불교의 조사선(祖師禅)[579]과 유사하게 교외별전(教外別伝)[580]을 중시하는 종파로 추정된다.〉

아지아 지역에서 널리 신봉되는 모고르[581]의 종교 등을 가리켜 마아고메탄이라 합니다. 〈아후리카 지역이나 토르카에서 신앙하는 종교도 마아고메탄이라 한다. 생각해 보니 예우로파 지역에서도 무스코-비야 등은 그 풍속이 모고르와 유사하다고 들었는데, 이들도 마아고메탄에 포함되는지에 대해서는 설명을 듣지 못했다.〉

이 밖에 치이나에서 숭상하는 가르침은 그 학문을 지칭하여 콘후우죠스(コンフウジョス)[582]라고 하며, 〈이들은 유학이 자연(自然)[583]에 기반을 두

---

578 Martinho Lutero (포) 마르티노 루테로: 마르틴 루터(Martin Luther)의 포르투갈 표기.

579 불교의 삼종선(三種禅) 가운데 하나. 조사(祖師)인 달마(達磨)가 바로 전한 선(禅)이라는 의미. 불립문자(不立文字)·교외별전(教外別伝)·직지인심(直指人心)·견성성불(見性成仏)을 표방하는 육조(六祖) 혜능(慧能) 문하의 남종계의 선, 즉 남종선(南宗禅)을 말한다. 여래선(如来禅)과 대비되는 개념으로 선학의 최고 단계, 선종의 가장 높은 경계로 여겨졌다.

580 경전 밖의 특별한 전승이라는 뜻으로, 선종에서 문자나 구두(口頭)에 의존하지 않고 바로 마음에서 마음으로 전하여 진리를 깨닫게 하는 법. '오직 믿음으로, 오직 은혜로, 오직 성서로(Sola Fide, Sola Gratia, Sola Scriptura)'라는 표어에서 드러나는 바와 같이, 종교개혁가들은 기존 가톨릭의 신학, 교의, 전례, 교회 체제 전반에 걸친 변혁을 주장하며 순수한 신앙적 본질로의 회귀를 촉구했다.

581 무굴 제국. pp.122-123 본문 내용 및 각주 227 참조.

582 Confucius (라) 콘푸치우스: 공자(孔子, BC 551-BC 479). 중국 춘추 시대의 사상가이자 학자. 이름은 구(丘). 자는 중니(仲尼). 노나라 사람으로 각국을 주류하며 인(仁)을 정치와 윤리의 이상으로 하는 도덕주의를 설파하여 덕치를 강조하였다. 만년에는 교육에 전념하여 3천여 명의 제자를 길러 내고, 『시경(詩経)』과 『서경(書経)』 등의 중국 고전을 정리하였다. 제자들이 엮은 『논어(論語)』에 그의 언행 및 사상이 잘 나타나 있다. 본문에서는 사상으로서의 유학 자체를 가리킨다.

는 학문이라고 한다. 그들의 가르침에 의하면 천지 만물 중 스스로 생성되는 것은 없다. 모든 존재가 데우스의 피조물이라고 한다. 그런 까닭에 유학에서 말하는 「'대극(大極)'[584]이 있어 '양의(両儀)'[585]를 낳고,[586] 대극은 곧 '이(理)'[587]이니라」 등의 이론을 「그렇지 않다」고 주장한다.〉 이를 받드는 자들을 가리켜 아데이에스(アデイエス)[588]라고 합니다. 〈이는 유자(儒者)[589]를 가리킨다.〉 이 땅에서 '주공(周孔)의 도(道)'[590]라고 부르는 것이 바로 이를 지칭합니다.」

그는 위와 같이 설명했다.

▼

기독교에 대한 비판

생각해 보건대, 서인이 설명한 그들의 교리는 황당무계하여 논할 가

---

583 누군가의 힘에 의한 것이 아니라 세상에 스스로 존재하거나 우주에 저절로 생성되는 모든 존재. 혹은 그 상태.

584 태극(太極). 유학, 특히 성리학에서 모든 존재와 가치의 근원이 되는 궁극적 실체.

585 동양 철학에서 일컫는 음(陰)과 양(陽). 또는 하늘과 땅.

586 『주역(周易)』〈계사상전(繫辞上伝)〉의 「역(易)에 태극이 있으니 이것이 양의(両儀)를 낳고, 양의는 사상(四象)을 낳고, 사상은 팔괘(八卦)를 낳는다(易有太極、是生両儀、両儀生四象、四象生八卦)」에서 인용한 말.

587 만물의 이치, 원리, 질서. 성리학에서 말하는 사물에 내재하는 원리이자 우주의 근본이 되는 도리.

588 atheus (라) 아테우스: 무신론자.

589 유학(儒学)을 공부하는 선비. 유학자, 유생.

590 주공(周孔)은 주공(周公)과 공자(孔子)를 가리키며, 유학에서 말하는 성인(聖人)을 의미한다. '주공의 도'란 유학의 가르침을 지칭한다.

치도 없다. 그렇다 하더라도 정도가 지나친 허점에 대해서는 거론하지 않을 수 없다.

먼저 번어로 '데우스'라 칭하는 존재는 한어로 번역하여 '天主(텐치우)'라 한다. 이는 두 발음이 서로 유사한 데에서 유래한 것이다.[591] 예를 들어 '예이즈스'를 음역하여 '耶蘇(세-스)'라 하는 것과 마찬가지이다. 번자(番字)를 그대로 읽은 것이 아니라, 한자를 빌려 그 발음을 옮긴 것에 지나지 않는다. 따라서 본래의 의미는 번어에 있는 것이지 이를 한자를 통하여 이해할 것이 아니다.

그런데 명조 말기의 뭇 유생들은 리마두(利瑪竇)가 최초로 '天主'라는 한자를 빌려 번어를 번역하고, 그 의미를 억지로 끌어다 붙여 경서[592]에서 말하는 소위 '상제(上帝)'[593]가 이를 지칭한다는 설명[594]에 현혹되어 그 오류를 깨닫지 못했다.

---

591 '天主'는 라틴어 'Deus'의 의미적 번역이자 음역이다.

592 『시경』, 『서경』 등에는 상제(上帝)에 대한 언급이 여러 차례 나타나는데, 가령 『서경』의 〈이훈(伊訓)〉 편에는 「상제(上帝)는 항상 같지 않으시니, 선을 행하면 온갖 복을 내리시며, 악을 행하면 온갖 재앙을 내리신다(上帝不常、作善降之百祥、作不善降之百殃)」라는 구절이 보인다.

593 p.202 본문 내용 및 각주 441 참조.

594 마테오 리치는 그의 저서 『천주실의』에서 「우리가 말하는 천주는 곧 옛 경서에서 말하는 상제이다(吾天主乃古経書所称上帝也)」라고 서술하여 유학 경전에 언급되는 상제가 기독교의 유일신과 일치함을 선언했다. 이는 중국인들에게 익숙한 용어를 도입하고 기독교의 교리와 동양 사상을 결합함으로써 전통 관습과의 마찰을 피하고 선교가 수월히 이루어지도록 하기 위한 의도였으나, 이후 중국에 들어온 도미니크 수도회와 프란치스코 수도회 선교사들의 보고로 인하여 용어 사용을 비롯한 예수회의 현지화 정책을 둘러싸고 교회 내에서 격렬한 논쟁이 시작되었다. 결국 1715년 교황 클레멘스 11세는 회칙을 통하여 하느님을 일컫는 라틴어 'Deus'에 대한 번역어로 '천주(天主)'만을 인정하고 '상제(上帝)' 및 '천(天)'을 사용하는 것을 금지하는 등 기타 가톨릭 신앙에 저촉되는 중국의 관습을 배격하기에 이른다.

「데우스'를 번역하여 '천주(天主)'라 한다. 이는 곧 하늘의 주재자를 의미하니 경서에서 말하는 '상제'와 동일하다」라고 설명한다면, '예이즈스'를 번역하면 '耶蘇'인데, '耶蘇'란 무슨 의미라 할 것인가. 〈이는 우리나라에서 한자를 사용하게 되자 태양의 신(日ノ神)[595]을 오히루메노무치(大日霊貴)[596]로 표기했고, 이 표기에 영향을 받아 「이 신이 바로 대일여래(大日如来)[597]이다」라고 주장한 것[598]과 비슷하다.〉

경서에 언급된 상제에 관한 설명은 글을 제대로 읽은 사람이라면 스스로 깨닫게 될 것이니 이제 와서 논증할 이유가 없다. 만일 천주교법(天主敎法)이라는 말의 출처가 범전(梵典)[599]이라면 이는 논외로 한다. 〈'천주교법'이라는 표현이 『최승왕경(最勝王経)』[600]에 보인다.〉[601]

---

595 일본 신화에 등장하는 여신 아마테라스오미카미(天照大神)를 가리킨다. 태양의 신이자 일본 황실의 시조신.

596 오히루메노무치(大日霙貴). 아마테라스오미카미의 이칭(異称).

597 산스크리트어 'Mahāvairocana'의 한역. 마하비로자나(摩訶毘盧遮那)·비로자나(毘盧遮那) 등으로 음역하기도 한다. '마하'는 '크다(大)'는 의미이며 '비로자나'는 '태양(日)'의 별칭으로, 즉 '위대한 광휘(大遍照)'를 뜻한다. 우주의 참모습과 진리 그 자체를 의인화한 밀교(密敎)의 본존이자 교주. 모든 부처와 보살은 대일여래의 화신이며, 우주 자체가 그의 법문이라고 한다.

598 헤이안 시대(平安時代) 이후 성행한 본지수적설(本地垂迹説)에 의한 해석이다. 일본 고유의 신앙인 신토(神道)와 외래 종교인 불교(仏教)의 융합 및 조화를 위한 이론으로, 부처나 보살(本地)이 중생의 구제를 위하여 신의 모습으로 나타난다(垂迹)는 해석이다. 신불습합(神仏習合) 사상의 발전과 더불어 유행했으며, 아마테라스가 대일여래의 화신이라는 사고방식도 이에서 유래한 것이다.

599 범어, 즉 산스크리트어로 쓰인 불교 경전.

600 『금광명최승왕경(金光明最勝王経)』의 약어. 대승경전(大乘経典). 10권. 『금광명경(金光明経)』을 당(唐)의 승려 의정(義浄, 635-713)이 번역한 것으로, 『금광명경』의 한역 중 가장 상세한 것으로 유명하다.

601 『최승왕경』에 보이는 「왕법에 대한 정론이 있어, 천주교법이라 한다(有王法正論名天主教

지금 서인의 설명에 의하면 번어의 '데우스'란 조물주라는 의미로, 이 천지 만물을 최초로 창조한 존재를 가리킨다고 한다. 「천지 만물은 스스로 생성될 수 없다. 반드시 이를 창조한 이가 존재한다」는 설명이 설령 옳다고 치자, 데우스는 대체 어떤 존재에 의하여 만들어졌기에 천지가 아직 존재하지도 않았을 적에 탄생할 수 있었다는 말인가. 만일 데우스가 자기 스스로 태어났다면, 천지 역시 스스로 생성될 수 있지 않겠는가.

그리고 천지가 생성되기에 앞서 선한 이들을 위한 천당을 만들었다는 설명이 있었는데, 아직 천지도 생성되지 않았을 무렵 이미 인간에게 선악의 성질이 구분되어 있었다는 점도 이해할 수 없다. 그 천지 인물의 시작에서부터 천당과 지옥에 대한 설명에 이르기까지 이는 전부 불교의 이론을 근거로 지어낼 수 있는 내용이니, 이 또한 일일이 논파할 필요가 없을 것이다. 〈먼저 하라이소를 만들었다고 하는 설명은 「겁초(劫初)[602]의 천지에 바람이 불고 물이 줄더니 차차 포말을 맺고, 이것이 변하여 천궁(天宮)이 되었다」는 내용과 유사하고, 안제루스에 대한 이야기는 광음천인의 그것과 유사하고, 마상을 먹었다는 사건은 「지미(地味)를 먹고 몸이 무거워져 빛을 잃고, 또 갱미(粳米)를 먹고 남녀의 형태로 나뉘었다」[603]라는 내용과 비슷하다.〉

法)」는 문장을 의미하는 것으로 추측된다. 단 해당 경전에서 말하는 '천주'란 제천(諸天)의 왕을 가리킨다.

602 세상이 이루어지는 처음. 천지개벽(天地開闢)의 시초.

603 지미(地味), 지병(地餠), 갱미(粳米) 등은 태초에 지상에 나타난 음식이라고 한다. 이를 먹은 자들의 형상이 변화함으로써 서로를 비교하고 업신여기는 감정이 생겨났고, 마지막으로 나타난 갱미를 먹자 중생이 남녀의 형상으로 나뉘어 애착과 음욕이 일어났다고 한다. 『불설장아함경(仏説長阿含経)』의 〈소연경(小縁経)〉, 『중아함경(中阿含経)』의 〈바라바당경(婆羅婆

「천계(天戒)를 깨뜨린 자는 그 죄가 무거워 스스로 갚을 능력이 없다. 데우스께서 이를 가련히 여겨 서약하기를 자신이 3천 년 후에 예이즈스로 태어나 인간을 대신하여 그 죄를 갚으리라」와 같은 설명에 이르면 마치 젖먹이의 말이나 다름없다. 바로 지금 형을 집행해야 할 자가 어떻게든 정상을 참작하여 그 죄를 용서하고 무마한다.

그 '천계'라는 것도 데우스 자신이 정한 금계이다. 자신이 그 죄를 용서하고 관대하게 처리하는 데에 무슨 문제가 있겠는가. 하물며 그 금계라는 내용도 이러이러한 과일을 먹어서는 안 된다는 것뿐이다. 과오를 범하여 이것을 먹은 죄이거늘 어찌 그 짓을 저지른 당사자가 갚지 않고 해결이 나지 않은 채 3천여 년이 지난 후 데우스가 이를 대신하여 속죄해야 한다는 말인가.

설령 데우스가 아단을 위하여 그 죄를 짊어졌다고 하더라도 그를 책형에 처한 자들은 또 누구 때문에 나라가 멸망하기에 이른 것인가.

또한 「데우스가 온 세상 사람들을 물로 벌하고, 그 교의를 따르는 사람만을 위하여 바다 가운데 길을 열었으며, 더불어 그들의 배가 홍수로 표류할 적에 밀려온 조개껍질 따위가 아직도 남아 있다」[604]는 이야기에도 문제가 있다. 데우스를 가리켜 천지와 인간을 창조하고 보살피는 모든 이의 아버지이자 지고의 왕이라 한다. 그렇다면 무엇 때문에 모든 인간이 선량하게 태어나 자신의 교리에 순종하도록 만들지 않고 온 세상 사람들이 모조리 멸망할 지경으로 이끌었는가. 가령 데우

堂経)〉 등에 이와 관련된 내용이 실려 있다.

604 모세의 이집트 탈출과 노아의 방주 이야기가 혼재된 서술이다.

스라 할지라도 인간 모두를 선량하게 만들 수 없고 인간 모두에게 가르침을 베풀 수 없다면 이를 어찌 천지의 창조주라 칭할 수 있겠는가.

그리고 지극히 우둔하여 그와 같은 가르침이 존재한다는 사실을 알지 못하는 자라면 어찌 그 죄를 심각하게 꾸짖을 수 있겠는가. 그럼에도 불구하고 온 세상 사람들을 빠짐없이 멸망시키려 한다면 이를 어찌 모두를 창조하고 보살피는 아버지 중의 아버지요 왕 중의 왕이라 칭할 수 있겠는가.

더불어 배의 형상과 닮은 기이한 모양의 돌이 있다거나 절벽에서 조개껍질 따위가 발견된다는 것은 어느 지역에나 있는 일이다. 우리나라에서도 발견되는 것이니, 이를 어떻게 데우스와 관련지을 것인가.

그 십계(十戒)[605]라는 계율도 불교의 계율[606]을 근거로 한 것이며, 단지 '음행하지 말라'는 내용을 2개 항목[607]으로 나누고 있다.

이에 대하여 질문하니,

「우리는 교화의 수장을 비롯하여 그 사제가 된 자라면 모두 여인을 가까이하는 일이 용납되지 않습니다. 그 밖에 아무리 존귀한 신분이라

---

605 십계명. 하느님이 시나이산에서 모세를 통하여 이스라엘 백성에게 내렸다는 계명으로, 유대교의 분류를 기준으로 하면 그 내용은 다음과 같다. ① 야훼 이외의 다른 신을 섬기지 말라. ② 우상을 섬기지 말라. ③ 하느님의 이름을 함부로 부르지 말라. ④ 안식일을 거룩히 지키라. ⑤ 너희 부모를 공경하라. ⑥ 살인하지 말라. ⑦ 간음하지 말라. ⑧ 도둑질하지 말라. ⑨ 이웃에 불리한 거짓 증언을 하지 말라. ⑩ 네 이웃의 아내나 재물을 탐내지 말라.

606 불교의 오계(五戒)를 가리킨다. 불교도이면 재가자나 출가자 모두가 지켜야 하는 가장 기본적인 생활 규범으로, 그 내용은 다음과 같다. ① 살생하지 말라(不殺生). ② 도둑질하지 말라(不偸盜). ③ 음행하지 말라(不邪淫). ④ 거짓말하지 말라(不妄語). ⑤ 술을 마시지 말라(不飮酒).

607 '간음하지 말라'와 '네 이웃의 아내를 탐내지 말라'에 해당한다.

할지라도 아내 한 사람 외에는 다른 여인과 상관해서는 아니 됩니다. 이유를 말하자면 부부 사이가 화목하지 않은 것은 반드시 그 사음(邪婬)이 원인이기 때문입니다. 세간의 아비들은 그 어미와의 관계가 틀어져 자식을 미워하는 경우가 있습니다. 세간의 자식들은 그 생모에 대한 처우가 원인이 되어 아비를 원망하는 경우가 있습니다. 어미가 같은 자식들은 서로를 아끼고, 어미가 다른 자식들은 서로를 미워합니다. 부모 자식과 형제 사이가 화목하지 않음도 애당초 사음이 그 원인인 것입니다. 따라서 그 금계는 특히 무겁습니다」라고 대답했다.

동시에 예로부터 그 지역 각국에 벌어진 전란에 관한 사정을 듣기로는 「이는 모두 그 후계가 단절된 것이 원인이다」라고 한다. 그 관습의 폐해가 여기까지 이르면 그저 가련할 뿐이다.

예이즈스의 강탄 초기에 여러 가지로 상서로운 징조가 있었다고 한다. 그가 자기 자신을 데우스라 칭했다는 이야기는 석가(釈迦)가 탄생할 때 여러 가지로 상서로운 징조가 나타났고, 스스로를 가리켜 '천중천(天中天)'[608]이라고 했다는 일화[609]와 유사하다.

책형으로 처형된 후 소생하여 그 모친에게 모습을 보였다는 이야기는 소구담(小瞿曇)을 도적으로 오인하여 나무에 그 몸을 꿰어 놓고 화

---

608 산스크리트어 'devatideva'의 번역. '신들의 신'이라는 의미로, 부처에 대한 존칭.

609 석가모니가 탄생 직후 사방으로 일곱 걸음을 걷고 오른손으로 하늘, 왼손으로 땅을 가리키며 「하늘 위와 하늘 아래에 오직 나만이 존귀하고 삼계가 고통 속에 있으니 내가 마땅히 평안케 하리라(天上天下唯我爲尊三界皆苦吾当安之)」라고 외쳤다는 고사. 단 이 탄생 설화는 석가 이전에 나타났다는 과거칠불(過去七仏) 중 제1불인 비바시불(毘婆尸仏)의 일화가 그 원류라고 한다.

살로 쏘아 죽였는데, 대구담(大瞿曇)이 그 피를 취하여 인간으로 태어나게 했다는 일화와 비슷하다.[610]

시르웨스테르가 성수를 국왕의 정수리에 부은 것[611]은 대범천왕(大梵天王)[612]이 사대해(四大海)[613]의 물을 태자의 정수리에 부었다는 일화[614]와 비슷하며, 그 군주가 로-만을 헌납하고 정사(精舍)를 세웠다는 이야기는 병사왕(餅沙王)[615]이 가란타죽원(迦蘭陀竹園)[616]을 보시하고 이를 승가람마(僧伽藍摩)[617]로 삼았다는 일화와 유사하다. 번어가 완

---

610 구담(瞿曇)이란 석가모니의 성 고타마(Gautama)의 음역이다. 석가모니가 현세에 태어나기 수십만 겁 이전 세상에 한 보살이 나라를 아우에게 맡기고 구담 바라문의 제자가 되어 소구담(小瞿曇)이라 불렸다. 소구담이 수행을 하고 있을 때 도적들이 재물을 훔쳐 그 앞으로 지나갔는데, 이들을 쫓던 자들은 소구담을 도적으로 오인하여 나무에 꿰어 놓고 화살을 쏘아 죽였다. 스승인 대구담(大瞿曇)이 소구담의 피를 모아 남녀를 태어나게 하고 그 성(姓)을 구담씨라 하니 이들이 석가모니의 조상에 해당한다.

611 교황 실베스테르 1세가 콘스탄티누스 황제의 나병을 치유했다는 전설. pp.228-229 본문 내용 참조.

612 비슈누, 시바와 함께 힌두교의 3대신을 이루는 창조신 브라흐마(Brāhma)가 불교에 수용된 것으로, 대범(大梵), 범천(梵天)이라고도 한다. 불법 수호의 신이자 사바세계(娑婆世界)의 주인. 33천(天) 중 색계(色界) 초선천(初禪天)의 왕이다. 부처가 설법을 행할 때에는 항상 제석천과 함께 좌우에서 법을 수호한다고 한다.

613 불교 세계에서 수미산(須弥山)의 사방에 있다고 하는 바다.

614 석가모니의 탄생 시 인드라(제석천)와 브라흐마(범천)가 아기를 목욕시켰다고 한다. 본래 인도에서 국왕 즉위나 태자 책립 시 사대해의 물을 머리 위에 끼얹어 축의를 표하던 의식에서 유래한다.

615 병사왕(餅沙王)이란 산스크리트어 'Bimbisāra'의 음역으로, 빈파사라왕(頻婆娑羅王)이라고도 한다. 마가다국의 왕으로 앙가국을 점령하여 영토를 확장하고, 왕사성(王舍城) 부근에 불교 최초의 사원인 죽림정사(竹林精舍)를 지어 석가에게 헌상했다고 한다.

616 마가다국의 왕사성 북쪽에 있는 동산. 석가가 득도한 후 그에게 귀의한 가란타(迦蘭陀) 장자가 이 죽림을 보시하였고, 병사왕은 그곳에 죽림정사를 건립하여 바쳤다.

617 산스크리트어 'samghārāma'의 한역으로 여러 승려들이 한데 모여 불도를 닦는 곳. 축약하여

벽히 통하지는 않지만 대략 이 모든 설명은 서천부도(西天浮図)[618]의 이론에서 유래한 것으로 짐작된다. 종자(鍾子)[619]의 주장[620]이 허위가 아니라 여겨지는 것이다.

　그들의 교리에 대한 설명을 듣고 오오란도 누판 지도를 참고하니 데우스가 탄생한 땅이라는 쥬데요라 지역은 서인도 지역과 그리 멀지 않다. 그리고 「예이즈스가 탄생하기 이전에는 쥬데요라만이 데우스의 가르침에 대하여 알고 있었다. 그 외에는 모두 불교를 신봉했다」라고 한다. 그렇다면 서천부도의 가르침이 그 지역에 수용된 것은 예이즈스의 교의가 전파되기 이전의 일이라는 뜻이다.

　지금 예이즈스의 교의를 듣자니 조상(造像)을 제작하고 수계(受戒)의 의례가 존재하며, 관정(灌頂)의 의식도 있다. 경문을 외며 염주(念珠)도 굴리고[621] 천당 및 지옥, 윤회 업보[622]의 가르침도 있는 것이 불교의

가람(伽藍)이라 한다. 본래 승려들이 머무는 원림(園林)을 의미하는 말이었으나 이후 사원의 건물을 총칭하게 되었다.

618 서천(西天)은 중국의 서쪽에 위치한 천축(天竺), 곧 인도를 일컫는 말이며, 부도(浮図)는 산스크리트어 'Buddha'의 음역으로 불타, 즉 부처를 의미한다. 즉 '서천부도'는 불교, 부처의 가르침을 가리킨다.

619 승려 지욱은 불교적 관점에서 기독교를 비판하는 『천학초징』 및 『천학재징』을 집필하면서 해당 저술의 유가적 입장을 내세우기 위하여 유생 종시성(鍾始聲)이라는 가명을 사용했다. 본문의 종자(鍾子)란 이 종시성을 가리킨다.

620 『천학초징』에는 「불교의 이론을 훔치고 이를 비방한다(全偸仏氏之説而又非之)」, 「양으로는 불교를 규탄하면서 음으로는 이를 도둑질한다(陽闢仏而陰竊之)」 등의 구절이 보인다.

621 성상과 불상, 입교와 수계, 세례 의식과 관정, 기도와 독경, 묵주와 염주 등을 예로 들어 가톨릭과 불교의 공통점을 열거하고 있다.

622 기독교에서는 윤회 사상을 인정하지 않는다. 이는 영혼의 불멸과 사후 세계에 대한 오해로 추측된다.

이론과 다를 바 없고, 그 교리의 깊이가 일천하기 짝이 없음은 동일 선상에서 논할 수 없다.

명조 말기의 사람들이 나라가 멸망한 까닭을 거론할 때 천주의 교의가 유행한 것을 그중 하나로 꼽았다. 우리나라가 그 종교를 엄격히 금지한 것은 지나친 처사라 할 수 없다. 어느 정도 사정에 정통한 자가 아닌 이상 대체 누가 이와 같은 판단을 내릴 수 있었겠는가. 단, 오랑캐를 이용하여 오랑캐를 다스린다[623]는 처사는 임시방편으로 취한 방책이겠으나, 호랑이를 부추겨 늑대를 몰아내는 행위에는 또 다른 우려가 생기지 않을 수 없다.

---

623 불교 세력을 이용하여 기독교의 확산을 억누른다는 착상을 가리킨다. 막부는 1612년 기독교
    금지령을 내린 이후 탄압에 의하여 배교한 신도를 특정한 사원에 소속시켜 신앙을 포기했음
    을 증명케 했는데, 이것이 단가제도(檀家制度)의 시작이다. 처음에는 기독교 탄압을 위한 것
    이었으나 이후 신분 고하를 막론하고 모든 가정을 특정 사원에 소속시켜, 즉 해당 사원의 단
    가(檀家)가 되도록 하여 민중을 관리하는 형태를 취함으로써 불교가 막부 통치 체제의 일익
    을 담당하도록 했다.

IV

부 록

나가사키에서 상신한
로마 사람에 관한 보고

(長崎注進邏馬人事)

나가사키에서 상신한 로마 사람에 관한 보고
(長崎注進邏馬人事)⁶²⁴

호에이(宝永) 5년 하권(下卷)

—

나가사키 부교쇼(長崎奉行所) 상신
이국인 취조 문서

1. 이타리야국(イタリヤ国)의 로오마(ロウマ) 사람입니다. 이름은 요완 밧테스타 시로오테(ヨワン バッテスタ シロウテ)라고 합니다. 나이는 41세가 됩니다.

1. 저는 로오마 키리시탄(切支丹) 종문(宗門)의 사제로 있는 출가(出家)한 자입니다.

1. 저는 고국에 모친이 생존해 계십니다. 형제도 있습니다. 저와 동문

---

624 본문의 이해를 위하여 번역 첨부한 해당 사료는 시도티가 일본에 상륙한 호에이 5년(1708) 11월에 나가사키 부교(長崎奉行)가 막부에 제출한 보고서이며, 아라이 하쿠세키 또한 심문 전 사본을 통하여 참고한 바 있다. 상권의 내용은 대부분 『서양기문』 내에 인용되어 있으므로 생략하고, 본문 내에서 간략히 소개된 시도티의 소지품 등에 대하여 상세히 기술한 하권에 한하여 수록하기로 한다. 고유명사 표기가 『서양기문』과 동일하지 않은 경우가 있으나, 원문을 중시하기 위하여 그대로 병기한다.

(同門)의 출가자입니다. 여동생도 있습니다. 부친은 돌아가셨습니다. 물론 처자는 두지 않았습니다.

1. 저는 6년 전부터 로오마 키리시탄 종문 총사(惣司)[625]이신 혼토헤키스 마키시모스(ホントヘキス マキシモス)[626]라는 분으로부터 일본에 키리시탄 종문의 교의를 전파하기 위하여 바다를 건너라는 명을 받았습니다. 그동안 일본의 언어 등을 익혔고, 3년 전 7월 상순 무렵 로오마를 출발했습니다. 출발 당시 제 동문인 출가자 토오마스 테토르논(トウマス テトルノン)[627]이라는 사람 하나가 역시 총사로부터 하명을 받아 당(唐)의 페킹(北京)으로 파견되었습니다. 저희들은 동시에 로오마에서 배로 출발했습니다. '카레이(カレイ)'라 부르는 작은 배 두 척에 나누어 타고 야네와(ヤネワ)라는 섬에 들러, 이곳에서 카나리야(カナリヤ)라는 곳을 거쳐 후랑스국(フランス国)의 대형 선박 두 척에 저와 동문 사제가 각각 승선했습니다. 각 배에 선원 40여 명이 올라 루손(呂宋)으로 향했으며, 이곳에서 동문 사제는 당의 페킹으로 향했습니다.[628] 저는 일본을 목표로 하고 있었으므로 선박이 야쿠시마(屋久嶋)에 접안하자 홀로 상륙했습니다.

---

625 로마 교황을 가리킨다. 『서양기문』 내에서는 '본사(本師)', '교화의 수장(教化の主)' 등으로 지칭하고 있다.

626 Pontifex Maximus (라) 폰티펙스 막시무스: 로마 교황, 로마 법왕. 『서양기문』 내에서는 '혼테헤키스 마키스이무스(ホンテヘキス マキスイムス)'로 표기하고 있다.

627 샤를 토마 마이야르 드 투르농(Charles Thomas Maillard de Tournon). 『서양기문』 내에서는 '토-마스 테토르논(トーマス テトルノン)'으로 표기하고 있다. p.50 본문 내용 및 각주 50, p.175 본문 내용 참조.

628 p.175 본문 내용 참조.

1. 선내의 물이 바닥난 상황이었기에 앞서 말씀드린 장소의 난바다에서 어선을 발견하자 작은 배에 7, 8명을 태워 보냈습니다. 물이 필요하다고 그들에게 요청했으나, 부탁을 들어주지 않고 육지 쪽으로 노를 저어 떠났으므로 따라가지 않았습니다.

1. 제가 야쿠시마에 상륙하자 일본인이 집으로 데려갔습니다. 당시 4명의 일본인이 있었고, 식사를 차려 주었기에 금을 내어 대가를 치르려 하였으나 그들이 바로 되돌려 주었습니다. 선편으로 에도(江戸)에 데려가 달라고 부탁했지만, 말이 통하지 않았습니다.

1. 제가 타고 온 배는 야쿠시마에서 바로 본국으로 귀환했을 것입니다.

1. 저 외에는 단 한 사람도 일본 땅에 상륙하지 않았습니다. 저보다 앞서 일본 땅을 밟은 동문 역시 한 사람도 없습니다.

1. 앞서 말씀드린, 야쿠시마에서 대면한 일본인에게 종문의 이야기를 들려주었으나 전혀 말이 통하지 않아 소용이 없었습니다. 사쓰마(薩摩)에서 나가사키(長崎)까지 호송되는 도중에도 종문의 이야기를 꺼냈으나 언어가 통하지 않았습니다.

1. 일본인의 풍속에 따라 차림새를 바꾼 까닭은 현지의 풍속을 익히지 않으면 그 나라 사람들의 웃음거리가 될 수 있기에 일본인 모습으로 갖추어 입기로 한 것입니다. 제 동문 사제는 이번에 당으로 향했으므로, 당인(唐人)의 풍속에 따라 차림을 바꾸었습니다.

1. 일본의 의류 및 칼은 루손에서 구했습니다. 사카야키(月代)는 배 안에서 깎은 것입니다. 덧붙여 말씀드리자면 루손에는 일본인들이 거주하고 있으며, 일본의 복식으로 생활합니다. 루손에는 일본인들이

거주하는 장소가 경계로 구분되어 있고, 그곳에 한데 모여 살고 있습니다.

1. 에도로 가기를 요청한 까닭은 에도에서 종문의 가르침을 펼치고자 하는 바람 때문입니다. 로오마 총사께서 명하신 바로는 일본 내 어느 지역에서든 교의를 널리 전하라 하셨습니다.

1. 저를 일본에 억류하시든, 본국으로 송환하시든, 혹은 일본에서 어떤 처벌을 내리시든 개의치 않습니다. 로오마 총사께서 지시하기를 일본에 억류되든 송환되든 현지의 판결에 따르라 명하셨습니다.

1. 일본에서 키리시탄 종문의 신앙이 금지되어 있다는 사실은 본국에도 알려져 있으며, 사람들도 이를 알고 있습니다. 물론 저도 알고 있는 사실이오나, 총사께서 명하신 일이므로 바다를 건넜습니다.

이상의 취조문은 아아테레얀 도우(ア、テレヤン　ドゥ)[629]라는 오란다(阿蘭陀) 사람이 라텐(ラテン)이라는 언어로 이국 사람을 심문한 결과 이와 같이 진술하였다고 도우가 전달한 내용으로, 저희들이 일본어로 정리하여 올립니다. 이상.

자(子)[630] 11월

---

629 아드리안 다우(Adrian Douw), p.60 본문 내용 및 각주 75 참조.

630 자년(子年)을 의미한다. 상권 첫머리에도 기술되고 있듯이 시도티가 상륙한 호에이(宝永) 5년(1708)은 무자년(戊子年)에 해당한다.

카피탄(カピタン)[631]	야스후루 한 만스테아루(ヤスフル ハン マ
	ンステアル)[632]
	아아테레얀 도우
역관 감찰(通辞目付)	가후쿠 기조(加福喜蔵)
	요코야마 마타지에몬(横山又次右衛門)
역관(通辞)	나무라 하치자에몬(名村八左衛門)
	시즈키 마고헤이(志筑孫平)
	이마무라 겐에몬(今村源右衛門)
	나라바야시 료에몬(楢林量右衛門)
	나카야마 기에몬(中山喜右衛門)
	나무라 긴에몬(名村吟右衛門)
	이와세 야키치(岩瀬弥吉)
	니시요시 다유(西吉大夫)

―――

631 p.60 각주 76 참조.
632 야스퍼 반 만스달레(Jasper van Mansdale). p.60 본문 내용 및 각주 77 참조.

이국인이 소지한 큰 행낭에 들어 있던 각종 물품에 대한 기록
(異國人致所持候大袋之内諸色之覚)

1. 사각 유리 거울 모양의 물건 하나.

이국인에게 질문하니, '산타마리아(サンタマリア)'[633]라는 종
문(宗門)의 본존(本尊)[634]이라고 대답했습니다.

---

633 Sancta Maria (라) 상타 마리아: 성 마리아, 성모 마리아.
634 불교에서 말하는 신앙 대상의 중추, 또는 공양(供養) 대상의 중심이 되는 부처. 원래는 인도
에서 석가여래를 주불(主仏)로 삼은 것에서 유래한 말이었으나, 후대에 이르러 여러 종파가
파생하면서 각기 다른 부처를 본존으로 삼게 되었다. 예를 들어 정토종의 아미타여래, 밀교의
대일여래 등이 있으며, 사찰에 따라 약사여래나 관음보살 등을 본존으로 숭배하는 경우도
있다.

[외부 틀은 목제인데,
자단(紫檀)으로 보입니다.]

[이처럼 헝겊〈**목면 종류로
추측**〉으로 덮개 비슷한 것을
만들어 달아 두었습니다.]

[틀 안쪽은 유리이며, 그 아래에 이와 같은 그림이 있습니다.]

세로 1척(약 30.3cm).

가로 8촌[635] 5푼[636](약 25.8cm).

단 뒷면은 전부 목제이며, 금속제 고리가 박혀 있습니다.

붉은 단자(緞子)[637]로 만든 주머니에 들어 있습니다. 흰 단자로 뒷면이 붉은색입니다.

○ 긴미(君美)[638]도 명을 받자와 부교쇼에서 이것을 보았나이다. 나이가 마흔 정도로 짐작되는 여인의 초상인데 눈자위가 깊고 코가 높으며 아름다운 용모입니다. 머리에 덮고 있는 천의 색상은 남청색이며, 아래 의복은 백색인 듯 보이나 확실하지 않습니다.[639]

---

635 길이의 단위. 1촌은 1척의 10분의 1로 약 3.03cm.

636 길이의 단위. 1푼은 1촌의 10분의 1로 약 0.3cm.

637 무로마치 시대(室町時代) 후기에 중국에서 전래되었다고 하는, 광택과 무늬가 있고 두꺼운 수자직 견직물.

638 하쿠세키 자신을 지칭한다. p.62 본문 내용 및 각주 85 참조.

1. 청동으로 제작된 사람 모형 하나. 주머니 포함.

이국인에게 질문하니, 이 사람은 '예소 키리스테(ユソ キリス テ)'[640]라는 종문의 본존이라고 대답했습니다. 첨부된 주머니는 '레이스사아키리(レイスサアキリ)'[641]라는 물건이라 합니다.

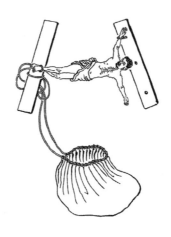

머리에 가시관을 쓰고 있는 것이라 들었습니다. 이 안에 번자(番字)가 씌어진 물건이 51매 들어 있다고 합니다.

이 모형 및 두 개의 막대 모두가 청동으로 만들어졌으며, 주머니는 오래된 두루주머니처럼 보이는데 천으로 만든 것입니다.

○ 긴미가 이 모형을 보기에 정수리에 밤송이 같은 물건을 쓰고 있

639 해당 물품으로 추정되는 통칭 「엄지손가락의 마리아(親指のマリア)」는 현재 도쿄국립박물관(東京国立博物館)에 소장되어 있으며, 17세기 피렌체에서 활약한 종교화가 카를로 돌치(Carlo Dolci, 1616-1687)의 화풍과 흡사하다.

640 Jesu Christi (라) 예수 크리스티: 예수 그리스도를 의미하는 라틴어 'Jesus Christus'의 형용사형.

641 res sacrae (라) 레스 사크레: 성물(聖物).

는 듯합니다. 단 머리가 산발인데, 가시관을 쓰고 있는 것이라고 요완(ョワン)이 설명했습니다. 피골이 상접한 모습으로 비참한 형상입니다.

이 주머니 안에 유리로 만든 향합(香合) 모양의 물건이 하나 들어 있으며, 끈이 달려 있다고 합니다.

1. 유리로 제작된 십자 모양의 물건 하나. 주머니 포함.

우측의 끈에 금속 장식이 달려 있습니다.

이국인에게 질문하니, '링기논 크로크스(リンギノン　クロクス)'[642]라는 물건이며 여기에 달린 금속제 장식도 크로크스라 하는데, 이 십자는 종문에서 매우 중요한 물건이라고 대답했습니다.

[이 금속 장식은 놋쇠로 만들어져 있습니다.]

642　lignum crux (라) 리그눔 크룩스: 나무 십자가.

이 십자 모양의 물건은 유리로 모서리를 만들었습니다. 그 안쪽으로 불상을 안치하듯 넣어 놓은 것으로 보입니다. 금제 철사로 귀퉁이를 감싸고 고리에 가느다란 끈을 달아 주머니에 넣어 두었습니다.

안쪽의 움푹 들어간 부분은 금이며, 뒷면은 은입니다.

1. 금 거울 모양의 물건 하나. 단 뒷면은 은으로, 가죽 주머니에 들어 있습니다.
1. 금으로 원판을 만들어 그 안쪽에 인간의 형체를 조각한 물건이 42개. 앞에서 언급한 주머니에 들어 있습니다.

    이 두 가지 물품에 대하여 이국인에게 질문하니, 거울처럼 보이는 것은 '레스사아카레(レスサアカレ)'⁶⁴³라는 물건이며, 금으로 제작한 원판은 '메타아리야(メタアリヤ)'⁶⁴⁴라는 것으로 이 또한 중요한 물건이라고 합니다. 종문의 도구 중 귀중한 물품은 무엇이든 총칭하여 '레스사카레(レスサカレ)'라 한다고 설명했습니다.

---

643 res sacrae (라) 레스 사크레: 성물(聖物). 앞에서는 '레이스사아키리(レイスサアキリ)', 다음 문장에서는 '레스사카레(レスサカレ)'로 표기하고 있다. p.260 본문 내용 및 각주 641 참조.
644 medalia (라) 메달리아: 메달.

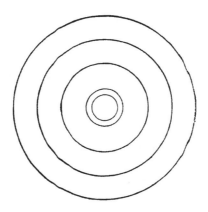

크기는 지름 6촌 4푼(약 19.4㎝), 표면은 금, 이면은 은으로 얇은 원판 모양입니다. 참고로 붉은 가죽 주머니에 들어 있습니다.

○ 긴미가 보니 이 선 부분 부분이 움푹하게 들어가 있었습니다. 중앙의 둥근 부분은 가장 깊이 들어가 있는데, 이 자리에 인물상이 조각된 금판을 넣는 것이 아닐까 싶습니다.

○ 긴미가 보니 이 금판에 새겨진 인물은 모두 다른 것이었습니다. 이는 대대로 추앙하는 조사(祖師)의 상이라고 들었습니다. 이를 '이마젱(イマゼン)'[645]이라 합니다.

---

645 성상(聖像). p.225 본문 내용 및 각주 513 참조.

금으로 제작되어 있으며 각각의 크기는 지름 7푼(약 2.1㎝) 정도, 두께는 5리(약 0.15㎝)[646] 정도입니다. 모두 금으로 만들어진 것으로 그 안의 그림은 조금씩 다릅니다. 총 42개입니다.

---

1. 놋쇠로 제작된, 금속 장식처럼 보이는 물건 둘.

이국인에게 질문하니, '크로크스'라는 물건이라고 대답했습니다.

---

1. 구슬로 고정하는 가느다란 끈으로 입구를 묶는 부적 주머니 모양의 물건 하나.

그 속에 외국 문자가 가로로 씌어 있는 문서가 들어 있습니다.

이국인에게 질문하니, 이것도 '레스사아카레'라는 물건이라고 하며, 그 속에 들어 있는 문서도 중요한 것이라고 대답했습니다. 위쪽으로 입구가 있습니다. 나머지 부분은 철사로 휘갑치기가 되어 있습니다.

---

646 길이의 단위. 1리는 1푼의 10분의 1로 약 0.3㎜.

[이 안쪽은 천으로 만들어져 있습니다. 주변은 실로 엮은 것입니다.]

---

1. 다리가 달린 작은 은제 잔 하나.

이국인에게 질문하니, 이것도 '레스사아카레'라는 종문의 기물이라고 합니다.

바깥쪽은 은제이며, 안쪽은 금을 부은 것으로 보입니다.

이 물건은 붉은 가죽 주머니에 들어 있으며, 그 내부에 두 다발의 금제 철사가 들어 있습니다.

1. 삼실을 엮어 만든 끈에 쇠붙이를 꿰어 넣은 물건 하나.

이국인에게 질문하니, '데시비리이나(デシビリイナ)'[647]라는 물건이라 합니다. 악한 사념이 떠오를 경우 이 끈으로 자신의 몸을 내리치기 위한 것이라 설명했습니다.

이처럼 삼실을 엮어 만든 끈으로 길이는 3척(90.9㎝) 정도이며, 여기저기 매듭을 지어 꽃 모양으로 각을 세운 쇠붙이〈철제입니다〉를 꿰어 두었습니다.

---

647 disciplina (라) 디시플리나: 태형 고행(笞形苦行)에 쓰이는 채찍.

1. 루손국에서 환전한 금 하나.

이와 같은 형태의 금으로 먹과 비슷한 모양입니다. 뒤쪽은 결이 없이 매끈하고 문자처럼 보이는 표식이 두 군데 새겨져 있는데 분명히 알아보기 어렵습니다.

무게는 98문[648](약 367.5g).

---

1. 판금(板金) 모양의 크고 작은 금 181개. 기타 금 조각 1개.

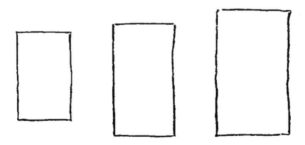

무게 1문 5푼[649](약 5.6g).　무게 2문(약 7.5g) 이상.　무게 2문 7푼(약 10.1g) 이상.

648　일본의 중량 단위. 1문은 1관의 1000분의 1로 약 3.75g.
649　중량의 단위. 1푼은 1문의 10분의 1로 약 0.375g.

이상 크고 작은 금이 총 181개로, 무게의 총합은 385문(1443.8g).

1. 작고 둥근 금 160개.

단 그 크기에 차이가 있습니다. 환약(丸藥) 형태의 금으로 무게는
각각 다르지만 2푼(약 0.75g), 3푼(약 1.1g), 4푼(약 1.5g) 정도입니다.
160개의 총 중량은 51문(약 191.3g)입니다.

1. 일본의 고쓰부(小粒)[650] 18개.

단 새로이 주조된 종류[651]로 루손에서 구했다고 합니다.

1. 동전 한 꿰미.

일본의 간에이 통보(寬永通宝)[652]가 76전, 당의 강희통보(康熙通
宝)[653]가 30전. 두 종류 모두 루손에서 구했다고 합니다.

이상 기술한 4종류의 금과 화폐는 소지품 꾸러미[654]⟨붉고 흰 줄무늬 직
물⟩에 들어 있었습니다. 외부에 주머니가 있습니다.

---

650 이치부킨(一分金)의 이칭. 에도 시대 유통된 금화의 한 종류. pp.177-178 본문 내용 및 각주
     370 참조.
651 겐로쿠(元禄) 연간에 발행된 겐로쿠 이치부킨(元禄一分金)을 가리킨다. pp.51-52 본문 내
     용 및 각주 52, pp.177-179 본문 내용 및 각주 370 참조.
652 에도 시대에 널리 유통된 동전. 간에이(寬永) 13년(1636)에 처음 발행되어 막부 말기까지 주
     조되었다.
653 중국 청대(淸代) 강희(康熙) 연간에 주조된 동전.
654 과거 여행자나 병사 등이 식량이나 금전, 기타 귀중품을 넣어 허리에 두르던 꾸러미.

1. 철제 도장 하나.

후면 도장

전면 도장

길이 6푼(약 1.8㎝) 이상.
너비 5푼(약 1.5㎝) 이상.

---

1. 유리로 제작된 2촌 4푼(약 7.3㎝) 정도의 얇은 원판에 부처의 화상처럼 그린 채색 그림 아홉. 상아 향합에 들어 있습니다.

　　이국인에게 질문하니, '바쇼 예소 키리스테(バショ エソ キリステ)'[655]라는 물건이라 합니다.

655　Passio Jesu Christi (라) 파시오 예수 크리스티: 예수 그리스도의 수난. 기독교 예술의 주제 중 하나로, 일반적으로 그리스도의 예루살렘 입성으로부터 매장에 이르기까지의 일련의 사건을 묘사한 성화.

[이 그림은 극히 정교합니다. 전부 그들의 조사(祖師)를 묘사한 화상으로 생각됩니다.]

1. 붉은색 두루주머니에 들어 있는, 부처의 화상처럼 그린 그림 하나.

　　이국인에게 질문하니, '산타마리야 로사아리(サンタマリヤ ロサアリ)'[656]라는 물건이라 합니다.

1. 외국 문자로 기록된 서적, 크고 작은 책 11권. 단 가죽 표지가 있습니다.

　　그중 6권은 이국인이 늘 소지한 채 읽고 있습니다.

1. 우리 방식으로 철한 책자, 크고 작은 책 5권. 이 가운데 2권은 줄무늬 보자기로 싸여 있습니다.

1. 외국 문자가 기록된 파지(破紙) 24매.

　　단 이 가운데 로오마 총사로부터 발행된 통행증이라는 문서가 1매 포함되어 있습니다.

1. 종문의 부처를 묘사한 그림, 크고 작은 것이 24매.

1. 검은 구슬을 꿴 염주 하나. 단, 장식은 없습니다. 구슬 개수는 160개입니다.

---

656 Sancta Maria Rosarii (라) 상타 마리아 로사리이: 묵주 기도의 성 마리아.

1. 백색 천으로 지은 종문의 법의(法衣) 일습. 크고 작은 의류 17종.

[이 백색 법의를 긴미가 여러 차례 뒤집어 보니, 옷을 지은 천이 우리나라 나라(奈良)에서 생산된 사라시누노(曝布)[657]였습니다. 분명히 슈인(朱印)[658]이 찍혀 있음을 확인했습니다. 입수 경위를 심문하니, 루손에서 구한 것이 아니라 무려 서양에서 손에 넣게 되었다고 답변했습니다. 이 법의는 옷깃 부분이 소매 없는 우비와 비슷하며, 둥글게 주름을 잡아 재봉한 것입니다. 그 길이가 상당히 긴 것이 특징입니다. 고귀한 사제일수록 기장이 길고, 땅에 끌리는 것을 시자(侍者)에게 추스르도록 한다고 설명하며 직접 입고 보여 주었습니다.]

1. 위와 동일한 물품 한 꾸러미. 크고 작은 의류 9벌.

1. 소매 없는 하오리(羽織)[659] 모양의 이국 의류 및 허리띠 일습.

□□(판독 불능) 작은 주머니 하나, 우치히모(打紐),[660] 크고 작은 끈 토막 넷, 천조각 및 작은 헝겊 조각 다섯. 끈 토막에는 작은 쇠붙이가 달려 있습니다.

---

657 나라자라시(奈良晒)의 이칭. 나라(奈良)에서 생산된 고급 마직물. 생모시를 일광에 널어 표백한 것으로, 주로 무사의 예복이나 승려의 법의로 사용되었다.

658 나라자라시는 17세기 전반 에도 막부의 어용품으로 지정되어 도쿠가와 이에야스(德川家康)의 명에 따라 모든 천에「南都改」라는 슈인(朱印), 즉 붉은 인장을 찍게 되었으며 인장이 없는 제품은 판매가 금지되었다.

659 일본옷의 위에 걸쳐 입는 짧은 겉옷.

660 여러 가닥의 실로 단단하게 엮은 끈.

1. 후라스코(ふらすこ)[661]에 담긴 기름. 상자 하나에 작은 후라스코 3병이 들어 있습니다.

> 이 기름에 대하여 이국인에게 질문하니, 종문에 속한 자들이 중요한 상황에 마시기 위한 것이라 답변했습니다.

1. 소형의 둥근 목제 향합 하나. 안에는 파르사모(ばるさも)[662] 기름으로 만든 고약이 소량 담겨 있습니다.

[이 향합은 우리나라에서 제작되는 마키에(蒔絵)[663]의 하급품으로 보인다는 의견을 담당 부교(奉行)도 밝혔습니다. 실로 □(판독 불능)입니다.]

1. 안이 비어 있는 중형 마키에 향합 하나.

1. 안이 비어 있는 소형 마키에 향합 하나.

1. 가위 하나.

1. 주석으로 만든 수납함 하나.

1. 코안경 및 가죽 안경집 하나.

---

661 frasco (포) 프라스쿠: 플라스크. 작은 병.

662 발삼 수지(樹脂), 향유. p.157 본문 내용 및 각주 315 참조.

663 칠기 표면에 금, 은 등의 금속분이나 색이 있는 가루를 부착시켜 문양을 넣는 일본의 전통 칠공예. 나라 시대(奈良時代)에 시작되었다.

1. 일본도 형태의 칼 한 자루. 루손에서 구했다고 합니다.

도신은 2척 4촌 7푼(74.8㎝), 혈조[664]가 있으며 도신의 만곡도[665]는 8푼(2.4㎝). 습베[666]에는 명(銘)이 새겨져 있지 않으며, 칼날에 물결 무늬가 없습니다.

하바키(鎺)[667]	놋쇠판 2매.
셋파(切羽)[668]	놋쇠판 2매.
자루(柄)	놋쇠에 우치자메(打鮫)[669] 장식, 자루 끈은 검은 빔실로 마름모꼴 묶기.
메누키(目貫)[670]	금도금인 듯한 금속 장식에 우룡(雨竜)[671] 모양의 생물이 묘사되어 있습니다.
쓰카가시라(柄頭)[672]	적동(赤銅)에 구름 문양, 금으로 도금.
쓰바(鍔)[673]	적동판 3매를 합쳐 놋쇠로 테두리를 둘러

---

664 일본어로는 히(樋). 일본도 측면의 가늘고 긴 홈. 무게를 경감하거나 피가 흐르기 쉽도록 하기 위한 부분.

665 일본어로는 소리(反り). 도신의 만곡(칼이 활 모양으로 휜 것). 혹은 그 정도.

666 일본어로는 나카고(中心). 도검류에서 자루 속에 수납되어 보이지 않는 부분. 이 부분에 도공의 명(銘; 제작물에 새기는 제작자의 이름)을 넣는다.

667 도신이 날밑에 접촉하는 부분에 끼우는 쇠붙이. 도신이 칼집에서 빠져나오지 않도록 하기 위한 용도의 부품.

668 칼날 밑의, 자루와 칼집이 접하는 부분에 덧붙이는 얇은 쇠붙이.

669 금속판을 두드려서 표면에 상어 가죽처럼 우둘투둘한 요철을 만든 것. 도검 장식에 사용한다.

670 칼이 자루에서 빠지는 것을 방지하기 위하여 칼자루에 끼우는 못. 혹은 그것을 덮는 금속 장식.

671 고대 중국의 상상 속 동물. 용의 일종으로 도마뱀과 비슷한 생김새에 뿔은 없고 가늘고 긴 꼬리를 가졌으며 전신이 청황색이라 한다.

672 칼자루의 끝부분. 혹은 그 자리에 붙이는 금속 장식. 후치가시라(縁頭)라고도 한다.

	장식하고 운당초문(雲唐草文) 비슷한 문양을 넣어 금으로 도금.
칼집(鞘)	백단칠(白檀塗り),[674] 칼집 입구와 끝부분은 적동으로 장식.
칼집 끈(下緒)	목면의 히라히모(平紐)[675]인 듯한 끈이 달려 있습니다.
메쿠기(目釘)[676]	금으로 도금하여 장식.

열거한 품목을 각각 점검한 후 오란다 사람을 통역으로 삼아 이국인을 심문한 결과이며, 위의 내용과 같습니다. 이상.

자(子) 11월

○ 이상의 그림 속 품목은 호에이 6년(1709) 겨울, 밝으신 뜻[677]을 받자와 부교쇼로 향하여 부교 두 사람과 더불어 일일이 물품을 검토한 것입니다. 대략 이 그림 속에 묘사한 바와 같습니다.

긴미 기록

---

673 코등이. 도검의 자루와 도신의 경계에 끼워 자루를 쥐는 손을 방어하기 위한 용도의 부품.

674 칠공예 기법의 하나. 금박, 은박, 금니(金泥) 등을 입힌 후 그 위에 옻칠을 하여 무늬가 떠오르도록 하는 기법.

675 몇 가닥의 빔실을 평평하게 늘어놓고 풀로 굳혀 만든 끈.

676 칼이 자루에서 빠지는 것을 방지하기 위하여 나카고의 구멍과 자루 표면의 구멍에 끼우는 고정못. 주로 대나무, 구리 등을 사용한다.

677 하쿠세키가 보좌한 6대 쇼군 도쿠가와 이에노부(德川家宣)의 명령을 가리킨다.

작품해설

1. 저자에 관하여

『서양기문(西洋紀聞)』은 에도 시대(江戸時代), 쇄국하의 일본에 도항한 가톨릭 선교사 조반니 바티스타 시도티(Giovanni Battista Sidotti, 1668-1714)에 대한 당대의 고명한 주자학자이자 막부의 고문이었던 아라이 하쿠세키(新井白石, 1657-1725)의 심문 기록이다.

1708년 음력 8월 야쿠시마(屋久島)에 상륙한 시도티는 도착 후 바로 현지에서 체포되었고, 이듬해 11월 심문을 위하여 에도로 이송되어 당시 막부의 실력자였던 하쿠세키와 대면하게 되었다. 일본 최초의 세계지리서라 할 수 있는 『채람이언(采覽異言)』 및 보다 총합적인 서양 연구서로서의 성격을 띠고 있는 본서 『서양기문』은 이후 4차례에 걸친 이들의 문답을 통하여 탄생한 것이다.

아라이 하쿠세키는 막부 5대 쇼군(将軍) 도쿠가와 쓰나요시(德川綱吉, 1646-1709)의 시강(侍講)을 지낸 기노시타 준안(木下順庵, 1621-1698)의 문하에서 주자학을 공부하고, 스승의 천거에 의하여 고후(甲府)의 번주(藩主)였던 도쿠가와 쓰나토요(德川綱豊)에게 등용되어 출사한다. 이 쓰나토요가 이후 쓰나요시의 양자로서 6대 쇼군의 자리에 취임한 도쿠가와 이에노부(德川家宣, 1662-1712)였으며, 이로 인하여 하쿠세키는 막부 정치의 고문과도 같은 입장에서 막강한 실권을 행사하게 되었다. 소위 쇼토쿠의 치(正德の治)라 불리는 정치 개혁의 시작으로, 내정면에서는 쇼토쿠 금은(正德金銀)의 발행에 의한 화폐 정책과 무가제법도(武家諸法度)의 개정, 외교면에서는 조선 및 류큐(琉球)와의 교류에 대한 자세 전환 등 유학자로서는 사상 유례가 없는 영향력을 발휘하여, 강경한 신념하에 주자학을 기조로 한 문치주의를 정치에 반영하고자 했다.

그러나 이에노부가 쇼군 재임 3년 만에 사망하고 그 자리를 계승한 7대 쇼군 도쿠가와 이에쓰구(德川家継, 1709-1716)마저 요절하자 완전히 정치적 입지를 상실한 하쿠세키는 초야에 은거하며 학문에 전념하게 된다. 그의 학구적 관심은 다방면으로 빛을 발했는데, 언어학에 있어서는 일본어 명사의 한자 표기와 발음을 명기하고 그 어원에 대한 해석을 시도한『동아(東雅)』, 역사학에 있어서는『고지키(古事記)』나『니혼쇼키(日本書紀)』등의 과거 사료에 대한 합리적 자세를 견지하며 일본의 신화 시대에 해당하는 가미요(神代)로부터 초대 천황이라 전하는 진무 천황(神武天皇) 치세에 이르기까지 기존의 종교적, 신비적 해석을 지양하고 사실적 고증을 목표한 고대사 연구『고사통(古史通)』과 귀족 사회의 쇠퇴를 대신한 무가 정권의 등장 및 에도 막부 성립에 이르기까지의 역사적 필연성을 유학적 사상에 기반하여 명쾌하게 설명한『독사여론(読史余論)』, 지리학에 있어서는 약 1세기 이후에나 등장할 난학(蘭学)의 선구적 위치에 서게 된 서양 연구서의 효시『서양기문』과『채람이언』, 당시에는 미지의 땅이었던 홋카이도(北海道) 및 류큐의 지세와 역사, 문화 등을 정리한『에조시(蝦夷志)』와『남도지(南島志)』등, 그의 학문적 업적은 어느 분야에서나 최고의 경지를 이루었다 할 만큼 탁월한 것이었다.

아울러 문장가로서도 당대의 제일인자로 평가되어 한시집『하쿠세키 시초(白石詩草)』,『하쿠세키 선생 여고(白石先生余稿)』등을 남겼으며, 간결하고 명쾌한 와칸콘코분(和漢混交文)으로 기록한 수필『오리타쿠시바노키(折たく柴の記)』는 일본 굴지의 자전(自伝) 문학으로 손꼽히고 있다.

2. 내용 및 유포, 저본에 관하여

일본 역사를 통틀어 이처럼 다양한 분야에 걸쳐 지적 성취를 이룩한 인물은 드물다 할 것이며,『서양기문』또한 쇄국이라는 폐쇄적 환경 내에서 외부 세계를 응시한 하쿠세키의 냉철한 관찰력이 빚어낸 그의 대표적 저술 중 하나이다.

1709년 이에노부의 명에 의하여 시행되었던 시도티의 심문 과정 및 결과와 이에 관련된 학문적 연구 성과는 1715년을 전후하여 본서로 정리되었으며, 이후 그의 만년에 이르기까지 여러 차례 가필과 수정이 이루어진 것으로 보인다.

본서는 이하와 같이 상·중·하의 3권 3책으로 구성되어 있다.

● 상권

시도티의 도항 사건 및 하쿠세키가 심문을 담당하게 된 경위, 시도티에 대한 관찰과 문답 상황 등 본서 성립의 전말이 기술되고 있는 부분이다. 따라서 중·하권에 비하여 전체적 분량 및 서양 관련 내용이 적고, 시도티에게서 받은 인상 및 서구의 과학적 지식에 대한 경탄, 또한 하권 주지의 일단(一端)이 엿보이는 기독교 교리를 향한 간결한 비판 등을 서술하고 있다.

더불어 시도티 상륙의 전후 사정에 관하여 나가사키 부교쇼(長崎奉行所)에서 보고한 내용을 요약하여 첨부하고 있다.

● 중권

전반부는 세계 지리의 개략 및 유럽 주요 국가에 대한 소개, 후반부는 아프리카, 아시아, 아메리카 대륙 등지의 유럽 식민지와 관련된 내용이 기록되어 있다. 시도티의 구술 외에도 네덜란드인 통역의 설명, 중국 및 유럽에서 제작된 세계지도, 주세페 키아라(Giuseppe Chiara, 1602-1685)와 같은 서양 선교사가 집필한 서적 등을 통하여 습득한 정보를 종합적으로 참조하여 저술한 것으로 추정된다.

● 하권

시도티의 신상 및 내항에 대한 경위, 서양 각국의 식민지 건설과 선교 상황, 기독교의 교리와 역사 및 가톨릭 직제에 관련된 기술이 주를 이루고 있다. 최종적으로는 『벽사집(闢邪集)』등 17세기 중국의 반기독교 문헌을 참고하여 불교와의 유사점을 기반으로 기독교에 대한 비판적 의견을 도출하고 있는 것이 특징이다.

이상의 내용을 통하여 하쿠세키의 심문 목적은 단순히 쇄국의 금령을 어긴 이국인의 정체와 도항 이유와 죄상의 추궁에 그친 것이 아니라, 당시 극히 희귀한 기회였을 서양인과의 만남을 통한 신지식의 흡수, 나아가 기독교의 종교적 교리 및 서양 제국의 사회상에까지 미치고 있음을 알 수 있다.

　최초의 포괄적 서양 연구서로서의 가치는 물론이거니와, 『서양기문』은 그 서명에 서구 세계, 즉 '유럽'을 지칭하는 의미로서의 '서양'이라는 단어가 사용된 일본 최고(最古)의 문헌으로 알려져 있다. 하쿠세키 자신이 한학에 정통한 유학자였던 만큼 해당 단어를 한적(漢籍)에서 차용했을 가능성도 배제할 수 없으나, 『서양조공전록(西洋朝貢典錄)』이나 『서양기(西洋記)』 등 명대(明代)의 문헌에 나타난 '서양'이라는 단어가 유럽을 가리키는 의미로 사용되었던 것이 아닌 이상 그와 같은 영향을 확신할 근거는 희박하다. 이처럼 서명에서나 그 집필 의도에서나 본서가 당시의 시대적 한계를 초월한 저술임은 분명한 사실이라고 하겠다. 더불어 서양의 과학적 지식과 기술의 발전에는 순수한 선망의 시선을 보내는 한편 기독교로 대표되는 그 정신적 가치관을 철저히 부정하고 경계하는 저자의 태도는 근대화 시기의 일본이 서구 문물에 대하여 내세운 화혼양재(和魂洋才) 사상과 통하는 근원적인 경향이 엿보인다고 할 것이다.

　단, 마찬가지로 서양 관련 저작인 『채람이언』이 지리지의 성격에 충실한 것과 달리 『서양기문』의 경우 앞에서 언급한 바와 같이 막부에서 엄금하는 기독교 관련 언설이 포함되어 있었으므로, 당시의 쇄국 체제하에서는 간행은커녕 외부 유출도 곤란하여 일부 지식층 사이에서 은밀히 필사본으로 전해졌을 뿐이었다. 세간에 유포되기 시작한 것은 19세기 초반에 이르러서이며, 정식 출판은 메이지(明治) 15년(1882), 일본 최초의 근대적 국어사전『언해(言海)』의 편찬자로서도 유명한 오쓰키 후미히코(大槻文彦, 1847-1928)의 교정에 의하여 이루어진 것이 그 시초이다.

마지막으로, 본서의 내용은 현재 일본 국립공문서관(国立公文書館)에서 소장하고 있는 아라이 하쿠세키 자필본(自筆本)을 저본으로 하여 일본 사상사 연구의 선구자라 할 수 있는 역사학자 무라오카 쓰네쓰구(村岡典嗣, 1884-1946)의 교정본『西洋紀聞』(岩波書店, 1936)을 참고하여 번역한 것이며, 각주를 제외한 본문 내의 부연 설명은 모두 저본에 수록되어 있는 하쿠세키 자신의 주석, 비평, 의견에 의한 것임을 밝힌다.

참고문헌

1. 단행본

- 村岡典嗣, 『西洋紀聞』(岩波書店, 1936).
- 藤田元春, 『改訂増補 日本地理学史』(刀江書院, 1942).
- 宮崎道生 校訂, 『新訂 西洋紀聞』(平凡社東洋文庫, 1968).
- 松村明 校注, 『新井白石 日本思想大系 35』(岩波書店, 1975).

2. 논문

- 大久保喬樹, 「文学的西欧像の起源—新井白石「西洋紀聞」」, 『日本文學』52(東京女子大学, 1979. 9).
- 横田きよ子, 「『西洋紀聞』における片仮名表記の外国地名について」, 『神女大国文』18(神戸女子大学国文学会, 2007. 3).
- 深澤愛, 「『西洋紀聞』における平仮名と片仮名」, 『語文』92・93(大阪大学国文学研究室, 2010. 2).
- 坂本頼之, 「新井白石の西学観」, 『国際哲学研究』7(東洋大学国際哲学研究センター, 2018. 3).

아라이 하쿠세키(新井白石) 연표

1657(1세)

2월 10일, 에도(江戶)에서 아라이 마사나리(新井正済, 1597-1678)의 장남으로 태어나다.

1673(17세)

나카에 도주(中江藤樹, 1608-1648)의 『오키나몬도(翁問答)』를 통하여 유학에 뜻을 두다.

1674(18세)

번주(藩主) 쓰치야 도시나오(土屋利直, 1607-1675)를 수행하여 영지인 구루리(久留里)로 향하다.

1675(19세)

부친 마사나리가 퇴관하여 아사쿠사(浅草)의 호온지(報恩寺)에 신변을 의탁하다.

1677(21세)

쓰치야가의 내분에 관련되어 추방 금고형에 처해지다.

빈궁 속에서 유학 및 사학에 전념하며 시문을 익히다.

1679(23세)

쓰치야가에 대한 영지 몰수 처분으로 금고형이 해제되다.

1682(26세)

3월, 다이로(大老) 홋타 마사토시(堀田正俊, 1634-1684)에게 등용되어 출사하다.

9월, 조선통신사 제술관(製術官) 성완(成琬, 1639-?)과 시문을 통하여 교류하다.

1684(28세)

8월, 주군 홋타 마사토시가 이나바 마사야스(稻葉正休, 1640-1684)에게 살해되다.

1686(30세)

마사토시의 장남 홋타 마사나카(堀田正仲, 1662-1694)를 수행하여 영지인 야마가타(山形)로 향하다.

주자학자 기노시타 준안(木下順庵, 1621-1699)에게 입문하다.

1691(35세)

홋타가를 떠나 에도성(江戸城) 동쪽에 사숙을 열다.

1692(36세)

가가(加賀) 마에다(前田)가에 임관할 기회를 동문 오카지마 세키료

(岡島石粱)에게 양보하다.

1693(37세)

고후(甲府)의 도쿠가와 쓰나토요(德川綱豊, 1662-1712)에게 출사하다.

1704(48세)

12월, 쓰나토요가 막부 5대 쇼군(将軍) 도쿠가와 쓰나요시(德川綱吉, 1646-1709)의 후계자가 되어 이에노부(家宣)로 개명하다.

1709(53세)

1월, 쇼군 쓰나요시가 사망하다. 황자와 황녀의 출가 폐지에 대하여 헌책하다.

2월, 금은 화폐 개주 반대를 건의하다.

6월, 이에노부가 6대 쇼군으로 취임하다. 조선 빙례(聘礼)에 대하여 건의하다.

7월, 무사시노쿠니(武蔵国) 5백 석을 봉록으로 받다.

11월-12월, 4회에 걸쳐 선교사 조반니 바티스타 시도티(Giovanni Battista Sidotti, 1668-1714)의 심문을 행하다.

1710(54세)

2월, 무가제법도(武家諸法度)의 초안을 상정하다.

1711(55세)

10월, 종5위하(従五位下) 지쿠고노카미(筑後守)로 서임되다. 가와사키(川崎)에서 조선통신사와 교류하다.

11월, 조선 사절을 맞이하기 위한 의례에 참석하다. 봉록 5백 석이 추가되어 1천 석이 되다.

1712(56세)

10월, 쇼군 이에노부가 사망하다.

11월, 후계자 도쿠가와 이에쓰구(德川家継, 1709-1716)의 복상 및 개원(改元) 등에 대하여 하야시 노부아쓰(林信篤, 1644-1732)와 논쟁하다.

1713(57세)

4월, 이에쓰구가 7대 쇼군으로 취임하다.

6월, 화폐 개주에 대하여 건의하다.

『채람이언(采覧異言)』을 집필하다.

1714(58세)

2월, 나가사키(長崎) 무역에 대하여 건의하다.

10월, 시도티가 사망하다.

11월, 류큐(琉球)에 대한 신서(信書)의 서식 변경을 건의하다.

1715(59세)

『서양기문(西洋紀聞)』을 집필하다.

1716(60세)

4월, 쇼군 이에쓰구가 사망하다. 기슈(紀州) 번주 도쿠가와 요시무네(德川吉宗, 1684-1751)가 8대 쇼군으로 취임하다.

5월, 퇴관을 신청하다.

『고사통(古史通)』,『오리타쿠시바노키(折たく柴の記)』등을 집필하다.

1719(63세)

『동아(東雅)』,『남도지(南島志)』등을 집필하다.

1720(64세)

『에조시(蝦夷志)』등을 집필하다.

1725(69세)

5월 19일 사망하다. 법명은 조카쿠(淨覚). 아사쿠사 호온지 내 고토쿠지(高德寺)에 매장되다.

1793(사후)

하쿠세키의 후손 시게요시(成美)가 막부의 명에 의하여『서양기문』을 헌상하다.

찾아보기

❚ 지명 ❚

▌ 인명 ▐

▌서명 ▌

저 자

아라이 하쿠세키(新井白石, 1657-1725)
에도 시대(江戸時代) 중기의 유학자이자 정치가. 휘(諱)는 기미요시/긴미(君美),
하쿠세키(白石)는 호. 6대 쇼군(将軍) 도쿠가와 이에노부(徳川家宣)의 시강으로 막
정(幕政)을 주도하게 되었으며, 이에노부의 사후 그 후계자인 7대 쇼군 도쿠가와 이
에쓰구(徳川家継)를 보좌했다. 양대 쇼군의 치하에서 소위 '쇼토쿠의 치(正徳の治)'
라 불리는 문치주의 체제의 정치 개혁을 추진했으나, 이에쓰구의 요절로 정치적 입지
를 잃자 관직에서 물러나 집필 활동에 전념했다. 주자학, 역사학, 지리학, 언어학 등
각 분야에 걸쳐 방대한 저작을 남겨 근세 굴지의 대학자로 평가되며, 시문이나 수필
을 통하여 문인으로서도 탁월한 재능을 발휘했다.
주요 저술로는 에도 시대 각 다이묘(大名) 가문의 계보를 정리한 『번한보(藩翰譜)』,
무가 정권의 연혁 및 일본 고대사를 검토한 사론서 『독사여론(読史余論)』과 『고사통
(古史通)』, 이탈리아인 선교사 조반니 바티스타 시도티(Giovanni Battista Sidotti)에
대한 심문 경험을 토대로 기술된 서양 연구서 및 지리서 『서양기문(西洋紀聞)』과
『채람이언(采覧異言)』 등이 전해지며, 『하쿠세키 시초(白石詩草)』, 『하쿠세키 선생
여고(白石先生余稿)』 등의 한시집과 자전적 성격의 수필 『오리타쿠시바노키(折た
く柴の記)』 등을 남겼다.

역주자

이윤지(李允智)
일본 고전문학, 중세 극문학 전공. 고려대학교 일반대학원에서 문학박사 학위를
취득했다.
주요 논고로 「노(能) 〈쇼존(正尊)〉의 등장인물 연구」, 「노(能) 〈하시벤케이(橋弁慶)〉
의 인물상 연구」 등이 있고, 역서로 『국민시가집』, 공역 『조선 민요의 연구』와 『일
제강점 초기 일본어 민간신문 문예물 번역집』(1-4) 등이 있다.